बेहयाई के बहत्तर दिन

पुरबिया संगीन, मोस्टली **चीन**, *एक सफ़रनामा*

बेहयाई के बहत्तर दिन

(पुरबिया संगीन, मोस्टली चीन, एक सफ़रनामा)

प्रमोद सिंह

हिन्द युग्म

ISBN: 978-93-92820-12-0

प्रकाशकः
हिंद युग्म
सी-31, सेक्टर-20, नोएडा (उ.प्र.)-201301
फोन- 0120-4374046

मुद्रक : मनीपाल टेक्नोलॉजीज लिमिटेड
आवरण-चित्र व डिज़ाइन : सियाही स्टूडियो
भीतरी फ़ोटोकारी : इंटरनेट से साभार
आवरण पर लेखक की फ़ोटो : अतुल के. सिंह
कला-निर्देशन : विजेन्द्र एस विज

पहला संस्करण : फ़रवरी 2024
मूल्य : ₹299

Behayayee Ke Bahattar Din
by *Pramod Singh*

Published By
Hind Yugm
C-31, Sector-20, Noida (UP)-201301
Phone- 0120-4374046
Email : sampadak@hindyugm.com
Website : www.hindyugm.com

First Edition: Feb 2024
Price: ₹299

क्रम

द फ़ेस आई शो इज़ रेयरली द फ़ेस आई हैव

"कवि कहता है दुनिया रोज़ बदलती है। यह नहीं कहता रोज़ बिगड़ती भी है। हिंदी प्रदेशों का जीवन बिगड़ी हुई गाय है। हिंदी साहित्य का जीवन बिगड़ी घड़ी है। उल्टा कैलेंडर भी कह सकते हैं!"

*– **पेती मेस्तॉर,** हंगेरियन व्यंग्य निबंधकार*

समय और भूगोल के खेल भी क्या न्यारे होते हैं, वरना आज कैसे इस धरती पर होता, जो मेरी नहीं है। या है मेरी? ज़मीन से हथेली भर मिट्टी उठाता हूँ, भुरभुरी मिट्टी उँगलियों से गाल लगाए, हिलगती, वापस ज़मीन पर गिरती है। सामने धान के खेत हैं, मछलियों भरा पोखर है, पोखर में तैरती बतखों का झुंड है। आँख बंद कर लूँ तो अपने गाँव में होऊँगा। वही धूप, बंद आँखों के पपोटों पर लाल गर्म रंग का परदा खींचेगी। दूब और घास की रेशदार कड़कड़ाहट पीठ, पिंडली, गर्दन पर गड़ेगी, माथे पर झूलती (मगर पहुँच से दूर) वही कोई हरामख़ोर मक्खी भिनभिनाएगी। सिर के नीचे धुले तकिए-सी मनोरमा मौसी की आवाज़ कहीं आस-पास होगी, 'बुच्चन!' सुन लूँगा सुनकर अनसुना कर दूँगा और आश्वस्त रहूँगा। आँखें मुँदी हैं, मगर जानता हूँ,

गाँव में नहीं हूँ। जानता हूँ ये शरीर, ये मन मेरा, वहीं है... लेकिन मैं कहाँ हूँ नहीं जानता।

क्या खोजने निकला था, कौन जाने मिलेगा? कि इस खोज में ख़ुद को ही भुला जाऊँगा, क्या मालूम! कहीं दूर घंटी की टुन-टुन सुनाई पड़ती है। किसी फूल की भारी महक उठती है, कोई बौराया भौंरा वहशी जुनून में सिर के पास अपनी बर्राहट में नाचता है। चेहरे पर रखी लाल टोपी के भीतर गुनगुना अँधेरा है। जानता हूँ बाहर धूप है। पैर पर कोई कीड़ा धीरे से रेंग जाता है। मख़मली छुअन। चाहता हूँ हटा दूँ, उड़ा दूँ। त्वचा खिंचती है फिर उसी पल किसी अजब-से एहसास से कल्पना करता हूँ, किसी नर्म हाथ का नुकीला नाख़ून। नाख़ून का त्वचा पर लकीर खींचने का एंद्रिक एहसास– सिहर जाता हूँ। सम्मोहन में शरीर भारी होता है। पैर फिर पेट फिर छाती और बाँह, फिर चेहरा और अंत में आँख। पपोटे भारी नशे में गिरते हैं। एक बार झोले को सिरहाने टटोलकर आश्वस्त होता नींद में गिरता हूँ, शनैः-शनैः।

मुझसे परे कोई और मैं है उनीदे के अँधेरे में बुदबुदाता, माँ। मैं नींद में करवट बदलता हूँ। किसी की परछाई गिरती है और अचानक से जागता हूँ। भौंचक नींद को ख़त्म करता, जैसे कटार से सपाक् चीर देना परछाई को।

लड़की चुकु-मुकु बैठी निहार रही है। मैं उजबक देखता हूँ कुछ पल, नींद में भर्राया कहता हूँ, क्या है? आवाज़ फँसी हलक़ में निकलती है किसी गहरे कुएँ से निकली हो जैसे। लड़की आवाज़ पर या मेरे चकाचौंध चेहरे के उजबकपने पर, जाने किस चीज़ पर हँसती है फिर संजीदगी और ज़िम्मेदारी से मेरी तरफ उँगली बढ़ाती है। मैं देखता हूँ हिलती-डुलती विलीन होती उसकी काया और करवट बदलता फिर डूबता हूँ नींद में।

ख़बर नहीं कब से सोया नहीं। जाने देह में कितनी यात्राओं की थकान छुपी, समाई बैठी है। पैरों के तलवे घायल और मन पर सतहत्तर चीरे पड़े। सचमुच सो जाऊँ तो जाने कितने वर्षों सोया रहूँगा। किसी नशे के आलम में, दिन-दहाड़े की धूप में, इस-तिस किस अनजानी मिट्टी में, अपनों से, अपने से, दूर, जाने कब तक।

उनीदे फिर मन में ख़यालों के तार खुलते हैं, नींद में बड़बड़ाता दोहराता हूँ, माँ तुम मत आना उठाने! और उसी पल जानता हूँ कि सोया कहाँ, ऐसा जागा तो कभी

न था! मन की सलाई पर यात्राओं की क़िस्तें बुन रहा हूँ, कितनी यात्राएँ की हैं। एक समय में कितने समयों का खेल देखा है, एक दुनिया में कितने संसार और उन्हीं-उन्हीं रिश्तों में जीवन भर के रिश्ते। वो जो छूट गए, और वो जो मिलकर खोए, और वो भी जो अब तक कहीं मिले नहीं... जिनके पीछे भागता रहा हूँ... किसको खोजने की आड़ में?

अभी देखता हूँ तो अभी के देखे का सब सामने घटता दिखता है। अभी देखता हूँ तो कुछ भी नहीं। नीला वही आसमान। धरती के तंग किसी भी मुर्दाहाल कोने से ऐसा ही अनूठा, अलौकिक दृश्यबंध बनाता दिखता होगा। चलते-चलते चला जाऊँ तो लौटकर फिर वहीं पहुँच भी जाऊँगा जहाँ से निकला था कभी इतने अभिमान से। *सब प्रश्न जानता हूँ, सब उत्तर भी, ऐसा ही गुमान था न?* अब लगता है कुछ नहीं जानता। सिर्फ़ ये जानता हूँ कि बेई-बेई के बाहर इस मैदान में लेटा निपट अकेला आवारा समूचा दिन गुज़ार सकता हूँ। लेकिन दिन के बाद फिर रात आती है, उस रात की गुज़र? रात की नहीं जानता...

सोचकर हैरानी होती है कि चक्रधरपुर चाईबासा नहीं है, चीन में ही भटक रहा हूँ और किसी सपने में नहीं हूँ। चक्रधरपुर चाईबासा सपना था शायद! जानता हूँ चीन के एक तरफ़ चट पहाड़ हैं, दूसरी तरफ़ रेगिस्तान और तीसरे, समंदर। जानता हूँ गाओपिंग तिरछी आँखों और छोटी चिपटी नाक और गुलाबी होंठ वाली प्यारी बदकार बेवफ़ा है जो अचक्के में प्रेम जताकर फुर्र से फिर ग़ायब भी हो जाएगी। सब बिना देखे जानता हूँ, रहूँगा जानता। जैसे जानता हूँ गाओपिंग, जैसे जाना चंपारण में पहली बार कि कितनी आसानी से टूटता है दिल, और फिर थोड़े ही समय में बेहया वापस कैसे चमकने भी लगता है! लेकिन जान पाऊँगा? पिकु को जान पाया? बोलो, पिकु?

मन तरसाता है कि यादों की पगडंडी पर दौड़ता होंठों तक कोई मार्मिक गीत ख़ुद को गुनगुनाता चला आए! पुरबिया, सलिल चौधुरी, कुच्छौ चलेगा। चीनी भी। ताई ची का खेला खेलती कोई बुचिया हँसती पुकारेगी मेरा नाम, अज़ांग, और उसकी भोली ख़ुशी में नहाया, निहाल, भूल जाऊँगा मन की सब बेचैनियाँ, काले अवसाद,

उमड़ता पछाड़ें मारता अपने अंतर का हाहाकार!

सूरज के ऊपर बादलों की छाँह उतरती है। साँझ घिरती है। बतखों का एक झुंड शोर उड़ाता पोखर से निकलता है। चिपटे चेहरे की भोली चितवन में हँसता लड़का पूछता है, *वाई ग्वो (परदेसी)?* मैं लड़के से भोजपुरी में कहना चाहता हूँ : *द फ़ेस आई शो इज़ रेयरली द फ़ेस आई हैव,* मगर उसकी जगह मैंडरीन में मूड़ी डुलाता पूछता हूँ, रात बिताए को, सिर छुपाए को मिलेगी जगह? लड़का दाँत निपोरे पीछे आने का इशारा करता है। झोला सँभालता, घास तिनके झाड़ता उठता हूँ, एक बार ठहरकर देखता, मेरे लेटे रहने से ज़मीन पर पड़ा ज़रा-सा कुचले-मुसलाए घास की छाप। सोया था कुछ देर, अभी इस पल वह समय रीत गया!

एक लाइन से कच्चे-पक्के घरों की क़तार है। बीच में पतली गली। लकड़ी के कोयले वाली सुलगी अँगीठियाँ धुआँ उगल रही हैं। धुआँ अँधेरे में घुला साँझ को रँग रहा है। धुएँ के साथ हवा में एक कसाईन बास उठ रही है। मुर्ग़ियों, चूज़ों की चखचख, कमर पर हाथ बाँधे बूढ़ी औरतें, गिरते पैंट और बहती नाक वाले कुछेक बुतरू-बच्चे। चक्रधरपुर चाईबासा ही है शायद!

लड़का डोलता मेरे आगे चला जा रहा है। मैं जागे की नींद में बुदबुदाता हूँ– नहीं, पिकु, यह चीन ही है...

***

किंगहाई से निकलती है यांग्त्से। तिब्बती पठार के हिमनद के मुँह से। बड़ी नदी। सब नदियों से बड़ी। कहते हैं यांग्त्से की यात्रा नहीं की तो फिर ख़ाक दुनिया देखी। यांग्त्से की धार पर सवार मैं देख रहा हूँ दुनिया! वैसे भी पानी से पुराना नाता ठहरा। पानी देखते ही जाने क्यों मन थिरकने लगता है कि हाथ डालकर पानी उलीच लूँ, चेहरे पर छींटें डाल लूँ, घुटने तक गोड़ शीतलता में बुड़ाए ठंडाए रखूँ, उसके बाद?

मुँह अँधेरे घाट पर खड़े नीली अधखुली रौशनी में पानी पर हिलती-डोलती डोंगियों को देखना, स्याही जैसे पानी पर चमकती रौशनी की किरण की झलक का कौंध जाना, झुटपुटे आसमान के बीच सुबह के ललछौंह नवजात सूरज को उगते देखने में गहरा अर्थ छुपा है। सुबह की हल्की खुनक और अप्रकट अर्थवत्ता के मोहक

तनाव में देह तन जाती है। गर्दन पर जैकेट का कॉलर खींचता, झोले को कंधे पर समेटता, सिगरेट की तलब को फटकारता स्टीमर में बैठने की जगह तलाशता हूँ।

रात भी टिकने को कोई वाजिब ठौर फिर कहाँ मिला था। रास्ता दिखाने निकले लड़के के घर ही गुज़ारनी पड़ी थी रात। पेट में गुड़गुड़ाता कद्दू का शोरबा, चिपटे नूडल और पानी तैरते साग की ख़ुराक। उसके ऊपर अंत में हरी-हरी लॉन्ग जिंग चाय। खेस ओढ़े लड़के की क़िस्सा-कहानी सुनते फिर कब नींद आई पता ही नहीं चला। हमसे अलग– बग़ल के सँकरे कमरे में लड़के की माँ देर रात जाने क्या खटर-पटर करती अपने में जुटी रही। घाट का पता लड़के ने दिया, मगर भिनसारे उठाकर चलता उसकी माँ ने ही किया, कि "सोए का पाछे अब स्टीमरो छोड़ोगे? ओहो, दुरगत अमदी है, जी? भागो!"

लोगों की भीड़ गोला बनाए समूहों में खड़ी है। किसी बच्चे का रोना शुरू होता है, वैसे ही अचानक ख़त्म भी। अधूरी नींद के बोझ तले 'सुबहिया पसिंजर' सब कुछ लड़खड़ाते कुछ सिकुड़ते कुछ कहते खड़े हैं। धीमे-धीमे रौशनी रात का अँधेरा चीरती अपनी विराट शोभा में फैलती है। सामने अथाह पानी का संसार। नावों और स्टीमर तक जाने के लिए नम काली लकड़ियों का तख़्ता है। कहीं कोई सायरन बजता है और लोग अकबकाए तख़्तों की तरफ़ भागते हैं। इसी अफ़रातफ़री में मैं भी भीड़ में ठेलाया स्टीमर तक पहुँच जाता हूँ। मेरे आगे एक बुज़ुर्ग हैं। नीले जैकेट और सलेटी पतलून में। पीछे एक औरत है जिसकी गोद का बच्चा पक्की नींद से जागा, चिढ़ा, मचलता मेरी पीठ बकोटने लगता है।

बच्चे की पीठ-बकोटाई सुख के साथ स्टीमर के किनारे-किनारे लगी बेंचनुमा सीट पर बैठने को जगह भी मिल जाती है। बैठे के संतोष में पलटकर मैं पीछे छूटते पानी को देखता हूँ। बग़ल बैठे बुज़ुर्ग शराफ़त में नाम बताते हैं, ली वेन। मैं दाँत निपोरे अपना परिचय देता हूँ, "बोधगया के अज़ांग!"[1]

---

1. "क्यों करता है बेवजह की ऐसी दिल्लगी आदमी, पिकु? मैं क्यों करता हूँ? वह भी एक बूढ़ पुरनिया से? सच्चाई है बोधगया कभी गया नहीं। कह सकता था गंगा, जिसको मैंने ऋषिकेश से बनारस और पटना होते सुंदरबन पहुँचते देखा है, लेकिन उसे कान पर धरी बीड़ी की तरह बचा गया, क्यों?" पिकु को लिखे, और बाद में न भेजे गए एक **ई-मेल** का ड्राफ़्ट।

बाबा मुस्कुराकर अपनी बूढ़ी तर्जनी मेरे हाथ से छुआते कहते हैं कि पहले, पुरनके ज़माने, इसे सिर्फ़ जियांग के नाम से बुलाते थे। जियांग माने नदी। बस!

दाँत निपोरना भूल, मैं चुप्प-गुप्प पानी ताकता हूँ। मटमैला भूरा गाढ़ा पानी, लगभग गेरुए रंग का। पानी में भँवर हैं। पाट नहीं दिखता, तल नहीं दिखता। सिर्फ़ घूमता बहता भारी पानी का बोध। नीचे छूटते, भागते, मथते पानी को देखकर नशा होता है। बाबा ली वेन सुस्ताई समझ की तसल्ली के ठहरे स्वर में सुनाते हैं, "*तुमसे कहूँ, ढेरों मरतबा सोचा है मैंने, एक इंसान से ज्यादे मानवीय लगती है मुझे नदी? कितना जीवन है एक नदी में। इतना है जितना इस स्टीमर में बैठे सब लोगों को मिला दो। इस नदी में अब तक जितने लोग सफर किए हजारों साल से, उन सबको और उन सबको भी जो इसके तटों पर रहते आए, उन सबको, उतना जीवन है इस नदी के जल में। उससे भी ज़्यादा। इस बँधाव-रहित में कितना सब सिमटा पड़ा है, जीवन समेटे पड़ी है नदी। नदी के पानी का इस तरह बहना समय के परे है, कालातीत। और जैसे जीवन हर पल बीतता है, नदी भी बीतती है। और फिर लौटती है, जैसे उसके बहने में स्मृति हो जो हर उस पल की याद रखे जो बीता, हर उस बूँद का जो बहा, रीत गया।*"

बाबा के चेहरे पर मन की बात साझा कर लेने का एक निर्गुण संतोष है। मैं अपनी आत्मा की मुस्की निकालकर उनकी बुढ़ाई भौंह पर धर देता हूँ। ख़ुशी-ख़ुशी कहता हूँ, "बाबा, आपने सुबह सार्थक कर दी!"

स्टीमर का पानी में चलना एक तरीक़े का झूमना है। मैंने दोनों पाँव फ़र्श पर फैलाकर जमा रखे हैं। पानी की नमी से भरी हवा मेरे चेहरे को छूती है, बालों को हौंड़ जाती है। शरीर धीमी लय में स्टीमर की गति के साथ एक होता हुआ जाता है। महसूस होता है कि स्टीमर की ज़मीन मेरे शरीर का ही विस्तार है। ये मैं ही हूँ जो नदी में बह रहा हूँ। दिग-दिगंत तक जल है, हवा है और मैं हूँ। इन तत्वों में मैं हूँ, मुझमें ये तत्व हैं।

ली वेन मेरी तरफ सूखे फलों का लिफ़ाफ़ा बढ़ाते हैं। मैं पूछता हूँ, "बाबा, ये पानी इतना पीला कैसे है? कभी साफ़ था?"

बाबा बिना मुस्कुराए संजीदगी से कहते हैं, "इस नदी ने बड़े दुख दिए। जैसे नदी जीता इंसान हो जिसने इतने कितने दुख दिए।"

बाँह पर ठोड़ी गड़ाए मैं भी गुप्पा सोचता हूँ, कैसा रहस्यमय है ये सब प्रकट का गोपन क़िस्सा! नदी के पानी के अनवरत बहने की कहानी। सदियों से, और आगे जब मैं नहीं रहूँगा इस धरती पर तब भी। मेरा इस तरह इस पानी पर बहना जैसे समय की नदी पर मेरा जीवन। *जितना विस्तृत उतना ही क्षणिक!*

साफ़ आसमान में धूप की हल्की एक लकीर। बादलों के कुछ सफ़ेद बुर्राक टुकड़े हमारे साथ चलते। चाहता हूँ लेट जाऊँ ताकि मेरा पूरा शरीर उस लय की संगत में हो। थीमे आँख मूँद लूँ, इस समय को आत्मसात कर लूँ।

***

पानी के साथ-साथ ज़मीन चल रही है। धान के खेत, छोटे घर, कद्दू की लतरें। तिकोनी टोपी लगाए पुरुष, मछली मारते बच्चे। सूरज सिर पर चढ़ चुका है। मैं झोले से ठेकुआ[2] निकालता हूँ। ख़ालिस घी में तला, घर का बना। बाबा ली वेन को साग्रहपूर्वक सौंपता हूँ। टूटे दाँतों के बीच एक टुकड़ा तोड़ते उनके चेहरे पर अपूर्व तृप्ति की हैरानी पसरती है। औरत की गोद का बच्चा मेरी तरफ़ लपकता है। एक उसके हाथ भी धरता हूँ। लार सने हाथों बच्चा मुँह चुभलाता आह्लाद में किलकता है।

अच्छा है जियांग की यह अच्छी यथार्थवादी स्वप्निल दुनिया। चेहरे पर डोलती हवाएँ और आत्मा में उमंग लिए महकना चाहता हूँ। स्टीमर में *बैठे हरेक व्यक्ति से पूछना चाहता हूँ कि भाई मेरे, कैसा हुआ तुम्हारा जीवन? खाते क्या पहनते क्या? ज़रा से घर में ज़रा सुख से रह लेते? ज़रा-सा वह घर कैसा घर है, मित्र, जीवन ज़रा-सा? काम से लौटते सोचते क्या हो? दोस्तों की संगत में बैठकर ताश खेलते हो, पहनते*

---

2. त्यौहार व मन के उजियार मौक़ों पर तैयार किया जाने वाला उँगली की मोटाई वाला वृत्ताकार गाढ़े भूरे, ललियाए रंग का बिहारी स्नैक। आमतौर पर खाने के काम आता है, लेकिन होशियार जन पत्थर की तरह बरतकर उससे दुश्मन का सिर भी फोड़ सकते हैं। हालाँकि होता अक्सर यह है कि घर से दूर परदेस में कातर मन दाँतों के नीचे ठेकुआ काटता है और किसी दुश्मन का सिर फूटने के बजाय उसी के मन में अपनों की मुहब्बत के स्मरण के मीठे चीरे लगते हैं, आँख से टप्-टप् आँसू चूते हैं। नैचुरली दुःख के नहीं, मुँह में ठेकुआ होने के सुखात्मक, गुणात्मक आह्लाद के ही होते हैं। *("सजन, तू नहीं होती हो तो कवनो सिकायत नहीं है, मगर तू होती हो तो जीवन में ठेकुआ, अनरसा, तिलकुट के बहार होता है!" –चलित्तर साहू व सादिक लाल, 'ठेकुए के उजियारी में', मदन मोहन प्रैस, मोतिहारी)*

क्या पीते क्या हो? हिंदुस्तान का कोई ज़िक्र आता है, आता है तो मुझे याद करते हो? क्यों, तुम्हारे ज़रा-से के जीवन में मेरे ज़रा-से के साहित्य का, मित्र, कोई मूल्य नहीं?

अपनी औरत को प्यार करते रात उसका चेहरा दुलराते कितनी तरलता व्यापती है तुम्हारी नसों में, आत्मा में?

हर लड़की से पूछना चाहता हूँ, बताओ, वैजयंती, केया, कुसुम, कौन है तुम्हारा प्यार, सच्चे तुम्हारे अरमान? किन सपनों का सपना देखती हो? उड़ना, उड़ोगी एक दिन? कौन खाएगा तुम्हारे हाथों का राँधा खाना, किसके जीवन की अँधेरी साँझों को अपने प्रेम की बाती से रौशन करोगी? किस नन्हे शिशु को जन्म दोगी, कैसी माँ बनोगी, बताओ, सब बताओ? ओह, कितना-कितना पूछने को है, किस-किससे पूछने को है। और हर पल पीछे छूटा जा रहा है। पकड़ लूँगा हर पल जो फिर दुबारा लौटकर कभी नहीं आएगा।

मन में कैसी नदियाँ हैं... थिरकती, काँपती, भागती, दौड़ती हैं। ज़िंदा धड़कते एहसासों की चोट करती लहरें। अपने समूचेपन में कुछ है जो मेरे भीतर अपने ठोस घनत्व में धप्प-धप्प मेरी छाती पर सिर पटक रहा है। जैसे मेरे भीतर गर्भस्थ कोई शिशु हो, जिसे मुझे जन्म देना है। हर कहीं इस एहसास को ढोए घूमता हूँ। कंधों में जकड़न होती है, मुँह का स्वाद कसाइन-सा महसूस होता है। उँगलियों के स्पर्श में तनाव इकट्ठा होता रहता है। अपने समूचेपन में एक कोई समूचा है जो बार-बार याद दिलाता है, पूछता, महसूस करते मेरा भार? करता हूँ। फिर उसी तेज़ी से उसे निष्कासित भी करता जाता हूँ। ख़ाली करता जाता। फुसफुसाकर स्वयं से कहता हूँ ख़ाली स्लेट पर लिखना चाहता हूँ अपने अनुभव। भाव। किसी पिछली दुनिया का भार इस दुनिया में नहीं लाना चाहता। होना चाहता हूँ बस अभी इसी समय, इस पल का। न उसके आगे न उसके पीछे का। इस यात्रा में इस समय, पहली बार। जैसे इसके पूर्व कभी पहले यात्रा न की हो। सामने की सीट पर बैठा वही नन्हा शिशु हूँ, विराट पृथ्वी माँ की गोद में, सब जिसके लिए नवेला है। सब पहली बार हुआ है!

जैकेट की जेब से क़रीने से तहाई मैं चिट्ठी बाहर करता हूँ।

***

दांग वान उर्फ़ एक पांडुलिपि की तलाश में– एक

मिल ही जाएगा कोई भिक्खु वंशज, आदिवास के झुलसे साँवलेपन में, पीठ पीछे पोथी-पतरों की कोई पांडुलिपि लग भी गई हाथ (अगर लगी, लगेगी? कभी? आह!) तो भी समय व स्पेस में छितराए मनों का छिन्न-भिन्न, क्लांत-श्रांत बीहड़ पठारपना साफ़-सुलझा पाएगी? इतने लंबे कालखंड के आंतरिक, अंतरंग इतिहास-हाशिए को किन संवेदन, बुद्धि-प्रच्छन्न नज़रों प्रॉसेस करेगी, हमें कितना क्या बताएगी, बता पाएगी? तोमास के मानवीय शोधी अनुराग के माथे एक लगभग अघोरी असंभाव्यता नहीं बैठा हुआ? कि इतना दूर चलकर और जाने किस-किससे गुज़रकर भी हम कुछ नहीं पाएँगे, कहीं नहीं पहुँचेंगे? कि पांडुलिपि में क्या है से पहले पता चले कि ऐसी किसी पांडुलिपि का अस्तित्व ही नहीं! हमारे अधूरे अवचेतन व टीसमारी ग्रंथियों की उत्कट कल्पना है, बौद्धिक विलास है, सहज सामाजिक जीवन के इतिहास-लय के फटे में फँसा फ़िक्शनल फ्रॉड है। कोई दिलीप हैम्ब्रम नहीं; संघवीर, सिबोला, सुखोमोनी कोरी कल्पनाएँ हैं, पज़लिंग प्रोवोकेशंस हैं? यस, दे आर।

जॉन की ने ग्रेट आर्क के सिलसिले में तब तक हिंदुस्तान में अपना शोध शुरू किया भी नहीं था जभी मैंने तोमास से कहा था कि प्यारे, तेरी उत्तुंग शिखरों वाली महमह उड़ान समझता हूँ, पर तू भी मेरी ज़रा इतनी-सी समझ, रहने दे इसे, यह ऐसी पांडुलिपि है कि जिस तक हम किसी तरह पहुँच भी गए तो पूरा एक समय-संसार अनडेसाइफ़रेबल बना ही रहेगा और हम दुबारा खो जाएँगे। इस यात्रा का कोई अंत नहीं है, मित्र! स्कूल ऑफ़ ऑरिएंटल एंड एशियन एंड अफ़्रीकन स्टडीज़, लंदन की कौनो शरीफ़ बाला पकड़, लगा दे उसे लाम पर, भटकती फिरेगी बिचारी, सरियाती पुराने पन्ने हियाँ-हुआँ, हम रत्नागिरी टहलते हापुस आम खा आएँगे, क्या?

मगर नहीं, मियाँ तोमास पेल्लेग्रिनी कब हमारी सुनने लगे? उन्हें विश्वास है दिलीप हैम्ब्रम सच्चा है, और है इसी दुनिया के कहीं किसी कोने-अँतरे, जैसे कि अप्रस्तुत अगोचर लीला बाला के लिखे पन्ने हैं, एक अदद पूरी पांडुलिपि है। और भ्रम

है तो भ्रम ही सही। सब साफ़-सच्चा नियत रहता तो खोज की दुनिया कितनी इकहरी रहती, नहीं रहती, अज़ांग? गुवाहाटी के क़रीब कहाँ कौन था वह साधु जिसने कहा था अपने को अपने से विस्थापित करना ही अपने को पा लेना है। कोई बौद्ध भिक्खु जाने किस संथाली सिबोला अबोला लीला मा की संगत का बाजा बजाता जाने क्या लिखता खोता गया! हज़ार साल पहले की पांडुलिपि को खोजकर पा लेना, पढ़ लेना अपने अनुराग को पहचानने व एक नए अनूठे राग में बह लेने, गा लेने की कहानी नहीं, दोस्त? वह नहीं दीखता? कुछ ज़रा-सा चिनसुरा झामतारा, कुछ तुंग ह्वा और चीन की दीवार के सब तार किसी और समय की नियति में इस कदर गुँथ जाएँ, एक मीठी रस भरी नदी के किनारे चलते चले जाने, तारों को निरखते, अँधेरी रात में सुबह की सौग़ात की सुगबुगाहट भरे, ख़ुद से गुफ़्तगू करते, अपने को पहचानते, ओह! यही तो थे, इतने, इतने और इतने, गहरे भरे ओह, कितना कितना भरे, झोले में आख़िरकार जिसे खोजा उसे पा लिया का ख़ज़ाना सँजोए... इतना तो थे और यही तो खोजते रहे जो गुम रहा, भीतर ही भीतर...

शायद पांडुलिपि नहीं ही है, मेरे प्रिय अज़ांग। और इसीलिए है!

***

इतना सच था कि सपना था

"और सपना था इसलिए उसके सच होने की उम्मीद बची हुई थी। जैसे तुम्हारे हाथों मरकर, ओ ज़िंदगी, फिर ज़िंदगी जी लेने की उम्मीद बन जाती है।"

– ताहिरे बुलकान, सलाये सेले बुरशां[3] से

संयोग ही रहा होगा कि मनमोहिनी के सुर में डूबा ख़ुद से छूटा निकल भागा था। इतने दिन आवारा इस ठाँव से दूर के उस गाँव, धूल-धक्कड़ व फक्कड़पने के वीराने, दीवाने सैरों व सुहाने बहकावन लोकों में भटकता फिरा था। *सचमुच जिए थे वे दिन, मैंने ही जिए थे?* या कि लंबी नींद से जागे के अस्फुट, अधूरे चित्र हैं, अपने अभाव भरे जीवन की कीच-काई को भूलने के दबाव में ख़यालों की रंगीनियों से रँगकर, विरलपने की समानांतर रुमानी फ़ंतासी गढ़ रहा हूँ? *फिर बहक रहा हूँ?*

जो था जीवन का खुरदुरा, तक़लीफ़ भरा यथार्थ था, मैंडरीन मंगोल समय व इतिहास-सताई, प्रेम-नहाई चीनीकुमारी कोई गाओपिंग नहीं थी। न गोद की उसकी दुलारिन छुटंकी नानान, जिसके नन्हे नाख़ूनों के घाव नाक व गाल पर चटख तितलियों-सा लौहवर्णी गौरव-चिह्नों की तरह सजाए मैं चहकता फिरता, हँसते-हँसते

3. "जलती पगडंडियों पर तुम्हें खोजते हुए।" स्थान व काल : अज्ञात।

रोता था? उस चार बित्ते भर की ज़रा-सी बच्ची की संगत के मीठे से दिल इतना ख़ुश होता कि आँखें नम हुई जातीं! इतने अर्से बाद अब भी उचककर, बीच नींद चौंककर जागता रहा हूँ, कि उनींदे भरभराए कोमलता के भार, भद् छाती पर गिरने का अभी इस गुज़रे पल जो विरल अहसास हुआ उस अतुलनीय सुख का इस फैले विराट विश्व में अन्य दूसरा कोई वाहक नहीं, सिर्फ़ व सिर्फ़ मेरी नन्ही नानान ही होती। फुसफुसाकर किसी ने पुकारा था नाम, गाओपिंग ही थी, समाज से, स्वयं ख़ुद से छुपाकर, मुझे पुकारती आई थी, *मगर वास्तविक नहीं थी?*

मन में दिखता है : तंग सीढ़ियों के पीछे छिपी सलेटी गलियों के धुँधले विस्तार; लकड़ी का कोई पुराना चूल्हा, जाने कहाँ-कहाँ के साग इकट्ठे काटती हँसती एक बुढ़िया, उसके बग़ल नंगे बदन, पूरी देह पर फ़क़त एक सस्ते प्लिमसोल की चप्पल की इकलौती 'पहनाई' चढ़ाए, नानी के हाथ का चाक़ू लेने की ज़िद करता बच्चा; पीले जंगले से मुँह सटाए, बुरके के ओट बुदबुदाती फ़ातेमा बुजांग कि *तुम्हारे उधर भी जीवन ऐसा ही है जैसा हमारे इधर है? ऐसा क्यों है अज़ांग?* हाथ के सस्ते कटोरे में सोयाबीन के फूल के ताज़ा छने पकौड़े लिए मुँह गिराए नन्ही वू यान का मासूम सवाल, "तुम कल चले जाओगे, अज़ांग, सच्ची?"

सब सपना था, वास्तविक कुछ भी न था?

***

मेरी पुरानी सखी है पिकु, चोट खाए मेरे अंतरंग क्षणों की हमराज़, स्नेह की छतरी तले सारे अप्रिय मूसलाधारों से हमेशा बेदाम मेरी रक्षा को प्रस्तुत, उससे पूछता हूँ, तुम बताओ, पिकु, मेरी लिखी चिट्ठियाँ, नोट, फ़ुटनोट्स, विनोद, वृत्तांत सब पढ़ी हो तुम, मनगढ़ंत बहक है मेरी, वास्तव कुछ नहीं? जवाब में पिकु मुस्कुराकर इतना भर कहती है, "कोई तुम्हें तुम्हारे नाम से नहीं बुला रहा, सब *अज़ांग* बुला रहे हैं, तुम्हें अजीब नहीं लगता?"

इस पर मैंने सोचा नहीं था। अब सोचता हूँ तो परेशानी होती है, फुसफुसाकर अपने कन्विक्शन खोजता हूँ, "मेरे ब्लॉग पर अज़दक का नाम है, हो सकता है उसी के असर में बुलाते हों! बट आई डोंट नो। तुम समझती हो फिर सचमुच कुछ सच नहीं,

सब मेरी कल्पना है? *इवन गाओपिंग?"*

पिकु कहती है, "तुमने नोटिस किया गाओपिंग से तुम किस ज़बान में बात कर रहे हो? अभद्र, अश्लील, गँवार, भदेस, पतित, ये तुम्हारी ज़बान है? कमज़ोर पर रोब गाँठ रहे हो, इधर-उधर की फेंक रहे हो, *इज़ दैट परसन यू?* लोगों को डिग्रेड कर रहे हो, अपने को, अपनी लिखाई को कर रहे हो? ये सब क्या लिखा है तुमने, अज़ांग, *क्यों लिखा है?* ऐसा क्यों लिखते हो? *लिखते क्यों हो?"*

***

मालूम नहीं, पी, क्यों लिखता हूँ, तुम बताओ क्यों लिखता हूँ। इसलिए कि जो अंतरंग जीवन में छिपा रहा उसे साहित्य में खोज लाने की उम्मीद बुनता हूँ। इसलिए महीनों तुम्हारी चिट्ठियों का जवाब नहीं देता कि एक दिन जब वह दिख जाएगा, कि एक दिन जब वे सारे भेद, हमारी अनकहियों का वह समूचा अंतर्लोक जो स्वयं हमसे ढका-लुका रहा, मन की पगडंडियों में उस मणि-निधि को टटोलता एक बार सच्चे व निर्दोष तरीक़े से तुम तक शब्दों के पुल पर पहुँच जाऊँगा? एक दिन एक बार सच्चे व निर्दोष तरीक़े से तुम्हें तुम्हारे उस नाम से पुकारने चला आऊँगा जिस तरह ख़ुद का पुकारना तुम आज तक न सुनी होगी, सपने में भी नहीं? मालूम नहीं, पी, क्यों लिखता हूँ, बताओ क्यों लिखता हूँ?

ममता की चोट खाई गँवार औरत अपने रोज़-रोज़ के टूट जाने को क़ाबू करती निहोरा करती है इतना, "कितना बखत तेरा मुँह देखे बग़ैर गुज़रा बच्चा, एक बार गाँव चला आ।" निर्ममता से जवाब देता हूँ कि नहीं आ सकता, बहुत काम है, मौसी, और चीन लिखने चला जाता हूँ, *क्यों चला जाता हूँ?* चीन में ऐसा क्या देख लेने, जी लेने की उम्मीद बनती है कि गोरखपुर, देवरिया और कटिहार से मन सुन्न पड़ा रहता है? जाकर फिर दिख जाता है चीन में वैसा कोई नवजीवन?

रोज़ तुम्हें खोजने पहुँचता हूँ, इस भोली बेवक़ूफ़ उम्मीद में कि तुम्हारे मिलने में मेरा मिल जाना होगा, मगर रोज़ जवाब देती हो बाहर गई हो। क्या मालूम, पी, लिखने नहीं, चीन तुम्हारी तलाश में ख़ुद को खोजने जाता हूँ। नहीं तो फिर बताओ, क्यों लिखता हूँ?

होगा मनगढ़ंत, होता रहे फिर मनगढ़ंत, *यथार्थ क्या है? तुम यथार्थ हो?* यथार्थ है मौसी मेरी माँ नहीं, न नानान मेरे ख़ून की बेटी, न वह समूचा संसार जो रोज़ सुबह और देर रात तक मेरी आत्मा में झरता मीठी लोरी की तरह उमगता और चाक़ू की नोक पर बीच नींद मुझे जगाता रहता है, वह भी यथार्थ नहीं, पी, फिर सब यह कल्पनालोक है, (जैसा बाबू विनोद कुमार शुक्ल कहते हैं) यथार्थ से टकराते-झुलसते जिसमें सुस्ताने चला आता हूँ। भाषा का भदेस गिनती हो, मैं कहता हूँ भाषा एक दूरी होती है[4] जो चीन पहुँचकर समझ आती है, सो तुम्हें समझ नहीं आता? *"यथार्थ के समय में स्वप्न भी रहता है– पड़ोसी की तरह नहीं, एक घर में। रिश्तेदार की तरह।"*[5] मुझे मालूम नहीं फिर हम किस मनगढ़ंत की बात कर रहे हैं, या यही कि मैं क्यों लिखता हूँ[6]?

हो सकता है लिखना कल्पनालोक के रास्ते यथार्थ को पहचानने की सुरीली कोशिश हो, चीन के रास्ते ख़ुद को जानने की? क्योंकि तुम्हें तो, पी, मैं कभी कहाँ

---

4. "भाषा एक दूरी होती है। अर्थ के पहुँचने तक की यह दूरी पार करनी होती है। हमें दूरी को भी पुल मान लेना चाहिए। कम से कम इसलिए कि पार करना पड़ता है और जो जोड़ता है। रचना एक सोच-समझकर की जाने वाली बौद्धिक कोशिश है। अपनी अभिव्यक्ति को पाने के लिए बहुत कोशिश करनी पड़ती है।" **विनोद कुमार शुक्ल**, सवाल के जवाब में, **कथादेश**, अक्टूबर 2010

5. विनोद कुमार शुक्ल, वही।

6. **दांग वान उर्फ़ एक पांडुलिपि की तलाश में—दो :** "अँधेरी रात में बेड़ा पानी को चीरता बह रहा है। सप-सप ठंडी हवा बह रही है। एक तरफ़ बाँस की लग्गी पर लटका लालटेन जल रहा है। उसकी लौ हवा में उन्मत्त नृत्य में लीन है। पुरुष लाल अंगवस्त्र में है। उसके चेहरे पर लालटेन की लौ का पीला प्रकाश है। स्त्री बेड़े के फ़र्श पर बैठी है। उसके बैठने की भंगिमा में भी एक लोच है जैसे पूरा शरीर, उसका पूरा होना ही नृत्य की एक ताल हो। इस निविड़ सुनसान अथाह जल और अथाह कालिमा में प्रकाश का एक टुकड़ा इन दो प्राणियों को ऐसे प्रकाशवान कर रहा जैसे उनके बीच का प्रगाढ़ स्नेह। पुरुष की छोटी तिरछी आँखों के स्मित में पूरे संसार का प्रेम है। स्त्री एक बार अपनी बाँह अपनी कलाई सहलाती है। गोदने की एक-एक रेखा को उँगलियों से दुहराती है, पुकारना चाहती है उसका नाम फिर लज्जा से सिर झुकाती है। पुरुष अपने लाल अंगवस्त्र को उतारता है। स्त्री की बाँहों और कँधों को ढकता है। स्त्री अपना चेहरा ऊपर उठाती है। लाल वस्त्र के बीच उसका सलोना साँवला चेहरा चमकता है। कितना तो अथाह जीवन है, इस छोटे से तेज़ धारा में बहते बेड़े की मद्धिम रौशनी के प्रकाश में, कितना तो जीवन है, इन दो भागे हुए प्राणियों के बीच, कितना!" [**गोटिये जीबन गुमनाम, लीलामाला मार्फ़त** जीबन दास परिडा, जॉनसन प्रेस, कटक, 1888]

जान पाऊँगा? जैसे गाल पर उँगली धँसाए अज़ीज़मन निर्दोष सवाल करोगी, क्यों लिखता हूँ, और मैं लाजवाब भले जितना हुए जाऊँ, बुद्धि एकदम काम करना बंद कर देगी, हलक़ सूख जाएगा, कोई जवाब आख़िर तक तब भी नहीं ही सूझेगा कि क्यों लिखता हूँ?

***

तोमास पेल्लेग्रिनी जानता है क्यों लिखता है, शायद इसीलिए इतना कम लिखता है। मेरी तरह भदेस व अश्लील तो एकदम नहीं लिखता। कहता है कि जीवन इतनी मात्रा में है, उसे अलग से लिखने की क्यों ज़रूरत? हालाँकि उसकी तरह मैं मिलान में नहीं जन्मा, न मेरी तरह वह कभी चीन गया, फिर भी तोमासिनो मेरा परम चरम अंतरंग ठहरा। अभागे लोगों के जीवन में जैसे रास्ता भूला, भटककर कभी सुख चला आता है (और तत्काल अपनी ग़लती जान, घबराकर, हालाँकि चला भी जाता है), तोमासिनो वैसे ही किसी असंभव सुख की तरह मेरे जीवन में आया, (और उससे ज़्यादा ताज्जुब की बात है, सुख को ठेंगा दिखाते हुए) असंभव तरीक़े से अभी तलक बना हुआ है! कभी-कभी हैरत से मेरा दम फूलने लगता है तो मैं घबराकर सवाल करता हूँ, *"कारो मियो, तोमास्सिनो, सेई वेरो-वेरो के सेई उना फांतासिया?"*[7] पेल्लेग्रिनी गाल बजाता जवाब देता है, "फांतासिया।" मैं चैन की साँस लेता हूँ।

तोमास ने अपने पत्र में लिखा है, *"तुम्हारे चीन जाने की ख़बर से सचमुच हैरानी हुई। हालाँकि पिछले महीनों स्पेन के दक्खिन और इटली के लोम्बार्दी के देहातों में टहलते हुए ग्रामीण जीवन में आए बदलावों के ऐसे और इतने अनुभव मिलते रहे कि सोचता हूँ 'हैरानी' शब्द का अब मैं सँभल-सँभालकर ही इस्तेमाल करूँ। मैंने तुम्हें पहले लिखा था कि मेरी मौसेरी बहन की गाँव में कुछ ज़मीन है, उसके कुछ क़ानूनी पचड़े के सिलसिले में गाँव गया था। बचपन में हम बच्चों की ढेरों छुट्टियाँ उस जगह, उस पुराने दोमंज़िले मकान में बीती हैं, अच्छी भरी-पूरी दुनिया हुआ करती थी, अब कुछ नहीं रहा वहाँ, गाँव में सिर्फ़ दो घर बचे हैं, जहाँ चूल्हा जलता है; बाक़ी के सब मकान ढह गए। और ज़मीन, पर्यटन के दलालों या सस्ते की ख़रीदी में*

---

7. "प्रियवर, तोमास्सो, तुम यथार्थ हो या फ़ैंटेंसी?"

अंतरराष्ट्रीय नवधनिक ख़ुशहालों के हाथ है! पर्यटन के उस सुहाने लैंडस्केप में बचपन की स्मृतियों की मेरी अपनी जगहें मेरी पकड़ में नहीं आ रही थीं, देर तक यही लगता रहा कि यह पर्यटकीय यथार्थ ही वास्तविक यथार्थ है, स्मृतियों में बंद मेरे बचपन की जगहें विशुद्ध मेरे दिमाग़ की कल्पना हैं, समझ रहे हो? आई डोंट नो व्हॉट इज़ रियलिटी एनी मोर, अज़ांग, रियली!

मगर तुम चीन क्यों गए? उन्नीसवीं सदी, बीसवीं के शुरुआत में जाते रहे होंगे लोग शांघाई, मांचाऊ, अब कौन जाता है चीन? मैं तो यही समझ रहा था कि अब चीन ही है जो दुनिया के कोने-कोने पहुँच रही है, उसके कोने क्या है उसकी तह तक पहुँच सके वैसी राजनीतिक दृष्टि व समझ वाले ज्ञानी को पैदा करना मानव सभ्यता ने बंद कर दिया है, और नहीं किया है तो तुम्हारे देश की मुझे ख़बर नहीं, कम-से-कम हमारे इटली में तो बंद हो ही गया है। मगर, रियली, तुम चीन क्यों गए? दांग वान[8] की यात्राओं पर हम इतना दिलचस्प शोध कर रहे थे (दरअसल तोमास की संगत में

---

8. **दांग वान,** अनुमानित जीवनकाल : संभवत: नवीं शताब्दी के मध्य कभी, हालाँकि दक्षिण कोरिया के एक शोधार्थी समूह का इस मत से तीव्र विरोध है, और इस स्कूल के अपेक्षाकृत परवर्ती शोधकर्ता *वन द्वान थ्* ने अपने विविध परचों में बारंबार इस अवधि को अट्ठारहवीं व उन्नीसवीं सदी के मध्य कहीं अवस्थित करने की माँग की है, नवीं में दांग वान के जीवन व तथाकथित हिंदुस्तानी यात्राओं का विचार, वन द्वान थ् के अनुसार, विशुद्ध ओरिएंटल कपोल-कल्पना है। दांग वान के जीवनकाल की अवधि ही नहीं, उनके वास्तविक जीवन के संबंध में भी विभिन्न शोध दलों में विविध मत हैं, ज़्यादातर मतभेद हैं। हालाँकि दांग वान के उत्तर-आवर्ती कविता के जनक समझे जाने पर सब एकमत हैं। किंतु तत्कालीन रूढ़िवादी शासन से संबंध व वैचारिक तादात्म्य के प्रश्न पर फिर तीव्र दुराग्रह हैं। दक्षिणी यूरोप का एक निहायत लघु शोधार्थी स्कूल (मूलत: रुमानिया व अल्बानिया में सक्रिय) पिछले तीन दशकों से यह प्रमाणित करने की कसरत में जुटा है कि दांग वान के साहित्यिक अवदान व योगदान पर अनावश्यक ही इतना ज़ोर दिया जाता रहा है, जबकि अपनी मूल प्रकृति में दांग, कविकर्म से ज़्यादा संगीत की तलाश में संलग्न दिखते हैं। हालाँकि इस समूह की खोजों को शांघाई स्कूल विशेष महत्व नहीं देता और उसका अब भी यही मानना है कि वांग दान की समस्त भारत-यात्रा बुद्धत्व के विशिष्ट तत्वों की पहचान जनित थी, न कि संगीत संबंधित। हालाँकि पिछले दिनों जादवपुर विश्वविद्यालय के मलिन चारु ने अपने शोधपत्र में यह सनसनीख़ेज़ खुलासा भी किया है कि उड़ीसा के मयूरभंज में दांग वान की उपस्थिति सांगीतिक उपासना जन्य नहीं थी, वे वहाँ इसलिए थे क्योंकि उन्होंने एक आदिवासी कन्या से विवाह कर रखा था। देखें : *'दांग वान : ए वोलुप्चअस एंड वॉयलेंट लाइफ़; लिटरेचर इन अ टरबुलेंट टाइम,* **सोसुआ** तनाका, ग्रोव प्रैस, 2007, कोरोनाकाल में पुनर्प्रकाशित, 2021।)

मैं सिर्फ़ आवारा टहल के सुख पा रहा था, शोध की सारी मशक़्क़त तोमास्सिनो के माथे थी। मेरा माथा वैसा है भी नहीं), वह सारा काम अधूरा छूटा पड़ा है, तुमने एक जो पहला[9] टुकड़ा लिखकर भेजा था मुझे, बुरा नहीं, इट्स नथिंग ग्रेट, बट नॉट बैड आइदर, बट देयर इज़ स्टिल सो मच वर्क टू डू, हिंदुस्तान में हमें अभी कितनी और जगहों की यात्रा करनी थी, मैं यहाँ मूर्खों की तरह बुख़ार में तप रहा हूँ, और तुम चीन निकल गए? विदाउट मी? व्हॉई अज़ांग? और पिकु कैसी है? बाक़ी के और कितने टुकड़े लिखे तुमने, कहाँ हैं? सब भेजो मुझे, जल्दी।"

***

जैकेट की जेब से क़रीने से तहाई मैं चिट्ठी बाहर करता हूँ।

सस्ते कागज़ पर बच्चों-सी लिखावट में लिखा मज़मून गाओपिंग के नाम से ही था :

अच्छे अज़ांग, तुम्हें ताज्जुब हो रहा होगा कहाँ से तुम्हें खोज निकाला और चिट्ठी के रास्ते ही सही कैसे तो देखो, तुम्हारी गोद में पहुँच गई! मुझे भी ताज्जुब होता रहा कि बिना तुम्हारा पता जाने जी नहीं सकती थी, जैसे बिना मेरा स्नेह पाए तुम हमेशा ख़ुद से दूर भागते होते। मगर फिर, शायद यही जीवन का विधान है कि कितनी सारी चीज़ें हम ऐसी करते जाते हैं कि ताउम्र हमीं अचरज करते बैठे रहें, लेकिन उसका उत्तर हमें कभी न मिले! वैसे तुम्हारा पता खोज निकालना शायद ऐसी कोई मुश्किल बात थी भी नहीं। तुमसे चार बातें कहने को मन कलप रहा था, इसी से इतना उद्यम कर लिया, और इसके पीछे और कोई गहरी बात न देखो, यह मेरी अलिखी प्रार्थना समझकर, पत्र पढ़कर मुझे भुला देना। *मन जोड़कर भुला देने की तो तुम्हारी पुरानी एक्सपर्टी ठहरी, नहीं?*

तुम्हारे चले जाने के बाद से तुम्हें याद कर-कर के, लगातार तुम्हारे बारे में सोच-सोच के कितना-कितना कुछ तो कहना चाहती थी, अच्छे अज़ांग, और देखो, लिखने बैठी हूँ तो मन में सब एकदम धुआँ-धुआँ हो रहा हैं, शब्द सारे उड़ गए हैं और दिक् करने को सिर्फ़ बेकली बची है। कितनी बार तुम्हारे लिए ठेकुआ बनाने बैठी

---

9. कृपया देखें पृष्ठ संख्या : कौन-सा पृष्ठ था? पृष्ठ-संख्या फिर गड़बड़ा गया है।

और कभी मैदा तो कभी हाथ जलाया। ज़्यादा क्या जला इसे देखने की सुध कहाँ रहती, समझ रहे हो न, अच्छे अज़ांग? मगर तुम्हें अच्छा क्यों बुला रही हूँ। अच्छे तो तुम किसी भी सूरत में नहीं थे। *मेरे लिए तो नहीं ही थे।* चाची भी तुम्हें याद करती हैं तो अच्छा कहके नहीं एक लंबी साँस खींचकर याद करती हैं। नानान के आगे नाम लो तो बेचारी रोने लगती है। मानो गाल पर कीड़ा चढ़ गया हो या हाथ से किसी ने रोटी छीन ली हो। मगर असल बात तो यह है कि मैं नाम लेती ही क्यों हूँ? मन के भीतर जो एक सूना बड़ा-सा मैदान है क्या वह पूर जाता है जो इस तरह अच्छा-अच्छा बुदबुदाकर अपना ख़ालीपन भरती हूँ?

अच्छे अज़ांग, तुम तो पढ़े-लिखे समझदार हो, दुनिया देखी है। कहाँ-कहाँ गए हो, जाने किस-किस तरह की जनाना और ग़ैरजनाना संगत में रहे हो, मेरी शंका साफ़ क्यों नहीं करते? आख़िर औरत यह सब सोचती है, क्यों सोचती है? शरद व वसंत के मेलों में या चाऊ एन लाइ के रौनक़ भरे जलसे में नए कपड़े और नई साज-सज्जा पाकर ही औरत सुखी क्यों नहीं बनी रहती? कहीं दूर किसी के भले की कामना करते हुए उसकी ही तरह किसी गहरी तकलीफ़ में भी बना रहे की कामना क्यों करती है? मतलब-बेमतलब जगजीत कौर का *'तुम अपना रंज-ओ-ग़म मुझे दे दो'* बिना गुनगुनाए, बिना अर्थ जाने मन में अर्थहीन जाप की तरह क्यों चलाती रहती है? ओह, अच्छे अज़ांग, कभी-कभी लगता है कि मैं पकी तरबूज़ हूँ और एक नंगा चाक़ू है जो मुझसे जाने कितने हज़ार कोसों दूर किसी और के हाथों में है, किंतु लगातार मेरे नंगे हृदय से गुज़रता काटे चला जाता है, चीरे बने चलते हैं और किंकर्तव्यविमूढ़ मैं कुछ कर नहीं पाती!

तुम मेरी बात समझ रहे हो, अच्छे अज़ांग, या हमेशा की तरह मैं दीवार पर माथा फोड़ रही हूँ? ओह, इसकी ग़लतफ़हमी में मत रहना कि दूर चले गए किसी निर्मोही अजनबी के लिए, या किसी के लिए भी, गाओपिंग दीवार पर माथा फोड़ेगी! गाओपिंग का मन जितना कोमल है उतना कठोर भी है, लेकिन माथा तो कोमल ही है, और दीवार से टकराता ख़ुद को घायल करता फिरे इसके लिए तो नहीं ही है!

अनमनी बनी किसी को ऊलजुलूल पत्र लिखती फिरे गाओपिंग इसके लिए भी नहीं है। *मतलब? मतलब यही कि हो सकता है, अच्छे अज़ांग, यह पत्र जिस गाओपिंग को जानने का तुम वहम पाले हो उसके हाथों लिखा भी न गया हो! क्योंकि, अच्छे अज़ांग, प्रेम तो जीवन का छलावा है, और असल गाओपिंग जो है तुमसे तहे-दिल से नफ़रत करती है! नफ़रत...*

***

श्वा वेन सच्ची है, या शांघाई?

"नगरिया कब्बो ना जाना, बाबू, जाओ तो हमको ना बिसराना, बाबू..."

– नाइज़ेरियन लोकोक्ति

महँगे होटलों के लाउंज में पी होगी भारती (धर्मवीर) और जोशी (मनोहरश्याम) ने व्हिस्की, मैं सस्ते थ्री कैंडल रेस्तराँ की छत पर बीयर पी रहा हूँ। दूर ह्वांग्पु नदी के आग़ोश में साँझ का सूरज दम तोड़ रहा है। **श्वा वेन**[10] नज़दीक होती तो होंठों से जाम सटाकर सन् अड़सठ की शंकर-जयकिशन वाली लता बाई की बहक गाती– *'कितनी अकेली, कितनी तन्हा, तुमसे मिलने के बाद...'* मैं राजेंद्र कुमार की तरह थरथराता– कि इस जूनियर कैरेक्टर, सिमी ग्रेवाल का क्या करूँ– के सवाल पर

---

10. सुधी पाठको, माफ़ी चाहता हूँ आपको पहले आगाह करना चाहिए था, नहीं किया। श्वा वेन की बाबत दो पंक्तियाँ कह सकता था मगर सिर्फ़ गाओपिंग की याद में डूबा दिखता रहा। सच्चाई है मेरे अंतरंग का भी एक पार्श्व है, गुप्तलोक है, छुपे भेद हैं। जैसे गाओपिंग का प्रेम आज तक मैं ठीक-ठीक समझ नहीं सका, कुछ-कुछ वैसे ही अपने अंतर्लोक के प्रेम का भूगोल भी मेरे लिए हमेशा धुँधलकों की सियाही में लिपटा हासिल हुआ है। मैं जानता हूँ श्वा वेन और मेरे बीच कुछ भी कॉमन नहीं। नॉट इवन ए कॉमन लाइकिंग आफ द वर्ल्ड। बट द फ़ैक्ट इज़ वी बम्प्ड इन टू इच-अदर, डेवलप्ड सर्टेन एक्सपेक्टैशंस फ़्रॉम इच-अदर, क्यों? मेरे पास इन सभी सवालों के सुगठित साफ़ जवाब होने चाहिए थे, मगर नहीं हैं, क्यों, आई डोंट हैव अ क्ल्यू।

कन्फ्यूज़ होने और दर्शकों को इरिटेट करने की जगह श्वा वेन के फ़िरोज़ी स्लीवलेस के कंधों में चेहरा धँसाकर सलिल चौधुरी का किशोर, कैशोर्य गाने लगता– *'कोई होता मेरा अपना, हम जिसको अपना कह लेते यारो...'* श्वा वेन हाथ का जाम फेंककर अपनी कमसिन, गुदाज़ जिस्म का सहारा दे-देकर मुझे सहेज लेती। मैं सिहर जाता। कशिश, सुरूर, समझ और अतींद्रिय रोमान की कैसी कुछ तो अनोखी फ़िज़ा बन जाती! अच्छा मनुष्य व वर्थवाइल लवर्स होने का हम एक लाइव, लवेबल डेमो कॉपी हो लेते। *इंडियन सॉफ्टवेयर और चाइनीज़ हार्डवेयर के मेल के अनूठे सौंदर्य का दुर्लभ सैंपलिंग हो जाते।* मगर हक़ीक़त है हो नहीं पा रहे। साँझ ढल रही है। शांघाई के रुपहले, रंगीन छलावों में उलझा श्वा वेन का यौवन बेहया उपभोक्तावादी सपनों की दहलीज़ पर मुझसे दूर जाने कहाँ, किधर कहीं और पिघल रहा है।

बेमतलब पत्ता गोभी के चिप्स कुतर रहा हूँ। सस्ती बीयर पी रहा हूँ। सस्ते थ्री कैंडल रेस्तराँ की छत पर। महँगा एस्टर हाउस होटल पड़ोस में है। 1846 से है। शहर की मुख्य सड़क-समुंदर से लगी बंबई की मरीन ड्राइव की तरह बंद– (जो ह्वांग्पु नदी के एक किनारे लगी चलती है) के एक छोर पर। बीसवीं सदी की शुरुआत में महत्त्वपूर्ण लोग दुनिया की टहल पर निकलते तो शांघाई चले आते, आने के बाद फिर एस्टर हाउस होटल में ही ठहरते। चार्ली चैप्लिन, आइंस्टाइन और जॉर्ज बर्नार्ड शॉ ठहरे थे। पिछली सदी के दूसरे दशक में पुलिस की धर-पकड़ में वामपंथियों का जब जीना हराम हुआ था तब झाओ एनलाइ खुफ़िया पुलिस को धता बताकर एस्टर हाउस में ही दिमाग़ सहलाते, गोड़ ठंडाते आराम फ़रमाते रहे थे। मेरी क़िस्मत में जाने कब इस तरह के सार्थक आराम फ़रमाना लिखा है। पता नहीं क्या और क्यों है कि एस्टर, एडमंड, एल्विना हमारे सपनों की दहलीज़ पर आकर टहल भले जाते हों, पकड़ में इतिहास पुरुषों के ही आते हैं?

नज़र की पकड़ में चारेक चीनी आए हैं। एस्टर हाउस के मुख्य गेट से थ्री पीस वाला सूट डाटे चहकते बाहर आ रहे हैं। उत्साह में सिर हिला-हिलाकर हँस रहे हैं, एक-दूसरे को कम्पन्सेट कर रहे हैं, आश्वस्त हो रहे हैं। *किसके बारे में बात कर रहे होंगे?*

मेरे पड़ोस में बैठा बाईस वर्षीय चेक लड़का बताता है, किसके बारे में करेंगे, वही 'मर्जर एंड अक्विशिज़ंस, किलर अप्लिकेशंस, ए.आई. एटसेट्रा...' का आह्लादकारी विमर्श हो रहा होगा। पूरी दुनिया में हो रहा है, मेरे बेमतलब चौंकने की एक्टिंग करने की ज़रूरत नहीं।

चेक लड़का जिस कन्या के प्रेम की डोर से बँधा था, वह ब्रातिस्लावा विदुषी तीन हफ़्ते पहले एक अमेरिकी कंपनी से वर्क परमिट पाकर, प्रेमिल लफड़ों के सभी पूर्व गँवई गाँठों से ख़ुद को छुड़ाकर, सैन फ़्रांसिस्को उड़ गई है। प्रतिक्रिया में बौखलाया चेक आशिक़ घबराहट में चीन चला आया है। और ज़ाहिर है घबराहट से एक बार उबरने के बाद चीन में अब काफ़ी अस्वस्थ अनुभव कर रहा है। अस्वस्थता व युवा मन के विभ्रम में स्थूल सामाजिक सामान्यीकरण कर रहा है। तकलीफ़ होती है कि मोत्ज़ार्ट के ऑस्ट्रिया क़े धुन उड़ाकर सलिल चौधुरी ने इतने गाने तैयार किए, दो चेकोस्लाविया से उठाकर किया होता तो आज बच्चे के आगे गुनगुनाकर मैं उसका दुख हल्का कर सकता!

चौंकने की एक्टिंग किए बिना मैं चेक लड़के से पूछता हूँ, "तुमने निर्मल वर्मा पढ़ा है?"

अब लड़के की बारी है। स्वाभाविक तरीक़े से वह चौंकता भी है। वैसे ही जैसे 'सच्चा-झूठा' का सच्चा राजेश खन्ना झूठे को देखकर बेज़ारी में बौखलाने लगता है। मैं आराम से अपनी बीयर ख़त्म करता कहता हूँ, "इस तरह चौंको मत, पूर्व-कॉमरेड। मैंने भी कारेल चापेक नहीं पढ़ा। हमारी ज़िंदगी इसी तरह बिना पढ़े बीतती रहती है। इसी बीच भली लड़कियाँ हम भोले लड़कों को दग़ा देकर उर्वर, श्यामला प्रदेशों की ओर उड़ जाती रहती हैं। अशांत चित्त अभी सेटल होता नहीं कि फ़ोन पर किलर अप्लिकेशंस के दूसरे चोंचले चालू हो जाते हैं, एस्टर हाउस में झाओ एनलाइ का आराम फ़रमाना महज़ एक कहानी, गुज़रे ज़मानों का गोपन मिथ बनी रह जाती है। आत्मा के अंतरंग का सघन उजाला बांगालोरु में घटता है न शांघाई में, मन के सब अज़ीज़ गीत मुरझाए सिगरेट के धुएँ-सा सूखी हवाओं में जाने कहाँ उड़ जाते हैं, पैसे की ठन-ठन से अलग दुनिया की किसी भी चीज़ का कोई प्रॉपर अर्थ नहीं बनता,

गंगोत्री की एक सुबह हो, या लंदन की एक रात, साहित्य एक मिज़ाज और सुरूर भर है, वह भी लिखने वाले के मन का है, क्योंकि पढ़ने वाले का कोई समाज कहाँ, *यू नो व्हॉट आई मीन?"*

चेक लड़का मुझे सुन नहीं रहा। मुझे सुनना बंद करके, माथे को हाथों में लिए सामने मेज़ के ख़ाली हिस्से को निरख रहा है। *द बीट्रेयल ऑफ़ ब्रातिस्लावा इज़ नॉट टू बी फॉरगॉटन सो ईज़ीली!*

और श्वा वेन की मक्कारियाँ, उनका कोई हिसाब नहीं? इसीलिए आया था शांघाई कि किसी चेक लड़के की तक़लीफ़ में ख़ुद को आजिज़ करता रहूँ? और अज़ीज़न श्वा वेन जान कहूँ और लज़ीज़ होती फिरें?[11] चेक लड़के से नज़र हटाकर मैं श्वा वेन के इरादों को परखने पर ध्यान लगाता हूँ। *क्या मेरे प्रति श्वा वेन का प्यार सच्चा है?*

मालूम नहीं ढलती साँझ ग्वांग्पु के जल में घुलती लाल-पीली रेखाओं के जादू की महिमा है, या थ्री कैंडल रेस्तराँ के सस्ते तीन गिलास बीयर का असर, मेरे दिमाग़ में यह सवाल बार-बार उठकर बार-बार गिर जा रहा है। शायद उससे पिंड छुड़ाने की ग़रज़ में ख़ुद से एक प्रति-प्रश्न पूछता हूँ– *"क्या मैं किसी भी सच्चे प्यार के क़ाबिल हूँ?"* और इस सवाल के उठते ही मेरी आँखों में जाने कैसा तो गहरा अँधेरा छा जाता है!

***

तीन दिन पहले। स्थान : वही ह्वांग्पु के पूरब आर्थिक जोड़-घटाव का केंद्र

---

11. *"तोमास : ये श्वा वेन कौन है बताओगे?*

मैं : कौन-कौन है बताना इतना आसान है, तोमो, तुम्हीं बताओ?

तोमास : (चिढ़कर) तुम्हें उससे क्या लेना है?

मैं : लड़की से भी मैंने यही पूछा, कि तुमसे मुझे क्या लेना है?

तोमास : बकवास मत करो।

मैं : श्वा वेन का भी यही जवाब था, यही शब्द थे।

तोमास : यू आर पथेटिक, अज़ांग, यू नो दैट?"

– गूगल टॉक पर तोमासिनो से बातचीत

पुदोंग। शांघाई की पिकाडेली, फ़िफ़्थ एवेन्यू, शां ज़ेलेज़ी। मतलब शहर की सबसे व्यस्त सड़क बंद। शाम को दफ़्तर से लौटने वाली बेला बंबई के उपनगरीय रेल से अँधेरी स्टेशन उतरकर भीड़ से दो-चार होते ही जिनका जी घिन्नाने लगे, उन्हें मेरी मीठी समझाइश है जी-बहलावन हेतु हज़ारीबाग़ निकल जावें, कोहिमा, कुन्नूर, थाईलैंड के फुकेत चले जाएँ, मगर भूलकर भी शांघाई न आएँ। क्योंकि लगभग ढाई करोड़ आबादी वाले इस शहर के मानवीय जगर-मगर में आदमी का अकुलाया चित्त भीड़ाक्रांतावस्था में घबराकर फिर शनैः-शनैः खौलने लगता है। श्वा वेन के सुराग़ में बंद पर भटकता जैसे मैं लगभग खौल ही रहा हूँ।

"बंद पर टहलते रहना, मैं तुम्हें ढूँढ लूँगी!" यही कहा था लड़की ने फ़ोन पर। उस भूकंप, भीड़तंत्र में कहाँ से कैसे ढूँढ लेगी की चिढ़ जताने की जगह मैंने बहलते, किलकते का जवाब दिया था, "तुम कहोगी तो बंद क्या, मैं बेजिंग से उल्टे क़दमों बंबई लौटकर तुम्हारा इंतज़ार करूँगा। और एक नहीं, सत्रह सँझाओं तक दादर, अँधेरी, मलाड, विक्रोली, विरार सब स्टेशनों पर तुम्हारी राह तकता, जोहता खड़ा रहूँगा, सुन रही हो?"

श्वा वेन मगर कहाँ सुन रही थी। उसने पहले ही फ़ोन रख दिया था। ऐसा कब हुआ है कि मैं कहता रहूँ और लड़कियाँ सुनती रहें! मनोरमा मौसी तक नहीं सुनतीं, मुँह पर आँचल धरे रुलाई रोकने तेज़ी से उठकर रसोई चली जाती हैं! मैं ही हूँ कि फिर भी बेहयाई में सुनाए जाता हूँ। मालूम है श्वा वेन मेरी एक नहीं सुनेगी, स्टिल उसके इंतज़ार में, एंटिसिपेशन में लिस्टलेस हो रहा हूँ, व्हाई?

एक कमउम्र छोकरा शाम की बोहनी के लिए मेरे सिर चढ़ा आ रहा है। कबाना और रॉल्फ़ लौरें के नक़ली शर्ट्स बेच रहा है। सामने के डेढ़ दाँत टूटे हुए हैं। फुदक-फुदककर चलने में ज़ाहिर है कि उसके पैरों का भी कहीं कुछ टूटा हुआ है। शांघाई से लेकर संबलपुर, सूरीनाम कहीं भी चले जाइए हर जगह आपको डराते, घबराते ऐसे कैरेक्टर मिल जाएँगे, उम्मीद करना असंभव बना रहेगा कि स्वस्थ लोगों से भरी ये दुनिया कभी ख़ुशहाल संसार में बदल सकेगी। नहीं ही बदलेगी। जब शांघाई के ये हाल हैं तो संबलपुर के बारे में आप कल्पना भी क्या कर सकते हैं! हिक़ारत में हाथ

झटकता छोकरे को अपने से दूर करता मना करता हूँ, "अबे, बू *याओ* (नहीं चाहिए)! दिखता है तुझे कबाना और रॉल्फ़ लौरें पहनने वाली देह है मेरी? कपूर या रणवीर सिंह दिखता हूँ तुझे? चल, पीछे हट!"

छोकरा गिड़गिड़ाकर कहता है, *"ओके, ओन्ली फ़िफ़्टीन युआन, फ़ाइन?"* मैं छोकरे को एक ओर धकेलकर आगे बढ़ जाता हूँ। आनहुई, ज्यांग्शु और झेजियांग कहाँ-कहाँ से आकर हरामख़ोरों ने शांघाई में कैसी गंध मचा रखी है! वैसे ही जैसे सौ साल पहले (या डेढ़ सौ?) कीव, डबलिन और पलेर्मो के एक-एक लफ्फाड़ों ने पहुँचकर न्यूयॉर्क में क़ानून को सिर के बल खड़ा किया होगा। रही-सही कसर आगे मस्क्वा के जब्बार और अल-कायदा के सरदार पूरी करते। मगर चीन अमेरिका नहीं है। लफ्फाड़ियों को हैंडल करना जानता है। तियाननमैन में किया ही था। चट से संजय गाँधी और जगमोहन के तुर्कमान गेट में पट कर दिया था। इंटरनेशनल सेल्स और अमेरिकन एक्सपोर्ट के अपने हैरतअंगेज़ आँकड़ों को हैंडल कर ही रही है! सिनो-यूएस बाइलेटरल ट्रेड सालाना दो सौ बीस बिलियन डॉलर्स की ऊँची कूद कूद रहा है। इंडिया उस लिहाज़ से अभी भी गया-मोकामा वाली छोटी लाइन पर पसिंजर रेल ही दौड़ा रहा है। फ्रेंच में कहें तो देयर कांट बी इवन एनी प्रॉपर कंपेरिज़न विथ व्हाट चाइना इज़ डुइंग। *बिकॉज़ इट्स माइंड बॉगलिंग, मेट!*

ऐसे ही नहीं है कि अमेरिकी लाइफ़स्टाइल अमेरिका से ज़्यादा तेज़ी से शांघाई की सड़कों, दीवारों पर दौड़ रही है। शायद सौ फ़ीट ऊँची दीवार होगी। या डेढ़ सौ फ़ीट? (मैं हिसाब में हमेशा इतना कमज़ोर क्यों रहा हूँ?) जितनी भी है, इमारत का वह एक किनारा ऊपर से नीचे तक एक भीमकाय टेलीविज़न स्क्रीन की शक्ल में बदला हुआ है। एक के बाद एक झिलमिल विज्ञापन आ रहे हैं। जीवन में समय के मूल्य और शांघाई की अप्रतिमता के बारे में। कोई एक चिंशी चॉकलेट है उसकी अप्रतिमता गिनाई जा रही है। मैंडरीन में लिखा दिखता है, *"हैव चिंशी ऑन योर टंग, हैव पैराडाइज़ इन योर हार्ट!"*

स्वाभाविक है हार्ट में पैराडाइज़ पाने के लिए मैं मचलने लगता हूँ। पुलिस से नज़र बचाकर एक बूढ़ी अपने हाथ में छुपाए, प्लास्टिक का झोला लटकाए कैंडी-

चॉकलेट बेच रही है। चेहरे को आधा रूमाल से ढके, उसके पास जाकर कहता हूँ, "क्या ताई, चिंशी रखी हो? एक देना, ऑरिजनल।"

शायद मेरे चेहरे पर रूमाल देखकर बुढ़िया कुछ घबरा जाती है। जाने खुफ़िया पुलिस का एजेंट हूँ या पुदोंग के लुजाशुई डिस्ट्रिक्ट के नवधनाढ्यों का मुख़बिर, घबराई असमंजस में हकलाती है, "चिंशी? क्या है, चॉकलेट है?"

एकदम से मेरा ख़ून खौलने लगता है। गँवारों के प्रति मेरी हमेशा की वितृष्णा रही है। मनोरमा मौसी से ऐसे ही नहीं परेशान होता रहा हूँ। चीख़कर बुढ़िया पर बरसता हूँ, "सामने दीवार पर वह जायेंट स्क्रीन दिख रहा है कि टोटल अंधी हो, बुढ़िया? पुदोंग में धंधा करती हो और पूछती हो चिंशी चॉकलेट है या चकली? अबे, पूँजीवाद के नाम पर कलंक हो सब, तुम लोगों का तो एक-एक का लाइसेंस छीन लिया जाना चाहिए!"

पहले से ही घबराई बुढ़िया रुआँसी होकर अब अपना ज़रा-सा झोला सँभालने लगती है, "ऐसे बुरे बोल मत बोलो, बच्चा! लाइसेंस माँगने जाओ तो यहाँ से खिसक बुढ़िया कहके हटा देते हैं। कोई ये भी नहीं बताता किसको पैसे देने हैं, कितने देने हैं। इस उमर में अब तुम ही बताओ..."

लेकिन बुढ़िया की बात सुनने का क्या मतलब। आदमी सुनने बैठे तो फिर ऐसी बुढ़ियाओं के दुखड़ों का कभी अंत है? ऐसे ही नहीं दुख का दर्शन और बुद्ध का अष्टमार्ग चीन पहुँचा होगा। पीछे-पीछे चोट खाए कलेजा सहलाने, सुख लाने, चिंशी चॉकलेट! *इज़ श्वा वेन रियली समवन रियल दैट आई एम लुकिंग फ़ॉर? हिंदी साहित्य की तरह कहीं यहाँ भी वह घपला तो नहीं कि मैं रात-रात भर आँख फाड़े जहाँ साहित्य खोज रहा हूँ, वहाँ क़ायदे से एक मुकम्मल भाषा भी नहीं है?*

***

चार दिन पहले। स्थान : किंगपु डिस्ट्रिक्ट, शांघाई का धुर पश्चिमी मुहाना। धुएँ की गंधाईन और मिर्चे की छौंक के तिताईन के बीच आँख खुलती है। बरामदे में कोयले के चूल्हे पर चालीस की वय, और लगभग उतने ही किलो वज़न का ऊपर नंगा बदन आदमी, नीचे गंदा पतलूनधारी, कुछ पका रहा है। तीन बच्चे हैं, गंदे पाजामे

के मोह से मुक्त, पूरी तरह महायानी, 'खाना है उम्मीद है ख़्वाब है' का गाना जीते हुए दौड़-दौड़कर आदमी पर गिर रहे हैं। आदमी वात्सल्य-सुख की तृप्ति में बिना मुँह खोले बच्चों के लिए मनोज कुमार की फ़िलॉसफ़ी का तर्जुमा कर रहा है कि मकान और रोटी के बाद कपड़े भी कहीं से आ ही जाएँगे। ख़ाली बर्तन हाथ में झुलाते उत्साही बच्चे मनोज कुमार में अपना विश्वास ज़ाहिर कर रहे हैं। उम्र से पहले बुढ़ा रही एक औरत गुलाबी प्लास्टिक की बाल्टी में धुलाई के लिए कपड़े लिए जाती दिखती है। कोई दूसरी अभी नहाकर आई है, सीढ़ियों पर खड़े एक बुज़ुर्ग महाशय को हिदायत दे रही है। ऊपर कोई कमरा है, जहाँ से अन्य पारिवारिक, अकल्याणकारी कलरव की आवाज़ें फूट रही हैं।

गंदी गंजी और हाफ़ पैंट में वू शु कहीं से लौटा है (और कहाँ से, आस-पास किसी रेलपटरी के दिशा-मैदान से फ़ारिग़ होकर लौटा होगा), मुँह में प्रॉपर दतुअन नहीं, मगर वैसी ही कोई चीज़ है जिसे वैसी ही मुहब्बत से चबा रहा है। उसे देखते ही बिछौनानुमा जो भी वह ग़लीज़ चीज़ है, उससे बाहर आकर मैं बिफरने लगता हूँ, "वू शु, वू शु? रात के अँधेरे में डॉलर अ बेड का फर्स्ट क्लास इंतजाम है कहके तुमने मुझे यहाँ सुला दिया, यही है तुम्हारा फर्स्ट क्लास इंतजाम?"

वू शु हँसता हुआ मेरे पास चला आया। मुँह में दतुअननुमा जो भी डंडी थी उसका चबाना पूर्ववत जारी। हँसते हुए बोला, "नाश्ता क्या करोगे, ये बताओ? बीफ़ नूडल्स और पोर्क सूप चलेगा?" बबीता जब छोटी थी हँसते हुए मौसा इसी तरह सुबह घर से निकलते वक़्त उससे सवाल करते थे कि वह नीली साइकिल लेगी कि शाम को लाल साइकिल लिए घर लौटें? बबीता बेवक़ूफ़ चहककर हमेशा बोलती, "लाल!" मैं कुछ नहीं बोला। यह भी कि वेजीटेरियन हूँ, बीफ़ नूडल्स और पोर्क सूप के बारे में बात करके वू शु मुझे टैररराइज़ क्यों कर रहा है। सन्न उसे तकता रहा।

वू शु ने कहा, "डाउनटाउन शांघाई में तुम्हें वह आराम नहीं मिलता जैसा हमारे यहाँ है, बोलो, रात में कोई तकलीफ़ हुई? तुम सही-सलामत हो, तुम्हारा सामान..." बुझे मन झोले में हाथ डालकर मैंने भीतर की पड़ताल की। गोरखपुर में सिनेमाहॉल के बाहर एक सस्ता स्मार्टफ़ोन लिया था, वह ग़ायब था।

वू शु ने मुँह की डंडी बाहर करके कहा, "हाँ, तेन ची ने तुम्हारा वो खिलौने जैसा फ़ोन झोले से निकाला था, उसकी मत सोचो। मैं तुम्हें एक अच्छा, मॉर्डन फ़ोन लेकर दूँगा। कहोगे तो एक अच्छा लैपटॉप भी, वेरी शिक् एंड सस्ता!"

मैं वू शु की बेमतलबी नहीं सुन रहा था। अपने मतलब की सोच रहा था। बोला, "ये क्या दुनिया है, वू शु? एकदम शांघाई से सटी? ऐसे बुरे हाल तो अपने डाउनटाउन बोकारो और धनबाद में भी न होंगे, अबे, अभी तक तुम लोग कोयले के चूल्हे में फँसे हुए हो? देवरिया वाले बैजनाथ फूफा तक के यहाँ गैस और इंडक्शन पहुँच गया है? व्हॉई, वू शु, व्हॉई? और ये बच्चे, यह है चीन में बचपन? इतने सारे ये हैं किसके?"

वू शु ने हाथ खड़े कर दिए कि उसके नहीं हैं।

मैंने फिर कहा, "और ये चिंदी-सी जगह में जो इतने लोग रह रहे हैं? कैसे रह रहे हैं? श्वा वेन ने नानजिंग रोड और शांघाई स्टॉक एक्सचेंज के बारे में बताया था, किंगपु की इस धारावी के बारे में नहीं बता सकती थी?"

वू शु मुस्कुराके बोला, "श्वा वेन नानजिंग रोड पर अपना फ्यूचर देखती है। किंगपु की क्यों सोचेगी, या कहेगी? गंदे पैंट में चूल्हे के पास वो जियान जियान उसका कज़िन है, उससे अपने रिश्ते की श्वा वेन तुम्हें भनक लगने देगी? पुतुओ काउंटी में ताला मरम्मत की अच्छी दुकान थी, विकास के लिए सरकार ने पूरे इलाक़े के कारीगरों, दुकानदारों को खदेड़कर बाहर किया, श्वा वेन तुम्हें उसके बारे में भी नहीं बताएगी। तुम्हारे झोले में एक पुराना पेपरबैक पड़ा था, निकालकर नज़र मारी, तुम भी जानते हो **प्रिमो लेवी** ने सत्तर साल पहले कहा था, और ग़लत नहीं कहा था, कि दुनिया दो तरह के लोगों में विभाजित है, *द ड्राउंड एंड द सेव्ड*... नानजिंग की तार पर सपना पसारे श्वा वेन डूबे जियान जियान को किस मुँह से अपना पुकारेगी? बुद्ध के देश से आए हो मगर मोबाइल की ही तरह तुमने अपनी बुद्धि खो दी है! दुपहर पुदोंग जाने वाली बस पर बैठा दूँगा, किंगपु की धारावी से बाहर हो जाओगे, श्वा वेन और उसकी चमकीले शांघाई के सेंटर पहुँच जाओगे, इतना मुँह लटकाने की ज़रूरत नहीं है!"

***

आस-पास की ग़रीबी देखकर मगर मेरा मुँह लटका रहा[12]। नाश्ते के बाद वही लटका मुँह लिए मैं वू शु और बच्चों के पीछे नज़दीक के एक नाले तक मछलीमारी का तमाशा देखने गया। बच्चे वू शु के कंधे और पीठ पर टँगे थे और 'शांघाई के विकास को हम ठेंगे पर रखते हैं' का डरावना पोस्टर प्रोजेक्ट कर रहे थे। जियान जियान ने नाले तक की यात्रा के नागर-सौजन्यता में उघारे बदन पर एक गंदा तौलिया डाल लिया था और सात क़दम पीछे डरावने पोस्टर के परिशिष्ट की शक्ल में चल रहे थे।

नाले पर पहले से ही डंडी लगाए चार लड़के लगे हुए थे। पीठ और बाँह तरह-तरह के गोदनों से गुदी हुई। वू शु ने परिचय कराया कि सरकार-विरोधी गाना गाने वालों की होनहार बहुत न हो, नौजवान मेधा मंडली है, लौंडे नए लोकतांत्रिक चीन की उम्मीद हैं... एटसेट्रा-एटसेट्रा। लड़के हँसते रहे। चियान-चियान मुस्कुराते, मानो बड़ी राज़दारी की बातें हो रही हों। अपनी पीठ पर बड़ा-सा ड्रैगन लिए एक सींकिए लड़के ने कहा, "मगर मछलियाँ फँसती नहीं!" शायद वह मंडली का नेता था। बाक़ी लड़के इस पर ज़ोर-ज़ोर से हँसने लगे, जबकि वू शु की पीठ और कंधे से उतरकर बच्चे नाले में भागकर अपने को और गंदा करने लगे।

मेरा वू शु ने परिचय कराया कि मैं फ़िल्म बनाता हूँ। जिसे मैंने तत्काल करेक्ट किया कि फ़िल्मों में दिलचस्पी है, मगर मूलतः मैं कविताएँ लिखता हूँ। फिर दस सेकेंड के अनंतर जोड़ा– जिसे संपादक छापते नहीं हैं। लब्बोलुआब यह कि डंडी मारता रहता हूँ, मगर मछलियाँ मेरे एंड पर भी फँसती नहीं!

---

12. लेकिन प्रिय पाठक, इस लटके मुँह को क्षण भर के लिए भी हिंदुस्तानी ग़रीबी से उपजी प्रतिक्रियाओं से घालमेल न करें। क्योंकि हिंदुस्तानी ग़रीबी, झाड़ग्राम व सेवाग्राम के ग़रीब सैरे संसार में अप्रतिम हैं, अतुलनीय हैं। ऑलम्पिक में भले मोजाम्बिक किम्बा बुरकिना फासो स्वर्ण पदक निकाल ले जाए, और हम फील्ड से बाहर, ग्रीन रूम से होते दर्शक-दीर्घा में हाथ व देह के दूसरे हिस्से मलते रहें, एक ग़रीबी का ही ऑलम्पिक ऐसा है जिसकी ऊँचाई में संसार का कोई माई का लाल मुल्क नहीं जो हमसे स्वर्ण, कांस्य, एक रजत पदक तक छीन सके! नो वे। मेरी क्षणिक असावधानी में दिल्ली के शाहदरा स्टेशन के पिछवाड़े रिक्शे वाले से झड़प, व इसी बहाने आस-पास के कचरमलोक का दुलर्भ नज़ारा जियान जियान ने देख लिया और खड़े-खड़े बेचारे को ग़श आ गया था। ग़नीमत हुई उसे देखते की प्रतिक्रिया में मुझे नहीं आया, और शर्मिंदगी में सिर फेरे रहने के बावजूद मैंने जवान को सँभाल लिया था। (साथ ही देखें, *व्हाई इज़ इंडिया सो पुअर*, ***वॉरेन हेस्टिंग्स*** प्राइवेट जर्नल्स, *इंडिया* ऑफ़िस लाइब्रेरी, लंदन)

मेरे परिहास से लड़के उत्साहित होकर हँसने लगे। हालाँकि हँस वे पहले से ही रहे थे। एक ने उत्साहित होकर सवाल किया, “तुम्हारे यहाँ भी सरकार-विरोधी गवैयों का बैंड होगा? आई मीन, नेहरू के समाजवादी सपने के अंत और भ्रष्टतंत्र के वर्चस्ववादी विस्तार में नए सुधारों व लोकतांत्रिक अधिकारों की माँग हमारी माँगों और यहाँ के आंदोलनों जैसी ही वैलिड होनी चाहिए, आई मीन...”

मुझे एकदम से ग़ुस्सा आ गया। अबे, ये किस देहात और कैसे जमात के हैं, सुधा भारद्वाज और स्टैन स्वामी के बाबत कुछ नहीं जानते, कैसे नहीं जानते? पोटा और यूएपीए के सदमे में पूरा हिंदुस्तान सकते और सदमे में है और यह छौंड़ा मुझे आंदोलनों का पंचशील समझा रहा है! मैंने चिढ़कर कहा, “सुनो बाबू, हमारे यहाँ लोकतंत्र की डिमांड नहीं है। सैंतालीस की आजादी के बाद से लोकतांत्रिक गणतंत्र अनइंटरप्टेड चल रहा है। संगीत की हवा हमेशा से हमारे यहाँ स्ट्रांग रही है। पड़ोसी पाकिस्तान को थूरने का सरकार लहककर बिगुल बजाती है तो पूरा देश कोरस में स्टेडियम में नंगे बिजलियों के तार-सा चमकने, दहकने लगता है, दैट इज़ द हाइट ऑफ एंटि-एशटैबलिशमेंट इन इंडिया। वी आर पीस लविंग पीपुल, स्ट्रेंजर्स लविंग। पहले भी लता ताई ‘परदेसियों से ना अँखिया मिलाना’ के निहोरे गा चुकी हैं। रफी साहब ने भी गाया ही था, नेहरू के लिए गाया था, ‘मेरी आवाज़ सुनो, प्यार का राज़ सुनो, मैंने एक फूल सजा रक्खा है...’ मगर रफी को लोग अब घर का दरवाजा बंद करके सुनते हैं, और नेहरू की याद करना यूएपीए को न्यौता देकर घर के अंदर पुलिस बुलाना, घर और जीवन की कुर्की कराना है, मगर ये सब तुम तिलकुट कहँवा ले समझोगे?”

***

चार दिन बाद। स्थान : ह्वांग्पु नदी के पूरब पुदोंग का नया बसा रिहायशी हिस्सा। देर रात। माचिस की डिब्बी बराबर कमरा। जाने कहाँ-कहाँ के अगड़म-बगड़म व लड़कियों वाले सामानों से अँटा। दो कुर्सियों पर नई ख़रीदारी के कपड़े। स्टूल पर जूतों का डिब्बा, परफ़्यूम की शीशियाँ, छुट्टे पैसे। दीवार पर गोद में बच्ची लिए हँसती हुई एक औरत की फ़ोटो। शायद श्वा वेन के बचपन की तस्वीर हो। या

उसकी रूममेट ची शुन की, जिसने पता लगते ही कि मैं हिंदुस्तान से हूँ, और बिहार से हूँ, मुझसे बात करना बंद कर दिया और रात को सोने पड़ोस में किसी और लड़की के कमरे चली गई है। जहाँ गई है वहाँ कोपेनहेगेन और लॉस एंजेल्स के पोस्टर लगे हैं। बिहार का पोस्टर कोई भी लगाना नहीं चाहता। बोधगया को भी लोग तभी जगह देना चाहते हैं, जब एक बार वह पहले लॉस एंजेल्स पहुँच जाएँ! गॉड ब्लेस यू बुद्धा!

बत्तीस माले के इस सँकरे इमारत की माचिस की डिब्बियों-से ढेरों कमरे हैं जिनमें श्वा वेन और ची शुन जैसी ढेरों लड़कियाँ अपने सपनों के साथ अँड़सी निवास करती हैं। जिनके सँकरे, सामान ठुँसे कमरों में भले उनका अतीत रह-रहकर ग़लती से झाँक जाए, बाहर सड़कों पर स्कर्ट-ब्लाउज़ के कसे परिधान में उनको देखकर अंदाज़ लगाना मुश्किल होता कि अपना भविष्य सँवारने के मिशन में उनसे कोई, कैसी भी ग़लती हो सकती है।

एक कोने छह पोथीनुमा किताबें रखी देखकर मैं भावुक होने लगा। चाइनीज़ में ओबामा की जीवनी थी। जावा और प्रोग्रैमिंग संबंधी दो पोथे थे। ऑस्ट्रेलियन यूनिवर्सिटी के पत्राचार से मैनेजमेंट कोर्स की एक गाइड पुस्तिका थी। एक किताब महल का रैपिडेक्स इंग्लिश स्पीकिंग कोर्स का चीनी संस्करण। पलटने पर अंदर दिखा बाईसवाँ रि-प्रिंट।

नाइके के शॉर्ट्स और पारदर्शी आसमानी टी-शर्ट में पतली-दुबली श्वा वेन ने मेरे हाथ से किताब खींचकर एक ओर पटक दिया, बोली, "मैंने कहा न मुझे समझने की कोशिश मत करो! आई एम व्हॉट आई एम!"

स्वाभाविक है लड़की मुझसे पकने से ज़्यादा दिन भर की थकी-पिटी-माँदी है। बिछौने पर निढाल गिरी श्वा वेन की पतली देह (याद है 'चुंगकिंग एक्सप्रेस' की हड़ियल अभिसारिका फाये? यस, दैट्स इट), उसके पतले पैर, महीन पतली उँगलियाँ सब थके हुए हैं। मुझे मालूम नहीं क्यों मैं श्वा वेन को समझना चाहता हूँ। देयर कैन नॉट बी एनी मीनिंग टू माई क्वेरी, आई नो। श्वा वेन के पतले पैरों की पतली उँगलियों पर नज़रें गड़ाए लड़की से पूछता हूँ, "व्हाट आर यू, श्वा वेन?"

श्वा वेन अलसाई आँखों एक नज़र मुझे ताड़कर फिर आँखें फेर लेती है। मेरा

प्रमाद आगे कंटिन्यू रहता है, "तीन दिन से तुम्हारे पीछे भाग रहा हूँ। तीन दिन से रोज गोली दे रही हो, अभी आई, आधे घंटे में आई, आधे दिन में आई... व्हॉट इज दिस, श्वा वेन? आई अम नॉट सम हंगेरियन ऑर किर्गीज स्मॉल कंपनी कि बैकग्राउंड नॉयस में उलझाए रखकर, मेरी पीठ पीछे कोई बड़ा कॉर्पोरेट डील फाइनल कर रही हो? तुमने मुझे जियान जियान के बारे में नहीं बताया था, किंगपु की गंदगी मुझसे छुपाके रखी, व्हॉई? मैं कोई यूरोपियन टूरिस्ट था जिससे अनकम्फर्टेबल चीजें तुम्हें छिपा के रखनी थीं?"

"किंगपु तुम्हें वू शु के पास किसने भेजा? छुपाके रखना होता तो भेजती? तुम कभी-कभी ऐसी इन्नोसेंट बातें करते हो कि मुझे लगता है वी आर नेवर गोइंग टू लर्न एनीथिंग फ्रॉम इच-अदर।" मेरे हाथ पर हल्के से अपना पतला हाथ टिकाकर श्वा वेन कहती है। मैं उतनी ही तेज़ी से उसे परे झटककर बोलता हूँ, "आई हैव हैड माई लेसन। आई हैव हैड इनफ फ्रॉम यू!"

तकिए के नज़दीक पड़े पैकेट से निकालकर श्वा वेन एक (हाओमाओ) सिगरेट सुलगा लेती है। गलियारे में लाल ब्लाउज़ पहने एक लड़की अभी-अभी काम से लौटी है। किसी और कमरे से छनकर धीमे-धीमे टेलीविज़न पर बहस की आवाज़ें आ रही हैं।

"श्वा वेन?" श्वा वेन चुप रहती है। चुप सिगरेट पीती। उसके पैर पर हाथ रखकर मैं कहता हूँ, "क्या ज़रूरत थी व्हॉट्सएप चैट में मुझसे चौपट के पीछे समय ख़राब करने की? तुम होशियार हो तब भी जानती होओगी कौन हूँ, कितने पानी में हूँ, देन, व्हॉई श्वा वेन?"

चेहरे पर बिना किसी एक्सप्रेशन के लड़की ठंडा जवाब देती है, "समय नहीं खराब कर रही थी। तुमसे इंग्लिश सीख रही थी।"

मैंने कहा, "कमॉन बेब! पूरी दुनिया में इंग्लिश सिखाने को तुम्हें एक मैं ही मिला? विक्रम सेठ और पंकज मिश्रा से नहीं सीख सकती थीं? मैं कहाँ टिकता था? बिहार बोर्ड ऑफ सेकेंडरी एजुकेशन तक में नहीं टिक सका था। दो बार फेल हुआ और दोनों बार इंग्लिश में हुआ था! सीधे कह नहीं सकतीं कि मुझे अपनी शांघाई

मॉडल के तिरिया-चलित्तर से इम्प्रेस करा रही थीं? इतने हजार किलोमीटर दूर इसलिए आया था कि मेरे मन का सुनने के बजाय अपना दिल तुम इटैलियन जूतों और अमेरिकन गजेटरी पर लुटाती रहो?"

श्वा वेन ने कहा, "दैट इज हाऊ इट इज, अज़ांग, आई एम सॉरी इफ़ माई नॉट लविंग बैकवर्डनैस हर्ट्स यू। आई लव व्हॉट दिस सिटी हैज़ इन ऑफ़र फ़ॉर यंग एंड अम्बिशस। आई लव द काइंड ऑफ़ ड्रीम्स इट हैज़ गिवेन मी, द प्रॉमिसेस इट मेक्स एवरी डे! आई लव शांघाई।"

कितना बड़ा बेवक़ूफ़ था जो उम्मीद की लड़की के मन की आँच की रौशनी में चीन की गहराई देखूँगा; समय, सभ्यता, सपनों का महीन बहुविध आत्मीय पाठ करूँगा। ज़मीन पर पतले पैर टिकाए श्वा वेन को सपनों में घुलने की तरकीब दूँगा। चेहरे पर गहरी उदासी का गाढ़ा परदा खींचकर मैं एकदम से उठ गया, धीमे से मुँह से आवाज़ निकली, "स्वीट हॉर्ट, बी हैप्पी इन योर स्वप्ननगरी, बट सॉरी, इट्स नॉट द चाइना आई केम टू सी। सच पूछो तो आई केयर टू हूट्स अबाउट योर शांघाई।"

श्वा वेन सन्न हैरत से मुझे तकती रही। व्हॉटेवर। मेरे सन्न हैरतों का क्या? लापरवाही से बिना लड़की की ओर देखे मैंने कहा, "मैं कल तुमसे, तुम्हारे इस रंगीन रूपनगरी से, सबसे दूर, बहुत दूर जा रहा हूँ... आद्यू श्वा वेन!"

***

दांग वान उर्फ़ एक पांडुलिपि की तलाश में– तीन

सन् अट्ठारह सौ तीस के आस-पास की घटना है, या शायद कल रात के आख़िरी पहर के दरमियान की कभी कहना मुश्किल है। तथ्यत: मुश्किल इसलिए भी है कि मख़मल के एक पुराने कपड़े में चीनी वाद्य *स्ओना* (कुछ बंधुवर कहते हैं अँग्रेज़ी ओबे जैसा होता है, जबकि अन्य राजस्थानी मित्र ज़ोर दे रहे हैं, शुद्ध क्लेरिनेट है) लपेटे दक्षिणी बिहार (या बंगाल से सटे उड़ीसा के मयूरभंज के बुरामारा हलक़े?) में भटकते जिस शख़्स का क़िस्सा है वह अभी ही नहीं, क़ायदन इतिहास के पन्नों से भी हमेशा लापता ही रहा है। अप्रामाणिक उपस्थिति जबकि बार-बार, अनचाहे मिलती

रहती है। ज़ाहिर है सरकार ख़ुश नहीं है। ख़ुश विशेष तौर पर इसलिए भी नहीं है कि अँग्रेज़ सरकार बहादुर चीन संबंधी सभी सवालों के प्रति गहरी उद्विग्नता महसूस कर रही है। जिस शख़्स का ऊपर ज़िक्र है, जो भौतिक रूप से किसी एक जगह विशेष दिखा नहीं, किंतु अपनी अभौतिकता में लगभग कहाँ-कहाँ नहीं उपस्थित है। अपनी राष्ट्रीयता में चीनी है तो स्वाभाविक है सरकार के मुँह में कड़वाहट का स्वाद पैदा करे। जो वह करेगा ही। बशर्ते एक मर्तबा कहीं दिख जाए पहले। सरकार अपने ख़यालों में ख़ुश है कि दिखकर अप्रीतिकरता पैदा करने वाला भी फ़िलहाल एक ख़याल भर है, आस-पास की हवाओं में अमूर्त।

नयनमोहन घोषाल मामले पर कुछ प्रकाश डाल सकते थे, लेकिन जेम्स प्रिंसेप की मातहती में ब्राह्मी लिपि संबंधी काग़ज़-पत्तर सहेजते हुए वैसे ही इन दिनों मानसिक रूप से वह कालाजारग्रस्त हैं, अँग्रेज़ की पागल सनक में भागाभागी करते बीतते दिन, घर में सूदूर पूर्वी बंगाल के गुमनाम गाँव मोतीहाराना से ग्यारह वर्ष की कन्या विदा होकर आई है, ठीक से उसका मुख देखने तक का अभी अवकाश नहीं बना। तिस पर टमटम के क़ाफ़िले पर पश्चिम बंगाल के तीन ज़िलों की धूल फाँककर लौटे पुलिस सुपर निकोलस यादव की खिन्नता, झुँझलाहटों का किस तरह, क्या खाकर सामना करें? फिर हरे चमड़े की मेज़ पर कुहनी धँसाए, सूखी कनपटियों में उँगलियाँ गाड़े बाबू नयनमोहन को लगता जीवन में सुख देखना शायद उनके नसीब में नहीं, अच्छा होता बचपन की संस्कृत पाठशाला के सखा पूर्णज्योति की तरह, वह भी सोलह वर्ष की अवस्था में अघोरी साधुओं की संगत में गोरखपुर, नेपाल की तरफ भाग गए होते, कलकत्ते के काले बुख़ार से रोज़-रोज़ की इन भारी लड़ाइयों से छुट्टी मिल जाती। *एक बारेइ नेजात!*

– की बोलेछो, सुओना? से टा की कनो बाजाना, आमी तो कखोनो सुनी नेइ जे?

कहानी है गुमने वाला कभी आदिवासियों की संगत में *'बजा-बजानिया'* की बहकी-सँझाओं की लंबी-लंबी तानें छेड़े रहता था। बाँसुरी नहीं, स्ओना की संगत में करता था? *आश्चोर्यो...*

"आश्चर्य तो यह भी है कि ऊ खपाट सिर लालधजधारी चीनीया के एगो आदिवासी छौंड़ी में कहँवा ले सौंदर्ज लऊक गया जी, महराज?" सूखे ललिहर मैदान की उदास साँझ निकोलस यादव अपने लिए ख़ासतौर पर बेल्जियम से मँगवाए दूधिया टेंट में अपनी खास ब्रांडी का घूँट भरकर फुसफुसाते और माथे के सवालों का धुँधलका साफ़ नहीं होता तो हारे मन धीमे मेज़ पर उँगलियों की थाप देने लगते।

– *पुरोनो कापड़ाये मेथा सुओना, सेई तो? आर बाँसरी नेई, सुओना, के रकमेर साउंड टा किंतु बलो तो माँ? निकोलास जादो खोजते पारछे ना?*

– आज नहीं पकड़ाया, कल पकड़ाएगा, चीनीया जाएगा कहाँ? हरामी को हियाँ नहीं तो चीना लखेदकर पकड़ेंगे, हें हें हें, का हो?

एशियाटिक सोसायटी ऑफ़ बंगाल की सीढ़ियाँ उतरते नयनमोहन घोषाल ने थके-हारे स्वर में ऐलान किया, "क्या फरक पड़ता सुओना प्लेयार किदर गुमा, कोन समय गुमा? हम हामारा बाड़ी सोब दिनेइ होताम, किंतु सोत्ती अगर आप जिग्यासा करेन, क्वेश्चेन पुट करेन तोमाय कोथाय पावा जाबे, नोयोनमोहोन? बाड़ी थाको तो तुमि? तो आप क्या सोचते हामारा पास कोनो स्ट्रेट आनसार आछे की? नेइ? सेइ तो आमादेर सोबार लाइफेर बिग क्वेश्चन। केउ जाने ना कोथाय बास आमादेर! रियल वी, बुझेछेन तो?"

पुनकी नेतराम को कुच्छो नहीं 'बोझाता'। घोषाल बाबू के पान, तंबाकू और सुराही में ठंडे पानी के इंतज़ाम और साहब लोगों के चमकते जूतों और मेमिन जान के सजीले छातों के गोपनीय लोक में मुंडी फोड़ते रहने से जब फ़ुरसत मिलती है, वह दूसरे गुमाश्तों की संगत में गोटी खेलने की जगह अपने परिचित प्रश्नलोक में लौट आता है और फिर अकल भिड़ाए भेद फोड़ने की कोशिश में जुटा रहता है कि आख़िर वह कैसा फ़र्क़ है कि गिलहरी बराबर ज़रा-सी नौकरी में घोषाल बाबू के चेहरे की रंगत उड़ी रहती है, जबकि बड़के लाट प्रिंसेप साहब सारा दिन टकसाल में माथा फोड़े के बाद भागे-भागे सोसाइटी आते हैं, और पहुँचते ही पोथी-पतरों में ख़ुद को ढाँप लेते हैं और समूचे चेहरे पर, *मनोहर किरिया*, 'खिलन' खिली रहती है!

तीस-बत्तीस पन्नों की ख़ुद की तैयार की रिपोर्ट पर नज़र फिराते निकोलस यादव के चेहरे पर ऐसे हिक़ारती भाव बनते हैं, मानो इस उम्र में वह किस लड़कपन में समय ख़राब कर रहे हैं, थोड़ी देर तक होंठ भींचे रहने के बाद बुझी हुई पाइप मुँह में फँसाकर बुदबुदाते हैं, *"इट्स ऑल नॉनसेंस,* एक अर्द्धविक्षिप्त वृद्ध भिक्खु की सेवा में अजामिलकुसुम आश्रम, गोपेश्वर में एक लंबे अंतराल पर 'वह' देखा गया था, इस बात की कोई तस्दीक़ नहीं किसने देखा था, और जब देखा था तब क्या सुओनोमैन वॉज़ प्लेइंग हिज़ सुओनो व्हॉटेवर? नहीं, यहाँ उसका उत्तर नहीं। इस तरह से यह जाँच कहीं नहीं जा रही, हम कहीं नहीं जा रहे। *डैम इट, यादव!"*

तोमास, चुप है। मेरे नहीं टोहने पर कुछ नहीं कहता। कलकत्ते में सारे दिन की आवारागर्दी के बाद अपने लिनेन का घिसा जैकेट उतारकर बाजू की कुर्सी की पीठ पर फेंक, कैनवस के गंदे जूतों को लिए-दिए जाने किस ज़माने के पुराने पलंग पर चित्त ढेर हो जाता है, अंततः मेरी ख़ामोशी तोड़कर सवाल करने पर कि *प्रिंसेप की डायरी मिली?* के जवाब में मुस्कुराकर इनकार में सिर हिलाता है। मैं चिढ़कर, पूरी कोशिश से अपना ग़ुस्सा दबाए फिर, पूछता हूँ, "तो सारे दिन इसी *नहीं मिला* की खोज में लगे रहे?"

तोमास कनपटी को हाथ का सहारा देकर उठंगा लेटता है, शरारत से मुस्कुराता है, "मैं कुछ और पीछे लौट गया था, विलियम जोन्स और चार्ल्स विल्किंस की कहानियों की टोह में निकल गया था। नहीं, तुम हल्ला मचाने से पहले मेरी बात सुनो, सुन रहे हो? **समय क्या है?** *उसे कितना भी पीछे खींचो, वहाँ जाकर भी यही दिखता है कि समय के बड़े फ़लक का वह कितना लघुतम बिंदु है, समझ रहे हो?"*

***

टुकड़े हैं मेरे दिल के, तू याद किए जा

"हम्मर हिया लगे कमलककड़ी, तू शलजम से चूल्हा सजाना, सखी..."

– ख्विज़ू प्रांत का लोकगीत

बस के भीतर सुपर गदर है। कानपुर और मेरठ डिपो से बस पकड़ने वाले दोस्तों ने भी कभी धक्कमपेल के ऐसे जान निकाले ज़िक्र नहीं किए। इसीलिए मैं रेल पकड़ना चाहता था। पकड़ भी लेता अगर रेल तक पहुँच जाता। रेल तक पहुँचने के रास्ते में मगर एक बड़ा जनसमुद्र था। स्टेशन के बाहर था। स्टेशन के अंदर घुसने की होड़ में लोग एक-दूसरे पर गिर रहे थे। हालाँकि सहूलियत से गिर सकें जितनी कहीं जगह थी नहीं। एक औरत की घबराई, फटी आवाज़ गूँज रही थी, "किसी ने मेरी जुन शुन को देखा है? भाई साब, छै साल की बच्ची है, पीला जाकिट पहिने थी। जुन शुन, जुन शुन?" एक सींकिया पहलवान कंधे पर प्लास्टिक का चौख़ाना बोरा लिए दोहरे हो रहे हैं, गुस्से में रुआँसा होकर कहते हैं, "तीन दिन से रोज़ आकर लौट रहा हूँ! तीन दिन मेरी छुट्टी ख़राब हुई और यहाँ अबले तलक हरामी पुलिस वाले अंदर का रस्ता छेके हुए हैं।"

एक दूसरा है, लगातार की जगाई से आँखें लाल। साही की तरह सिर के सारे

बाल खड़े, गोद की बच्ची को थपकियाँ देता भुनभुना रहा है, "हर साल यही कहानी। भाड़ में जाए मून फेस्टिवल!" पितृत्व और वैष्णव रोष का मोहक स्नैपशॉट।

चार तरह के झोले और तीन तरह के बक्से लिए एक अधेड़ मेहराई नार हैं, कहती हैं, "शुभ मौके पर ऐसे कुबोल नहीं बोलते, श्रीमान!"

निजी तौर पर मुझे लाल आँखें, साही बालों से पूरी हमदर्दी है। दीवाली के आस-पास नई और पुरानी दिल्ली रेलवे स्टेशन पर कितनी बार जी में आया है कि चीख़कर ऐलान कर दूँ कि भाड़ में जाए छठ फेस्टिवल! मगर फिर, गाँव के स्नेह-स्मरण में मुँह पर पट्टी चढ़ जाती है। जबकि को-पसिंजर के प्रति कैसे भी स्नेह से वंचित बेलिहाज़ी पसिंजर जनरल डिब्बे की तरफ़ भागते दिखते और वहाँ घुसने में असफल, घबराए डिब्बे की छत पर चढ़े दिखते हैं। जनाना बक्सा और बच्चा लिए-दिए प्लेटफ़ॉर्म पर पसरी दिखती है। त्यौहार के मौक़े पर ग़रीब आदमी ज़रा-सी इज़्ज़त के साथ अपने घर-गाँव पहुँच जाए दुनिया की सबसे असंभव चीज़ बनी रहती है। जबकि सरकार के पिद्दी अधिकारी, सचिव, कर्मचारी सरकारी ख़र्चों पर, पिद्दी बहानों पर सवार, बिना धक्कमपेल मज़े-मज़े डावोस, न्यूयॉर्क, कोपेनहेगेन, दुनिया के किसी कोने पहुँचते रहते हैं।

"भाड़ में जाए मून फेस्टिवल!" गिरा मुँह और कड़वा मन लिए, बिना रेल का मुँह देखे मैं बेयकू की लंबी दूरी वाले बस अड्डे पहुँचा हूँ। मगर यहाँ भी वही, स्नेहिल नज़ारा ही है। सिर से पैर तक यानी बस के अंदर-बाहर सब तरफ़ चंद्रोत्सव के ही पैसेंजर दिख रहे हैं। बस में कहीं सीट पा लेना संभव नहीं दिख रहा। एक लफाड़ी क़िस्म का लौंडा मुझे ताड़ता मेरे बाज़ू आकर खड़ा होता है, फुसफुसाकर कहता है, "दस युआन बहरियाओ तो तुम्हें बस के छत पर चढ़ा दूँ?"

***

अंततः छत पर ही जगह मिली है। गिरा हुआ। गिरे हुए आदमी की छवि साकार कर रहा हूँ। मगर आस-पास और लोग हैं सब गिरे हुए। कुछ क़िस्मत के धनी भी हैं जगह पाकर आदमी की तरह बैठे हुए हैं। सहारे के लिए कुहनी से किसी भरे बोरे की टोह लेता हूँ तो वह मुर्ग़ियों व बतखों से भरी खाँची निकलती है। पंद्रहेक साल का एक

बच्चा होगा, माथे पर ख़ून नहाई पट्टी बँधी हुई है। पर्व-त्यौहार भी ग़ज़ब चीज़ें हैं, माथे पर पट्टी चढ़वाने की क़ीमत पर भी लोग गाँव लौटने से बाज़ नहीं आते!

मैं लड़के से उसका नाम, क्या करता है, कहाँ जा रहा है जैसे सामाजिक सौहार्द के सवाल पूछता हूँ। जवाब में लड़का सस्ते प्लास्टिक मैनुफैक्चरिंग वाले शहराती खिलौनों के दो डिब्बे बाहर करके मुझे दिखाने लगता है।

तीन दिन की दाढ़ी का खूँटा लिए हिंस्रपशुवत एक सज्जन पुरुष हैं, लड़के की ओर से मुझे सूचित करते हैं, "छोटी बहन के लिए भेंट ले जा रहा है। देपाओ तक जाएगा। कल दुपहरियो तक बस पहुँच गई तब्बो ग़नीमत समझिए।" तदुपरांत सज्जन पुरुष अपनी दाढ़ी खुजलाते बताते हैं, "मैं शाम तक पहुँचूँगा। वहाँ से फिर दूसरी बस। इसीलिए खरीदारी नहीं की। क्या फ़ायदा रास्ते भर दुर्गत कराने का? अपने यहाँ ह्वाजे में बाजार है, बहुत छोटा नहीं। काम की सब चीज़ें मिल जाती हैं। भाव भी यहाँ से एक-तिहाई कम! शांघाई हम जैसे दलिद्दर लोगों के बूते का थोड़े है। बिदेसी फिरंगी लोग लुटाएँ उनके पास पैसा है। मैं तो सात साल से परमिट पर नौकरी बजा रहा हूँ, आज तक शांघाई से अपने लिए एक जूता नहीं खरीदा! भई, क्यों खरीदें, जब ह्वाजे में भी पैर में डालने को कुछ मिल ही जाता है और कम दाम पर मिलता है, बताइए?"

सरकते-सरकते आख़िरकार एक बोरा मेरी पीठ की पकड़ में आया है। बोरे की मलकीनी लाल लबादा और माथे पर गंदा रूमाल बाँधे एक बुढ़ईन-पुरनिया हैं, मैं मुस्कुराकर अपनी थकान ज़ाहिर करता हूँ, "काकी, बुरा न मानो तो थोड़ी देह टिका लूँ?"

बुढ़िया माथे का बंदाना सहेजती जवाब देती है, "टिका लो, बेटा। तुम्हारे किसी काम आऊँगी तो प्रभु बुद्ध प्रसन्न होंगे!" बुढ़िया को शुक्रिया कहकर बोरे पर पीठ गिरा देता हूँ। ओह, अचानक कैसी तो भीषण मार्मिक तृप्ति की अनुभूति होती है। हालाँकि तभी पीछे, खड़ी कोई बकरी मिमियाने लगी है, खाँची में बंद बतख अपना पंख फड़फड़ाने। दोनों को नज़रअंदाज़ करके बाज़ू जाने किसका थर्मस पड़ा था, मैंने उसे खोल गट्-गट् पानी पिया, थर्मस बंद करके वापस रखने के बाद मुस्कुराकर

बुढ़िया को देखने लगा, "जाने किसका थर्मस था, काकी, मगर मुझे सच्चो बड़ी प्यास लगी थी।"

बुढ़िया (आँखों से स्नेह की हँसी हँसती) कहती है, "हमारे गाँव में कॉमरेड शिन्जो थ्वा थे, कहते, पानी प्यासे का होता है।"

अब जाकर मेरी नज़र गई कि बुढ़िया के होंठों के ऊपर हल्की मूँछें हैं। संभवत: आँखों में मोतियाबिंद भी। अलबत्ता थरथराती आवाज़ में बूढ़ी की बातें लोरी की थपकियों-सा चैन दे रही थीं, "बड़े नेक आदमी थे कॉमरेड थ्वा। बहुत अच्छी बातें करते, मगर देखो, सांस्कृतिक क्रांति में सब छिन गया। आस-पास पाँच गाँवों में अब नज़र दौड़ा लो, कॉमरेड थ्वा जैसा एक आदमी ढूँढ़े न मिले। सब अपनी डफली अपना राग, अपनी थाली अपना साग में फँसे हैं।"

थर्मस से ढालकर एक कप मैंने बूढ़ी की ओर बढ़ाया, आँखों से इशारा किया पी ले, ऐसी मारामारी के बाद एक कप पानी पीने में हर्ज़ नहीं। बुढ़िया ने हाथ जोड़कर माफ़ी माँग ली, "नहीं, बेटा, जो ज़रूरतमंद हों उनकी प्यास बुझे। प्रभु बुद्ध की किरपा होगी तो दूसरों के माथे का बोझ बने बिना मुझे मेरे गाँव पहुँचा देंगे। तुम कहाँ जाओगे, बेटा?"

बुढ़िया के नेह के दर्प में मेरी ज़रा-सी छाती ज़रा-सी और चौड़ी हो गई। छाती पर हाथ बाँधकर मैं मुस्कुराने लगा, "हूँ, कहाँ जाऊँगा इससे तुम्हें क्या फ़र्क़ पड़ता है, काकी? बस जहाँ ले जाएगी, वहाँ की धूल खाऊँगा। तुमको क्या, तुम्हारे तो सिर भगवान बुद्ध का आशीष है। मज़े से गाँव लौटोगी, चंद्रोत्सव में बेटी के हाथ का मूनकेक खाओगी।"

लबादे की बाँह से बूढ़ी ने चेहरे की फीकी तन्हाई पोंछकर कहा, "ऐसे मज़े नहीं हैं, बेटा। जब तक रही, बेटी करती थी सेवा। मूनकेक भी खिलाती। चार साल पहले फुजू की जिस फैक्टरी में थी वहाँ आग लगी और... मरद ने पिछले साल दुबारा शादी कर ली। मुझे भी न्यौता दिया था, लेकिन मैं उस शादी में जाकर क्या करती? सोहर तो गाती नहीं। सबके आगे अपनी छूट गई बेटी का दुखड़ा रोती, कौन सुनता, क्यों सुनता? ग्यारह साल की नातिन है, अब मेरे साथ ही रहती है। थोड़ी और बड़ी

हो जाए तो सीख लेगी मूनकेक बनाना। तुम्हारी खुशी के लिए तब मैं भी चख लूँगी ज़रा मूनकेक!"

***

नानी के पीछे-पीछे एक अजनबी के घर चले आने से ग्यारह वर्षीय वू यान ख़ुश नहीं थी। इस बात से तो और भी नहीं कि नानी की ग़ैरहाज़िरी में वू यान क्या-क्या करती रही के क़िस्से सुनने के बजाय, नानी सफ़र की थकान के बाद अजनबी के लिए कुम्हड़े की खीर और शलजम का शोरबा राँधती रही। बाती कमलककड़ी की तरकारी बनाई और सोने के वक़्त, घर की इकलौती मसहरी वू यान की सेवा में लगने के, आँगन में अजनबी की खाट से बाँधा गया!

सुबह आँख खुलने पर पहली चीज़ सहजन के पेड़ पर बैठी गाढ़े नीले पंखोंवाली एक चिड़िया दिखी। उसके पीछे वू यान का फूला मुँह दिखा। एक कोने हाथ में जली अगरबत्तियाँ लिए काकी भगवान बुद्ध की वंदना गुनगुना रही थीं। मैंने वू यान से सवाल किया, "ऐ बुनकी बन्नो, चलो, ई चिरई से हमारी पहचान कराओ! इनकर नाम बताओ?" वैसा ही फुलल मुँह एक नज़र मुझे देख लड़की बेचैनी से घर के अंदर चली गई। खटिए पर बैठा मैं आराम से पैर हिलाता रहा। थोड़ी देर में वू यान बाहर लौटी तो मुँह अभी भी पहले की ही तरह फूला हुआ था। घर के भीतर जैसे अपना डायलॉग रिहर्सल करके आई हो, एकदम से मेरे सामने खड़ी होकर बोली, "तुम यहाँ क्यों आए हो? किसने तुमसे कहा मून फेस्टिवल पर हमारे घर आओ? गाँव में सब जानते हैं कि हमारे यहाँ मेहमान नहीं सधते!"

सुबह-सवेरे खटिए पर बैठा अच्छा-ख़ासा पैर हिला रहा था, लड़की के जवाब से एकदम पारा उखड़ गया, चिल्लाए बोला, "अरे! काकी, यही सिखाया है तुमने इस छटंकी को? मेहमान से बात करे की तमीज नहीं? मेरे घर की ममता और बबीता होती तो करमजली के जबान खींच लेता! चार बित्ते की जहाँआरा बेगम के अभी से ये नखरे... ऐसी मीठी बोली-बचन बोलके ये किसी का घर बसाएगी? अरे, कोई ब्याह करेगा इससे? नानी की उमर तक नहीं होगा, बिहार शरीफ वाले तक हाथ खड़ी कर देंगे, समझीं?"

वू यान ऐसी जलती नज़रों से मुझे घूरती रही कि मैं सीता होता तो उसी वक़्त ज़मीन में समा गया होता। ज़मीन में बिलाने की जगह वहीं खटिए पर बैठा पैर डोलाता रहा। बुढ़िया हँसती हमारे पास आई, "यह ऐसी ही है, बेटा, इसकी बात का क्या बुरा मानना!"

"अच्छा? और इसकी बात को तुम अगरबत्ती दिखाती रहो?" *ये नयन डरे-डरे* के बजाय, *ये नयन जरे-जरे* की तर्ज़ पर, ग़ुस्से में गोड़ पटकती वू यान घर के भीतर भाग गई।

चैन की ठंडी साँस लेकर मैंने कहा, "तुमने भी, काकी, क्या नमूना नातिन पैदा की है!"

***

लाख पैर पटकने के बावजूद अंततः मैं बूढ़ी के पैर थामकर ही मानता हूँ। मतलब बुढ़िया को पैर दबवाने के लिए राज़ी कर लेता हूँ। भावुक होकर काकी की आँखें भर आती हैं, "मेरा लेन जेझू जिंदा बचता तो इस शरद-पूनो उस पर अट्ठावन चढ़ता! मेरा पैर दबाने की ज़िद करता, मैं बरजकर मना कर देती, मेरा बेटा मेरी बात रखता, तुम्हें तो मना करने तक का मुझे अधिकार नहीं।"

"बात मत बदलो, काकी। लेन जेझू वाला किस्सा खत्म करती चलो!" छोटे-छोटे बूढ़ी के पैर पर हल्के-हल्के मैंने विरूप, भारी हाथों का ज़ोर देते हुए कहा।

काकी आँख के आँसू सुखाती रही। लंबी साँस लेकर फिर बोली, "उस बखत गाँवों में कैसी मारामारी मची थी तुम क्या जानो। एक किस्मत वाला बचता, चार अभागे भीड़ के पागलपने की आहुति होते। प्रभु बुद्ध की यही मरज़ी थी कि मुझसे मेरा लेन जेझू छीन लें! अभी उन्नीस भी नहीं चढ़ा था हमारे जेझू के..." ज़ोर लगाकर बूढ़ी ने मुस्कुराने की एक हारी कोशिश की, "शाओची उससे ग्यारह वर्ष छोटी है। वू यान की माँ। उसके भी दो बच्चे खराब होने के बाद यह तीसरी ईश्वर की दया से कैसे तो करके बच गई। छोटी थी जब डाकडरों ने एक पैर में पोलियो बतला दिया। बैद और डाकडरों के कितने चक्कर लगाते रहे। बच्ची को गोद में टाँगे यहाँ से वहाँ बेचारी खड़े-खड़े दिन निकालती। बेचारी ने जीवन में कभी सुख नहीं देखा। घड़ी भर देखने की जब

नौबत बनी तो ईश्वर ने उठा लिया। भलामानुस मुझे उठा लेता कि शाओची सलीके से अपनी बेटी का खयाल तो करती! नहीं, अब तुम्हीं बताओ मैं बयासी साल की बूढ़ी इस नन्ही-सी जान की क्या देखभाल करूँगी, कब तक करूँगी?"

मैंने कहा, "अरे, रहने दो, काकी। बयासी साल की उम्र में बोरा लिए बस की छत पर चढ़ जाती हो! बस से उतरकर पहाड़ी चढ़ान पर आठ मील मुझसे आगे-आगे पैदल भागी चलती हो। जरा-सा मेकअप चढ़ा लो तो टोटल दुर्गा खोटे लगो और हमको उमर की गोली दे रही हो? तुम्हारे सामने तो अपनी मनोरमा मौसी भी फेल हैं। आधे घंटे जाँत पर बैठ जाएँ तो घंटा भर हाँफती रहती हैं! हे ईश्वर, आजे उठा लो का गाना गाने लगती हैं!"

"मौसी है तुम्हारी?" वू यान की बुलबुल आवाज़ थी। जाने कबसे पीछे खड़ी चोर हमारी बतकुच्चन सुन रही थी। सिरहाने नानी के बग़ल बैठकर उसी फूले मुँह से आगे सवाल की, "और कौन-कौन है तुम्हारे घर में?"

जवाब में मैंने भी मुँह फुलाए-फुलाए ही कहा, "मनोरमा मौसी मेरे बाप मुराद की दूसरकी पत्नी ठहरीं। ममता और बबीता की मम्मी हुईं, मेरी नहीं हैं। मेरे लिए सिर्फ मेरी मम्मी की बहिन ठहरीं, बुझाया? इसलिए मिस मुँहफुली कुमारी, दुनिया की एक तुम्हीं अभागी ठहरी जैसी अपनी अभागी किस्मत को लेकर बहुत उड़ो मत। तुम्हारी इसी दुनिया में हम भी हैं और हमारी छाती में भी गहरे घाव खुदे हैं, चोट छुपे हैं, बहुत-बहुत, बुझाया?"

आँख पोंछती काकी ने नेह से मुझे अपने नज़दीक खींच लिया। वू यान नाराज़ बनी थोड़ी देर मुझे घूरती रही, फिर असमंजस में अपना छोटा हाथ बढ़ाकर मेरे सिर पर रख दिया।

***

पगली लंगड़ के मुझ पर नेह छलक आया है तो मुझे गाँव के बाहरी हिस्सों की टहल कराने निकली है। बाँस के झाड़ के पीछे से अचानक एक ऊँट ने अपना मुँह बाहर किया और मैं घबराकर तीन क़दम पीछे हट गया तो देखता हूँ वू यान को ज़ोरों की हँसी छूट रही है।

"ऊँट से डरते हो? हे-हे-हे, अजांग ऊँट से डरता है!" लड़की ताली बजाकर ख़ुश होती रही।

"एकदम डरता है। ख़ासतौर पर जब ऊँट के मुँह में बाँस की पत्तियाँ हों।" सँभलकर एक ओर हटकर चलते हुए उसे बताया और मैंने ख़ुद को भी याद दिलाया।

बाँस के झाड़ के आगे दूर तक हरा मैदान था और सोचकर मुझे ख़ुशी हो रही थी कि श्वा वेन का ख़याल कहीं नहीं था जो दबे-छुपे कभी भी आकर मुझे परेशान कर जाए। उसकी कही आख़िरी पंक्ति भी नहीं, जब स्वार्थांध सुंदरी ने मेरा हाथ थाम मुझे रोकते हुए कहा था, "आई रियली लव यू, आई डू! समझते हो न?" मैंने हाथ छुड़ाकर जवाब दिया था, "हाँ, *आई गेस यू हैड योर प्रैक्टिस ऑफ बैड बिहारी इंगलिश, नाऊ वुड यू लीव मी अलोन प्लीज?"*

दौड़कर मेरे साथ होती वू यान बोली, "ऊँट से अलग तुम और किससे डरते हो?"

"ऊँट के बाद फिर तुम्हारा नंबर आता है। मुँह फुलाओ, देखो, कितनी जल्दी तुमसे डरने लगता हूँ?"

वू यान ने मुँह बनाकर मुझे देखा और चुप हो गई। थोड़ी दूरी पर धींगामुश्ती में जुटे सूअर दिखे तो ग़ुस्सा भूलकर वापस से हँसने लगी। सुअरों का बाड़ा दाओ फ़ू का था। पतली काठी के बूढ़े आदमी। सुअरों की देखभाल में सुखी थे, सूअर भी उनकी संगत में।

"हमारे जमाने में कोई सत्तर घर थे जिनमें किसानी होती थी। अब कितने, बमुश्किल बीस होंगे। बाकियों ने ताला चढ़ा दिया! दूसरे काम-धंधों में लगे। ठीक ही किया। किसानी में आजकल क्या रक्खा है। हमारे छुटपन में पाल्टी और कौंसिल के लोग खोज-खबर लेने आते। हमारी परेशानी पूछकर कॉपी में लिखते थे। अब वो सब कहाँ है। सरकार सारी मेहनत शहरों में लगा रही है। मेरे बेटे ने चांग्शा में दुकान खोल ली है। यह दूसरा साल है, इधर गाँव झाँकने भी नहीं आया। इस बार भी कम ही उम्मीद है कि बाप की खबर लेने चंद्रोत्सव में आए। क्यों आएगा भला, यहाँ अब है क्या? लेकिन मैं इन सुअरों को छोड़कर कहीं नहीं जा सकता। जाऊँगा तो ये ह्राशा

और बांग्शी अपना दाना कहाँ से पाएँगी? इनके लिए तो मैं ही इनका माई-बाप ठहरा, क्यों, गेशू?" बूढ़े ने लाड़ से एक बच्चा सूअर के थूथन से अपना मुँह सटा दिया, जवाब में सूअर भी उत्साह से दाओ फ़ू के चेहरे पर अपना थूथन रगड़ने लगी।

***

रात। चौकी पर दाओ फ़ू की नाक बज रही है, चबूतरे पर उकड़ू बैठा हड़ियल गेंशी उधारी के सिगरेट के कश ले रहा है। साफ़, नीले आसमान में इतने तारे हैं कि उन्हें गिनने की तीन बार की व्यर्थ कोशिश के बाद आख़िरकार हारकर मैं हथियार डाल देता हूँ। गेंशी से सवाल करता हूँ, वह चांग्शा से लौट क्यों आया?

पता चलने पर कि अकेले बाहर जा रहा हूँ वू यान का मुँह फूल गया था। वू यान साथ नहीं रहेगी तो घर से बाहर गाँव में मैं भटक जाऊँगा फिर क्यों जा रहा हूँ? ठीक है, वह आगे मसहरी के लिए ज़िद नहीं करेगी, सोऊँ मसहरी में, आज, हमेशा, बाहर नहीं जाऊँ, बस! मैंने काकी से शिकायत की, चार किताबें और कुम्हड़े की खीर में गुज़ारा चल रहा है तो देखो, कैसे यह तुम्हारी बदकार नातिन रिश्वत की मसहरी में हमें बाँधने की चाल चल रही है! वू यान का मुख उतर गया था कि बाहर कितना अँधेरा है, मुझे मालूम नहीं। ऊपर पहाड़ी से भेड़िए आते हैं, अँधेरे में पीछे से कोई भेड़िया आकर मुझे ले गया, तब?

गेंशी उधारी का सिगरेट जलाकर अपनी कहानी कह रहा है, "भैया, हमारे जैसे यहीं ठीक हैं। गिन के चौदह महीने था उधर, साँस लेना मुश्किल। होटल के चूल्हे से हटते ही सेठ की लेच्चरबाजी शुरू हो जाती। रात को खाना खाते-खाते एक बज जाते। सुबह पाँच बजे उठकर वही नाटक! एक से एक लफ्फाड़ी गाहक। गंदी गालियाँ बोलने वाले। मुँह खोलो तो लप्पड़ मार देते। एक दिन नीचे गली में कहा-सुनी हो गई। माँ की गाली बकने लगा तो मैंने दो बार मना किया माँ को बीच में मत ला, मगर वो दारू पिए हरामी मेरी कहाँ सुनने वाला... ग़ुस्से में बिना आगा-पीछा सोचे ब्लेड से मैंने... आप ही बोलो, भैया, मैंने कोई गलत किया? यहाँ गाँव में लोग चार बात सुनाएँ, बिना पलटकर जवाब दिए गेंशी सुन लेता है। चांग्शा में किसी की क्यों सुने? दो-तीन बार पुलिस मेरे बारे में पूछताछ करती गाँव में आई है, मगर सब अपने लोग

हैं, खबर कर देते हैं। उतनी देर भागकर जंगल में छुपा रहता हूँ। इधर इस तरह रहना मंजूर है, मगर तुम्हारे सात सौ युआन के लिए गेंशी गुलामी का पट्टा नहीं लिखाएगा। क्यों भैया, गलत कह रहा हूँ?"

गेंशी से मैं पूछ सकता था कि गाली देने वाले की देह पर उसने कहाँ ब्लेड चलाया था, मगर हिंसा के प्रति अपनी सामान्य भीरुता में टाल गया। चुपचाप नीला आसमान तकता रहा। कुछ देर की चुप्पी के बाद सवाल किया, "तूने शादी क्यों नहीं की, गेंशी?"

गेंशी शरमाने लगा, "हमारे जैसे के लिए यहाँ लड़कियाँ कहाँ हैं, भैया! उतने पैसे कहाँ से लाऊँगा?" वह ज़मीन पर अँधेरे में सींक से लकीरें खींचने लगा, "वैसे भी घर में जनाना होगी तो जिरह-झगड़ा करेगी, गेंशी कहाँ से उसे सुखी करेगा? घरवाली होती तो आपके साथ यहाँ इतनी रात बैठना नसीब थोड़ी होता, क्यों भैया?"

"सही कहता है।" सिर हिलाकर मैंने गेंशी के कहे को मंज़ूरी दी। दड़बे में कोई सूअर जग गया था। उसकी उठापटक में एकाध की और आँख खुली। दड़बे से गों-गों की आवाज़ें आने लगीं। दाओ फ़ू नींद से जगकर बैठ गए। अँधेरे में टहलते-से बाड़े तक गए, फुसफुसाकर सुअरों से कुछ कहा, वापस आकर लेट गए। मिनट भर में दुबारा उनकी नाक बजने लगी। दड़बे में सूअर शांत हो गए थे।

थोड़ी देर में गेंशी ने कहा, "चंद्रोत्सव में आप ठहरेंगे नहीं, अच्छा नहीं लगेगा भैया? वू यान मुँह लटकाए किसी से बात नहीं करेगी, चार दिन और ठहरकर जाते, भैया?"

जापानी फ़िल्मों में वरिष्ठ चरित्र अभिनेता जैसे एक छोटा-सा 'हूँ' कहकर ख़ामोश हो जाते हैं, मैंने 'हूँ' कहने की जगह गेंशी से कहा, "ऊपर पहाड़ियों से गाँव में भेड़िए आते हैं?"

"आते हैं। डंडा फटकार दो तो डर के खड़े हो जाते हैं। असल वाले तो शहर में हैं, भैया। खा के आपको हजम कर जाएँ, मुँह से डकार भी न लें।"

दूर ऊपर पहाड़ियों से अजब-सी आवाज़ें आईं। शायद कोई भेड़िया ही हो। गेंशी के कहे के जवाब में शायद 'हूँ' की हुँकारी भर रहा हो!

***

ब्लेड चलाकर माँ की गाली की चोट से ख़ुद को बचा लेने और पुलिस खोजने आए तो जंगल में छिप जाने वाला गेंशी। आख़िरकार गेंशी भी सो गया। जैसे दाओ फ़ू सोए। उनके सूअर और फीकी रौशनियों की अन्य झोपड़ियाँ सोईं। ऊपर पहाड़ियों में भूख भूले बेचारे भेड़िए सोए। इतने सारे पेड़ों के बीच फिर भी कैसे बना रहता है अकेलापन सोचता जंगल सोया। फटी आँखों देर तलक हैरत भरी नीचे की दुनिया तकते रहने के बाद तारों ने भी आसमान के तकिए पर सिर गिराकर आँखें मूँद लीं। बीतती रात के गाढ़े में, देखिए, एक मैं ही अभागा अब तक जागा। या मेरे पहलू में शायद एक अभागी कविता भी है, नवजात शिशु की तरह बड़ी-बड़ी आँखें खोले, ग़ौर से इस गाढ़ी रात को पढ़ती। (मेरा मित्र तोमासिनो होता तो कहता, "कोई एक अभागी कविता होती है, सारा संसार सो जाता है, उस अभागन की आँख नहीं लगती।") **शी त्वा देन्** सत्रहवीं सदी के कवि हैं। मालूम नहीं वियतनामी या कोरियाई। मालूम नहीं कविता-सी कविता है भी या नहीं।

कौन-सी दुनिया
क्या देश किसका गाँव
साँझ के मैदान
सुबही के मीठे गान
रात की गाढ़ी इस बेला में प्रियवर
तुम कहाँ
हर घड़ी होते हो साथ
और मुरकियों के संगीत में डोलता
कितना कैसा तो रस भरा जीवन होता है
और देखते-देखते दिखता कि सबमें होती
मैं कहीं नहीं होती हूँ...

सचमुच, कौन-सी दुनिया, क्या देश और किसका गाँव? अपने सपनों के अकेलेपन में घबराकर अचानक एक दिन हम कंधे पर झोला डाले निकल पड़ते

हैं कि पहाड़ों के पार कोई और दुनिया देख आएँगे। कोई और देश और गाँव होगा, हमारे दुखियारे जीवन के सुखहारे सपने जहाँ चैन की दो झपकी सो सकेंगे। अभागी कविताएँ दुख में कातर भर्राई आवाज़ सारी दुनिया के सोए के सुनसान में अपने सवालों की नोक से हमें लगातार शर्मिंदा न करती होंगी, कि देखो, फिर हमें अकेला छोड़ गए?

आख़िरहा मेरी भी आँख लगी। या कि फटी, खुली हुई है? मालूम नहीं। मालूम नहीं चाँद की देह का दर्द, उसकी जली उम्मीदें आसमान से मेरे चेहरे पर झर-झर गिर रहे हैं, या गाढ़ी रात की उनींदी झपकियों के मेरे वहम हैं। गहरे सुनसान में मौसी की आवाज़ भी वहम ही होगी। फुसफुसाकर निहोरा करती हैं, "टिफिन में मटर-गोभी की खिचड़ी लाई हूँ, उठ, दू कौर खा ले, ठंडा हो जाएगा, बेटा!" मैं मुँह पर चादर खींच लेता हूँ, "मत दिखाओ दुलार, कभी कुम्हड़े का खीर बनाके खिलाया तुमने? क्यों खिलातीं, तुम्हारा सगा हूँ कोई?"

साड़ी के आँचल में ढका मौसी का हाथ एकदम से मुँह पर चला आता, भर्राए कंठ हारी औरत कहती, "तुम्हारे लिए सीखकर कोंहड़े का खीर भी बना देंगे। सब करेंगे तोहरे ख़ातिर, बाबू, हमारे पाप गिना के बस हमके अपनी आँखी और हमको हमरे करेजा में छोटा मत करते रहो!"

"ये दुनिया इतनी खूबसूरत क्यों है, मौसी? इतनी खूबसूरत और इतनी उदास?" मैं नींद में डूबा कहता, और नींद में भक्क आँखें खोल देता।

"तू हमसे प्रेम से एगो बचन बोलता है सगरे दुनिया उजियार की उफनती नदी हो जाती है, हमसे मुँह फेर लेता है तो लगता है संसार भर के राती में लोड सेडिंग फैल गया, सच्चो, बेटा...[13]"

मैं नींद में मुस्कुराकर सुनता हूँ। या मुस्कुराकर ऊपर आसमान में चाँद है मन के मीठे में आँखें मूँद लेता है...

***

13. सादर, विनोद कुमार शुक्ल से क्षमा याचना चाहते हुए।

दांग वान उर्फ़ एक पांडुलिपि की तलाश में– चार

फ़िराक़ इक दूसरी दुनिया की कुछ कुछ याद आती है
नहीं मालूम आए हैं जहाँ में हम कहाँ होकर...

रेलगाड़ी जाने कहाँ किधर धुआँ उड़ाती चलती जाती है। समय के सुरंग में तीर गति। मैं खिड़की के शीशे से सिर टिकाए ऊँघता सोचता हूँ। तोमास किताब हाथ में लिए खिड़की से बाहर देखता मुस्कुराता है। उसकी उँगलियाँ प्यार से पन्नों पर फिरती हैं। मैं ऊँघ की ज़द से निकलकर छेड़ता हूँ, "क्या हुआ, फ्योरेल्ला याद आ रही है?" तोमास संजीदगी से कहता है, "तुम नहीं समझोगे। अन्वेषण का इश्क़ हमेशा औरत की मुहब्बत पर भारी पड़ता है।"

उसकी आँखें कहीं दूर देख रही हैं। इतनी दूर कि दूरी ख़त्म हो गई है। पाली या किसी और अबूझ भाषा में लिखे पीले पन्नों पर उँगली फिराते तोमास कहीं खो गया है, मुझसे दूर। मैं चिढ़कर आँखे बंद कर लेता हूँ। तोमास की भावुक संजीदगी पर व्यावहारिक इस पल अपना सो लेना मुझे श्रेयस्कर लगता है। मैं कंधे सिकोड़ता पीठ मोड़ता छोड़ता, सिर टिकाता, किसी आरामदेह कोण में ख़ुद को ढीला छोड़ता तैयारी करता हूँ, अपने ऊबे थके मन को आराम देने नींद में गिरने का। नींद के भारी कंबल के पार निंदियाई जाग में तोमास की आवाज़ मुझ तक तैरती आती है। नींद के झकोरों के बीच मैं 'हूँ, हूँ' करता आधा सुनता आधा भूलता बोलता हूँ– कौन था ये, दांग वान? हँ, कौन?

तपते रेगिस्तान के बवंडर में खड़ा पुरुष जाने क्या देखता है। अथाह असीम निरंकुश संसार। पाँव के नीचे रेत है, निशान नहीं हैं। पानी कहाँ है, सपने में? कुआँ, गहरी अँधेरी बावड़ी, कोई टूटा डोल? धरती की कोख में ठंडक का संसार। ठंडा अँधेरा, गरम रौशनी के परे। भिक्खू... भिक्खू... कौन पुकारता है?

उसका शरीर जैसे गोल चकरियाँ खा रहा हो। आसमान इतना तीखा प्रखर नीला। आँखें मूँदने पर भी गहरा तेज़ तीखा। गर्म लावा। लाल आग। समाधि में जाने पर

कैसी निरंग शाँति। होंठ इतने पपड़ाए हैं कि साँस तक उनको छीलती निकलती है। शरीर से सब नमी, सब तरलता, सब सांद्र तत्व भाप बनकर उड़ गया है। अब धूप से प्रक्षालित सफेद हड्डियाँ बची हैं। भिक्षु अपने शरीर की त्वचा देखता है। चीमड़, सूखा, कड़ा, रुक्ष। रेतीले दूह के पीछे ज़रा-सी ओट में ऐसे बैठना जैसे गर्म आग के सामने हाथ की ओट हो।

मंगोलिया के रेतीले सागर को पार करना दूसरा जनम जी लेना है। संघवीर ने यही कहा था। उनकी तिरछी आँखों में ऐसा कहते स्मित का भरपूर संसार था। और बर्फ़ीली हिम चोटियों को पार करना चौथा। अगर पार कर पाए तो। भिक्षु के सामने आग और बर्फ़ का खेल था। सुनी बातों में सफ़र इतना भयावह नहीं था। आख़िर संघवीर भी तो आए थे। और बढ़ती उम्र में आए थे। सियाम, सिंहल और श्री लंक के बाद आए थे। समुद्री यात्रा से सरल है। तुम्हारे पैरों के नीचे धरती होती है। ऐसा कहते संघवीर मुस्कुराए थे। उनकी मुस्कान में समुद्र के नमक के साथ-साथ रेत का लवण भी था। सूत्र पिताका पर हाथ फेरते स्थविर कुमारजीव ने संघवीर को देखा था, फिर शांगसी के विहार में विश्राम करने बैठे भिक्षुओं की सभा से विमर्श करने प्रस्थान कर गए थे।

आज इस बात को सोचना किसी और जन्म को सोचना है। तीसरे चौथे या अनंत जन्मों को सोचना है। बरसते भाले की नोक से गड़ते प्रहार के नीचे अपना होना भूगोल की यात्रा नहीं, समय की यात्रा है। एक समय से दूसरे समय को प्रस्थान है। भविष्य में भूत की यात्रा का जोखिम भरा साहसिक प्रयोजन है। शरीर के बजाय आत्मा की सैर है। पर अभी निविड़ रात्रि की आकांक्षा में पड़ा पुरुष अपने शरीर में नहीं है। इस ब्रह्मांड में विचरता एक उल्का है। बंद आँखों के पीछे उसे बर्फ़ीली चोटियों की ठंडक महसूस होती है। ओ धम्मपद, ओ पद्मयानि, ओ मैत्रेय!

अपने शरीर के हर एक अणु से उसका तारतम्य है। मन किसी आकाश में उड़ता सफ़ेद पक्षी है।

***

हरी घास और भरी भेड़ों का पहाड़

"तुम अपना रंज-ओ-ग़म अपनी परेशानी मुझे दे दो..."

– जगजीत कौर

ख़ामोश प्राकृतिक दुपहर। जाने कितनी देर चलता रहा, लेकिन अब ताक़त नहीं। सस्ते तले के कैनवास जूतों में अँड़से पैरों ने जवाब दे दिया है। चढ़ाई पर खुले मैदान की शुरुआत दिखते ही औंधे मुँह ज़मीन पर ढेर हो जाता हूँ। कनपटी बज रही है। मुँदी आँखों के अँधेरों में तारे नाचते हैं। शनैः-शनैः पसीने की महक का पसरना महसूस होता है। गोद में नए रंगीन खिलौने के आते ही शिशु जिस तरह हड़-बड़ उस पर हाथ पटकना शुरू करता है, कुछ उसी बेचैनी से मेरे नासिका-रंध्र आस-पास वनस्पति, पत्तों की महक सहेजते हैं। ओह, अवकाश का कैसा निर्दोष, विश्रांत अंतरंग है! पीठ पर जीवन व ज़िम्मेदारियों का बोझा लादे जाने कहाँ भटक रही होगी, बेमुरव्वत गाओपिंग अभी हो सकती थी, जब मेरे साथ नहीं है। न ही मेरे पसीने की गमक सूँघने, और मुहब्बत की सींक से उसमें सूराख करने नानान ही कहीं से चली आने वाली हुई! आस-पास कहीं अम्मा ही होती और घास पर कुहनी टिकाए, पंजे पर माथा गिराए मैं आह्लादित पूछता, "ख़ुश हो?" तो क्या मालूम क्या जवाब पाता। शायद अम्मा चुप रहती। दुखी होती कि कैसा बेटा जना जो ऐसे अटपटे सवाल करता है।

अनजाने देस के सुनसान में ज़िद करके मुझसे कहलवाना चाहता है ख़ुश हूँ कहूँ! दिल्ली, बंबै कभी जानी नहीं, चाहता है चीन जान गई कह दूँ, कैसे कह दूँ?

माँ के पीछे-पीछे रोना। *हिंदी साहित्य में नायक क्या कभी व्यस्कता प्राप्त नहीं करेगा?* व्हॉट अ ट्रैजिक फार्स! जबकि अम्मा आस-पास क्या कहीं दूर-दूर भी नहीं है। सिर्फ़ उसका अमूर्त ख़याल है। बेवक़ूफ़ भावुक मैं मौक़ा-बेमौक़ा एक ख़याल है, अकेले में खींच-खींचकर जिससे सवाल करता हूँ। कभी मेरे सवालों से दिक् आकर वह हाथ खड़े कर देती है कि तू जानता है असल नहीं सिर्फ़ तेरी कल्पना हूँ। *असल थी जब तूने जाना?* चोट खाए स्वर की शर्म में डूबा मैं कहता कितना छोटा था जब तुम चली गईं, अम्मा, छोटे बच्चे को छोड़कर अपना भाग जाना भूल गई?

शर्म और ग़ुस्से से उँगलियाँ काँपने लगती हैं, जब भी सोचता हूँ कि अम्मा गई तो उसके जाने की मैं मन में याद तक सहेजकर कैसे नहीं रख सका! मौसी ढाढ़स बँधाती कि तेरा क़सूर नहीं बुच्चन, बाल्टी में लोटा डालकर तब तूने नहाना तक नहीं सीखा था। स्कूल के लिए तैयार होते हुए, आईने के आगे खड़े अपने हाथ कंघी से बाल काढ़े उसके पहले ही अम्मा चली गई, उतनी पुरानी बात किसी बच्चे को याद रहती है? नहीं रहती न?

मगर मुझे याद नहीं की याद में घुलते हमेशा ख़ुद से नफ़रत होती है। इतने वर्ष बीते जाते हैं मन में चुभा काँटा कोई एक गड़ता रहता है, अंतस मुक्त नहीं होता, पूरी तरह कभी नहीं होता! क्यों नहीं होता? अवकाश का निर्दोष अंतरंग क्लांत, गुमसुम बग़ल लेटा रहता है, उसका हाथ अपने हाथ में ले लेने, उसके गालों पर ज़रा हाथ फेर देने का निश्छल अवकाश नहीं बनता। जेब में तरह-तरह के काँटे छुपाए भागते रहते हैं जीवन भर, अंतरंग निर्दोष मन अवकाश की फ़ुरसत कभी कब बनती है?

मैं भागना नहीं चाहता। न अम्मा को याद करना चाहता हूँ। यांग चांग, ह्वांग्हो के पार्श्व यहाँ इतनी दूर इसलिए नहीं आया हूँ कि पीछे-पीछे अम्मा चली आए। लेट दैट लॉस्ट वुमन बी व्हेयरएवर शी वॉटेड टू बी। लेट मी बी व्हेयर आई एम। ट्रूथफुली। इन द ट्रू सेंस ऑफ़ द वर्ड। सच्चाई इस क्षण मेरा इस मैदान में थककर चूर, ढहे होना है। चेहरे पर धवल मेघ की गिरती सलेटी स्नेहिल परछाइयाँ हैं। वनस्पतियों की गाढ़ी,

नशीली महक है। और यही मैं हूँ, सच है।

आँखों को नीला, स्वच्छ आसमान कैसा ऐंद्रिक संतोष दे रहा है। ध्यान लगाकर सुनने की कोशिश करता हूँ कि दूर कहीं जानवरों का हिलगना, गाँव से बाहर बच्चों का भागना, किसी आवारा बुढ़िया का गाना सुन जाए, मगर कोई आवाज़ नहीं सुन पड़ती। एक चिड़िया दिखती है, ज़िम्मेदारी से उड़कर एक पेड़ पर जाकर बैठती, मगर वह भी गा नहीं रही[14]। लेकिन क्या मालूम मन के मीठे काँटे भूल चिड़िया अभी इस क्षण को जीने की कोशिश कर रही हो! सोचकर अच्छा नहीं लगता कि मैं चिड़िया का नाम नहीं जानता। जिस पेड़ पर जाकर बैठी है उस पेड़ को भी नहीं जानता। **चेन श्यांग्हे** को ही कितना जानता हूँ? नौ वर्ष की अस्थमाग्रस्त अपनी नन्ही बेटी को पतली रज़ाई ओढ़ाकर लिटाते अपनी तंग, जर्जर पहाड़ी झोपड़ी में श्यांग्हे का ग़ुस्से में उबलना याद आता है, "अभी तक हमारे इधर पानी की दिक़्क़त है। बहंगियों से लादकर तीन मर्तबा ऊपर पानी लाना पड़ता है! इस लड़की की हालत तुम देख रहे हो, इसकी माँ थी कुछ हाथ बँटता था, चार साल पहले बीमारी में वो भी उठ गई। इधर देखो कितना अँधेरा है, चार क़दम आगे नज़र नहीं आता, यहाँ बिजली लगाना सरकार का काम नहीं? मगर कौन हरामी इधर झाँकने आता है? झोपड़े में साठ वाट के दो बल्ब के लिए जानते हो बिजली बोर्ड वाले मुझसे कितना पैसा ऐंठ के गए? साल भर की मेरी कमाई मुझसे लूटकर गए! तुम बताओ किस भरोसे पर आदमी जिए? कंधे पे बंहगी लिए कभी-कभी तो तबीयत होती है सब फेंक के भाग जाऊँ, मगर फिर बच्ची का ख़याल होता है, मेरी तो भाई अकल काम नहीं करती!"

मैं चेन श्यांग्हे को याद करना नहीं चाहता। जीवन के इन तुच्छ वृत्तांतों में चिड़िया, वृक्ष व आसमान का नीलापन धुँधला हुआ जाता है। मन शांत रखूँ, किसी एक बादल पर ध्यान फोकस करूँ, ज़रा देर के स्निग्ध अवकाश में, कुछ थोड़े क्षणों के लिए, स्वयं को पूरी तरह भूल नहीं सकता?

लेकिन कहाँ भूल सक रहा हूँ? मन के अँधेरों में किसी नौसिखिया सिनेमा के अनसधे प्रोजेक्शनिस्ट के बेसबब गड्ड-मड्ड रीलों का फीता अचक्के भक्क से कभी

---

14. "पिकु, तुम सुनती हो इस सब कुछ नहीं सुनने का सुनना? मेरी संगत की हवा में, मेरे चलने की ख़ामोश

भी खुल जाता ही है। आँखों को नीला आसमान दिखता है मगर मन में फिर दूसरी ही तस्वीरों के कोलाज घुलने-मिलने लगते हैं। *आठवीं में फेल होने का नतीजा लिए बच्चा घर लौटा है, ग़ुस्से में काँपते बाबूजी मौसी को पीछे धकेलकर ताबड़तोड़ बच्चे को पीटने लगते हैं। बच्चा अपने बचाव में हाथ ऊपर नहीं करता, न काँपते पिता का जवाब देने की ज़रूरत महसूस करता है कि आगे दुबारा ऐसी ग़लती नहीं करेगा। उसी तस्वीर में घुली कहीं से सुनीता चली आती है। घबराई, चुप। बच्चा अब युवक हो गया है, पैदल साइकिल लिए चलता, गुमसुम। अंततः लीना स्टोर और राजेंद्र मार्केट के पीछे छूटते ही सुनीता कहती है कि प्लीज़, उसे वह माफ़ कर सकेगा? उसने मणि से शादी नहीं की तो घर में सब गड़बड़ हो जाएगा! इन फ़ैक्ट उसे वह वैसे कभी प्यार करती भी नहीं थी जैसा उसने इतने समय से ग़लतफ़हमी पाल रखी थी। युवक एकदम हँसने लगता है, कि इसी बात के लिए सुनीता ने उसे इतनी दूर बुलाया? सुनीता कुछ कहे इसके पहले ही पैडल पर पैर रखकर युवक निकल जाता है। भानु की कैंटीन के पीछे के उजाड़ में साइकिल फेंककर टीन की मुर्चा खाई पुरानी दीवार से लगा जाने कितनी देर रोता रहता है। उसी में महेंद्र का हँसता चेहरा घुला आता। युवक को घेरकर बताता कि कलिंगपौंग बड़ी अच्छी जगह है। रीनू अपने मामा के यहाँ से लौटके आई है, बता रही थी... मगर महेंद्र कलिंगपौंग कभी नहीं जाएगा। रीनू से उसकी शादी भी न होगी। आदमी सिनेमाघर से इवनिंग शो देखकर थका हुआ बाहर आएगा, फ़ार्मेसी के काउंटर से 112 रुपये की दवाइयाँ लेगा, दीनानाथ वाचनालय में अख़बार के पन्ने पलटेगा, तीन तीस की बस पकड़कर मनिहारी की दुकान की बेमतलब जिरह में उलझेगा। मन्नू की शादी के मौक़े के लिए सिलवाए पैंट सही नहीं आएँगे तो खामखा उदास हो जाएगा, श्रीपत के यहाँ तेरही में देर से पहुँचने की माफ़ी माँगेगा कि रेल लेट चल रही थी। जीवन के जाने कैसे कारोबारों की कैसी-कैसी तो भागाभागी मची होगी, बस सिर्फ़ अवकाश का अवकाश न होगा, ख़ुद तक को तसल्ली से देख सकने की फ़ुरसत नहीं होगी। नहीं ही होगी।*

मैं फिर से बादलों के फाहों पर ध्यान केंद्रित करने की कोशिश करता हूँ। लेटे-

---

परछाइयों में?" पिकु को लिखकर न भेजे गए ई-मेल का ड्राफ्ट।

लेटे देखकर अच्छा लगता है कि चाहे जैसा हो, इतना अच्छा है कि बादल, वृक्ष और चिड़िया हमारी ऊटपटाँग आदतों की हमसे शिकायत नहीं करते। अवकाश के सच्चे गुणग्राही, पढ़वैया, जीवनीकार संभवतः वही हैं। हम कहीं नहीं हैं।

***

घंटियों की आवाज़ से झपकियाई नींद उचट गई। खुली आँखों दिखा चारे की शॉपिंग पर निकली भेड़ें हैं। उनके पीछे लबर-झबर कपड़ों में ग्यारह वर्षीय बो ज़ा है। समझिए बोदा है। आँख मलते हुए मैंने आवाज़ लगाई तो पप्पू ऐसे घबराए मानो अपनी भेड़न के बीचोबीच भेड़िया देख लिए हों। आदमी के भेस में। भेड़ें सहेजने लगे। दो भेड़ें मुझे सचमुच भेड़िया जान मेरी ओर भागी चली आईं। मैंने एक के गाल पर लप्पड़ लगाया, दूसरे की देह पर हाथ फेरने लगा, भेड़ें असमंजस में मुझे घूरती रहीं। उनके घूरे को नज़रअंदाज़ कर मैं बो ज़ा बाबू से मुख़ातिब हुआ, “और पप्पू, तोहार नाम का हुआ?”

भेड़िया आदमी की बानी कैसे बोल रहा है की चाल का जाल सुलझाने पप्पू चार क़दम सहमते-सहमते आगे आए, और नज़दीक पहुँचकर आदमी के भेस में आदमी ही पाकर उन्हें गहरी निराशा हुई... मतलब चेहरे पर भाव गहरी निराशा का ही था। मैंने कहा, “पप्पू महाराज, जनाब बोदे लाल, ऐसे हौसला न गिराएँ, पहले नाम बताएँ, क्यों? चलिए अपना नहीं तो अपने गाँव का ही बताएँ! इन भेड़ों का। इनमें करीना कौन है और प्रियंका कौन?”

बो ज़ा बाबू दबे होंठों पहले महीन मुस्की काटते रहे, फिर दाँत चियारे हँसने लगे। साफ़ दिखने लगा कि इलाक़े में भटकते हुए मैं भले पहुँच गया होऊँ, सरकार का पठाया हुआ कोई दंत-चिकित्सक इधर नहीं पहुँचा है! बो ज़ा बाबू को निकट बैठाकर उनके गरदन के दानों और ऊबड़-खाबड़ उँगलियों की दुर्दशा पर मैंने निगाह फेरी, आह भरकर नाराज़गी से कहा, “अबे, क्या-क्या डालते हो इस मुँह में? तेरे भेड़ के दाँत भी इस दुर्दशाई तक न पहुँचे होंगे? शादी तो तेरी होने से रही! कोई बुढ्ढ़ू भेड़ भी तुझे अपना दामाद बनाने से रही!”

दूर खड़ी एक भेड़ ने मिमियाकर मेरे विचार का समर्थन किया। बोदा महाराज

तृप्तभाव दाँत निपोरे रहे। इतने में एक बुज़ुर्गवार की पहाड़ी परिहास के सीन में एंट्री हुई। बुज़ुर्गवार की धज वैसी ही थी जैसे ग़रीब पहाड़ी प्रदेशों में लगातार भेड़ों की संगत और महीने में एक बार नहाने से शरीर की हो जाती है। लुकाठी के सहारे ज़रा लँगड़ा कर चल रहे थे। मगर हो सकता है लँगड़ाहट से ज़्यादा वह उनका स्टाइल स्टेटमेंट हो। हमारे क़रीब पहुँचने के पहले ही वे अशोक कुमार वाले रोल में हो गए। मतलब मुझे डाँटकर बोले, "बो ज़ा को डराए तो तोरी नानी याद करा दूँगा, हँ!"

मैंने कहा, "हाँ, हाँ, मुझसे डरकर ही तो तुम्हारा ये पप्पू दुहरा हुआ जा रहा है!"

बुज़ुर्गवार लकड़ी एक ओर फेंक लड़खड़ाते ज़मीन पर ढह गए। बो ज़ा को इशारा किया तो बच्चे ने चिथड़ों में जाने कहाँ से खोजकर एक डिब्बी बाहर की। ढक्कन खोलकर उसमें अपनी ख़ूबसूरत तर्जनी डुबोई, बूढ़े की नाक की तरफ़ बढ़ाया। उँगली से नाक सटाए, ज़ोर की एक साँस खींचकर बुज़ुर्गवार आश्वस्त हुए। मेरा हौला ताड़ते बोले, "तुम इधर नहाने की सोचकर आए हो तो भूल जाओ! नहाने के लिए नौ मील पूरब मुसलमानों के गाँव बुशु जाना पड़ता है..." बालों में कहीं कुछ अटक रहा था, बाबा उँगलियों से अपनी जटा टटोलने लगे, आह भरकर कहा, "अच्छे नैन-नक्श की हसीना का मुख देखना हो तो उसके लिए भी बुशु ही जाना पड़ता है!"

मैंने नाराज़ होने का अभिनय करते हुए कहा, "अपने घर चलने का न्यौता देने की जगह आप मुझे नौ मील दूर पूरब भेज रहे हैं, नैन-नक्श वालियों का ठिकाना समझा रहे हैं? सत्तर की उम्र में आपको यह शोभा नहीं देता।"

"सत्तर का तेरा बाप होगा, मेरी तो अभी नब्बे की चढ़ती उम्र ठहरी..." जिमी हैंड्रिक्स की तरह कंधे पर बालों की गंदगी छितराते बाबा ने कहा, "पिछले महीने नहाने बुशु गया था, नहीं, ओहो, पिछले साल की बात है। ओसारे में धान कूटती औरतें बुरका फेंक-फेंक के चीखने लगी थीं!"

बो ज़ा पर फिर हँसी का दौरा चढ़ा। पेट थामे ज़मीन पर जा गिरा, तदुपरांत डेविड धवन की फ़िल्म के किसी समझदार चरित्र की तरह हवा में पैर फेंकने लगा। समझदारी के छूत के असर में दो भेड़ें तक मुँह खोले बड़े-बड़े दाँत नचाने लगीं। आस-पास डेंटिस्ट होता तो इतनी देर में ज़रूर देख लेता कि बो ज़ा भले चपेटे में आया हो,

भेड़ें अब तक पायरिया से अपने को बचाए हुए थीं! बाबा बिना दाँत दिखाए बोल रहे थे, "मेरे पराक्रम का तुम्हें अंजाद नहीं है। पिछली लड़ाई में जापानियों ने चीनियों के बड़े करम किए, मगर हमारी तरफ आके उनकी मूतने तक की हिम्मत नहीं हुई! पूछो क्यों?"

हवा में पैर चलाना रोक बोदालाल ने कान खड़े कर लिए कि ध्यान से सुन ले मैं 'क्यों' किस तरह बोलता हूँ। मैंने भोजपुरी मिश्रित मैंडरीन की सहजता में पूछा, "क्यों?"

बाबा अपनी कृशकाय जंघाओं पर दुलार से हाथ फेरते बोले, "इसलिए कि लतखोर जान रहे थे यहाँ मुकाबले में उनकी किससे मुलाकात होगी। पूरी लड़ाई निकल गई हमारी तरफ एक जापानी नहीं फटका। वो तो बुशु की मुसलमानिनें बाद में मेरी हँसी करने लगीं कि बुढ़ऊ, धिक्कार है तुम्हारी जवानी पर! तब कहीं जापान जाकर मैंने हिसाब बराबर किया।"

"जापान जाके?" मैंने भोलेपन से सवाल किया, "कैसे? सौ जापानी फौजियों को ढेर कर आए?"

बाबा मेरे बोदेपन पर झींककर मुझे घूरने लगे। जबकि बोदा बाबू लजाकर ज़मीन घूरने लगे। अंततः गुस्से में हाथ फटकते बाबा ने कहा, "बेटा, टोटल घासलेटे हो? मैं हियाँ जनाना गिना रहा हूँ और तुम बीच में फौजियों को खींच रहे हो? जापान के पच्छिमी तट पर ऐसा कोई गाँव नहीं जहाँ हमरी नस्ल का एक बच्चा न खेल रहा हो!" चेहरे पर तत्काल तरल मुस्की लाए बाबा ने आगे अपनी बात पूरी की, "सब मेरे पराक्रम का प्रताप है।"

बोदालाल वापस ज़मीन पर ढेर होकर हवा में हाथ-पैर छोड़ने लगे। मैंने ऊबाई में कहा, "हमारे राजस्थान की तरफ़ भी एक पराक्रमी हुए हैं, बाबा, पीआर चौहान (पृथ्वीराज चौहान)। मगर लगता है आपके पराक्रम के आगे वह भी फेल हैं!"

***

लट्ठों के गाढ़े अँधियाए झोपड़े में आदमी और भेड़ों के रहने की जगह का फ़र्क़ करना मुश्किल था। किन्हीं सात्विक घरों में जैसे सर्वत्र तुलसी और धूप की महक

फैली रहती है, यहाँ भेड़ों का पेशाब और लेड़ियों का सुवास पसरा हुआ था। बल्ली पर टँगा एक लालटेन था जो रहते-रहते जलने भी लगता। वैसे ही जैसे धुआँ छोड़ता, लगभग मार्को पोलो के ज़माने का चूल्हा, धुएँ के पीछे-पीछे कभी आग की भी झलक दिखला जाता। बो ज़ा हँसने वाले पार्ट के बाद अब रोने का रोल अभिनीत करते चूल्हे पर जुटे हुए थे। मतलब धुएँ से आँखें लाल करके उसे कुरते की बाँह की कालिख से पोंछे जाते थे। प्रतीकात्मक रूप से चूल्हे पर दो तसलियाँ चढ़ी आश्वस्त करती थीं कि खाना आ रहा है। धीरे-धीरे आएगा। कभी तो आएगा। गोरख पांडेय की कविता 'समाजवाद, बबुआ, धीरे-धीरे आई...' के मूलभाव को बिना गाए जिए जा रहा था।

बाबा ने वादा किया था कि चल, तुझे डेरे पर ही-द्दा शोरबा खिलाता हूँ। तीन तरह का माँस, मेवा-बादाम, ऊपर से चुटकी भर अफ़ीम, बाजरे की रोटी शोरबे में डुबोके खाना, देखना, तबीयत कैसी हरी हो जाती है! मैंने संकोच से कहा था रोटी काफ़ी है, बाबा, बाजरे की हो चाहे अफ़ीम की, उसके आगे अपन शाकाहारी हैं। कान खोदते बाबा ने हैरत ज़ाहिर किया था कि शाकाहारी क्या होता है? तू एक बार मेरे यहाँ का ही-द्दा शोरबा चखकर देख, अपनी माँ के हाथ के सारे पकवान भूल जाएगा!

झोपड़े में अपने रोज़ के कोटे का अफ़ीम सूँघने के बाद बाबा मगर फिर अपनी अचेतावस्था को प्राप्त हो गए। बो ज़ा को उसकी माँ, बहन, मौसी, नानी की गालियों से नवाज़ चुकने के पश्चात, स्व-पराक्रम की अन्य चार साखियाँ मुझे सुनाते हुए अपनी गुदड़ी पर ढेर हो गए। गुदड़ी थी भी ऐसी कि कोई पराक्रमी ही उस पर लेट और लोट सकता था। फ़िलहाल नाक बजाते बाबा के बाज़ू एक भेड़ बैठा था, रहते-रहते बाबा के बालों में कुछ सूँघने लगता। कुछ उसी तरह जैसे *'रहते-रहते बेहूदगी में मैं जीवन में अर्थ ढूँढ़ने लगता हूँ।'*[15]

***

आदमी शाकाहारी क्यों होता है? बाबा की तरह पराक्रम और बो ज़ा की तरह पेट दाबे दुहरा होने की सरल सहजावस्था क्यों नहीं प्राप्त कर लेता, किए रहता?

---

15. *चेर्ते रिगे अबांदोनाते*, **अंतोन्यो तोल्याती**, 1923, पिछली सदी के प्रथमार्द्ध में इटली में प्रदीप्तवादी कविता के प्रखर हस्ताक्षर।

कटहल के पेड़ के नीचे अड़हुल का फूल हाथ में लेकर प्रसन्न हो जाने की जगह कुएँ में जल के तल के राजनीतिक, अर्थनीतिक अभितार्थ क्या हुए की चिंता में ज़ोर-ज़ोर साँस लेता रहता है? चाय की दुकान पर शरबत माँगता है, दोस्त के घर पहुँचकर 'ऐसा क्यों है?' के सवाल छेड़कर दोस्त की पत्नी को सशंकित, घबराहट में भरता है? सिनेमाघर में संजय भंसाली की फ़िल्म देखते हुए सांस्कृतिक कंगाली व मनहारे फटेपन का मनन करने लगता है? दिल्ली, नोएडा और गुड़गाँव की ख़बरों से पटी दुनिया में व्यर्थ बिलासपुर की ख़बर देखने की ज़िद किए रहता है, शिमला और मनाली जाकर सुखी होने की जगह कश्मीर बिना गए दुखी होता रहता है? आदमी इतना दुखकारी क्यों होता है? दुखी होकर नाहक कविताएँ लिखने लगता है और लिख लेने के बाद चावड़ी बाज़ार के बही-खाता मंडी में भटकता कविताएँ और किताबों की किसी को ज़रूरत नहीं के नज़ारे लेता नाहक़ फिर दुखी होता रहता है। चावड़ी बाज़ार में तेहरान और शां एलेज़ी के कहवाघर और मनोहर कहानियाँ के पन्नों में बॉदलेयर न पाकर सन्न होता रहता है। जबकि पड़ोस में मेवालाल की दुकान पर चौदह रुपये की बरफ़ी और चौबीस की रसमलाई पाकर धन्य हो सकता है, नौशेरख़ाँ के ठेके पर बकरी की कलेजी तलवाकर मर्मस्पर्शी अनुभव पा सकता है, मगर वहाँ पहुँचते ही जिबह जानवर की करुणा में कलेजा नहलाने लगता है? *आदमी शाकाहारी क्यों होता है?*

अफ़ीम की पिनक में पूरी तरह सुन्न होकर बाबा अंततः जब पूर्ण चैतन्य, सहजभाव पहाड़वस्थ हुए तब बो ज़ा के देह पर फटा कंबल ओढ़ाकर, मेरे हाथ की सिगरेट अपनी उँगलियों में फँसाकर उन्होंने मुझे ज्ञानदान दिया, "गुदड़ी पर मुझे नींद नहीं लगती। उल्टे-सीधे सपने आते हैं। लगता है सुबह होगी मैं उस सुबह में नहीं हूँगा! समझता है?"

जीवन के इतने मसले थे कि अंतोन्यो तोल्याती की समझ न आएँ, मेरी कहाँ से आते। अलग बात है मैं समझने की मुद्रा में मूड़ी हिलाता रहा। बाबा आगे बताते रहे, "गोठ में जाके भेड़ों के बीच पड़ रहता हूँ, तब जाके कहीं चैन से आँख लगती है। ज़रा से जीवन में क्या-क्या, कितनी, किसकी चिंता करता फिरे आदमी? और चिंता

कर ही के क्या उखाड़ लेगा? ज़े श्वा की कथा नहीं सुनी तुमने? सब मना करते रहे कि कहीं मर-खप गया होगा मगर नंगा आदमी चालीस साल तक बेटे की राह तकता रहा। पूरी जिंदगी राह तकने में गुज़ार दी! चालीस साल बाद हराम का जना कहाँ खोया था क्यों खोया था, वह बेटा लौटा तो बुड्ढा ज़े श्वा अपने उस हरामकुँअर को पहचान नहीं सका, अगले साल अंधा हुआ और उसके अगले दुनिया से उठ गया! क्या फ़ायदा इस फटीचर इंतजारी के, बेसबब हाय-हाय के? बुशु के बाजार में कोई सरफिरा मेरा कुरता खींचकर शिकायत में बिफरता है, मगर देंग साहब ने किसानों की दुनिया बदल दी? मैं मुस्कुराकर जवाब देता हूँ कि बड़ा अच्छा किया बीजिंग के उस बुड्ढे पाल्टी लीडर ने! सरफिरा पलटकर आँख दिखाता, क्या खाक अच्छा किया? नरक कर दी किसानों की जिंदगी! मैं कुरता छुड़ाकर कहता, हाँ, वही, नरक कर डाला हरामी ने! भाई, जिस जवाब से तुम्हें खुशी होती हो, ले लो हमसे, रहो खुश, क्यों? वरना इतनी दूर बीजिंग के मेले में क्या मिठाइयाँ बँटीं की सोचकर हम पहाड़ में क्यों गलें? कितने कट्ठा ज़मीन है कितना मन अनाज उगता है का हिसाब लगाते बैठें कि पाल्टी लीडर ने अच्छा किया या बुरा उसका? यहाँ हमारा अच्छा-बुरा तो ये भेड़ें ही करेंगी। मैं इनकी सेहत की सोचूँगा कि बीजिंग की सोचता अपना बुखार चढ़ाऊँ? कोई मतलब है? मैं तो बेटा बस एक चीज की चिंता करता हूँ कि आपकी भेड़ें सलामत हैं या नहीं, और उनके चारे का मैदान कितनी दूरी पर है? अपनी चार भेड़ें और अपना मैदान सँभाले रक्खो, बाकी दुनिया किसी के सँभाले नहीं आती। कभी नहीं आई। न **इल ह्वा मिंग** सँभाले अपने टाइम में, न ये **शि जिनपिंग** चूतड़ खुजाकर सँभाल लेंगे!"

भेड़ और मैदान के उपमान अज़ांग एक कान से सुनकर दूसरे से निकल जाने देता है। भेड़ और मैदानों की ही पहचान करनी होती तो बिहार में प्रेम से भैंसों की गिनती करता, कोहिमा का नक़्शा सहेजकर कॉपी में नहीं रखता, न कलिमपौंग की गलियों में आवारा घूमता, पड़ोस के ख़ून-खाए मैदानों की निस्संग टहल में सुखी रहता। इस बड़े संसार में हिंदी साहित्य के लेखक-प्रकाशक अंततः अपनी ज़रा-सी भेड़ों की गिनती से सुखी हैं ही। आँख के आगे के मैदान से परे बाहर की बड़ी दुनिया

देखने पर यूँ भी उन्हें जल्दी मोतियाबिंद की शिकायत होने लगती है।

कटहल के पेड़ के नीचे हाथ में अड़हुल का फूल निरखता अज़ांग ऐसा नहीं कि लाल देखकर सुखी नहीं होता। मगर लेकिन फिर यह सच है कि झूलते खटिए की अँड़सन में गिरा ऊपर आसमान में कुएँ का जल और जीवन के जंगल को पढ़ लेने की चाह में हुमसने भी लगता है। बाबा के काठघर के काँपते अँधेरों में बकरी के कलेजी के पार नौशेरख़ाँ की जनाना देवरिया के किसी गुमनाम गाँव के कुएँ पर हाथ की चूड़ियाँ सहेजती दिन भर का पानी बटोरती दिखती है, पूछने पर बताती नहीं कि नाम फ़ातिमा है, मुँह पर चादर खींचकर चेहरा छुपा लेती है। रात के वीराने में बाबा के काठिल, कठोर ठिकाने से बाहर अचानक सामने पड़ती है तो पता चलता है, उसका नाम फ़ातेमा बुज़ांग होता है, शौहर का नाम पूछने पर सन्न गुमसुम देखती है, उसके बाद आँचल में चेहरा छुपाए शर्म में फफककर रोने लगती है...

***

ऐसी रात में जब सामने दूर तक पसरा मैदान होता है, मगर नहीं दिखता। असल फतिंगे नहीं होते, लेकिन हज़ारों की संख्या में सिर पर झूम-झूम गिरे आते का दमघोंट एहसास बना रहता है, खुशगवार से मौसम में ज़रा-सी हवा को आत्मा कलपती है, आँखें नम नहीं होतीं, मगर मन भीजा-भीजा-सा हुआ जाता है। बुरके में बग़ल से फ़ातेमा बुज़ांग चार क़दम आगे जाकर असमंजस में ठिठकी खड़ी रहती है, अज़ांग 'अस्सलाम अलेकुम' कह सकने भर का सलीक़ा भूला गुमसुम दुचित्ते थिर रहता है। आख़िरहा फ़ातेमा ही सलाम कहती है और ज़रा देर चुप रहकर सवाल करती, "बाहर कूँ से आए? इदर पैले कब्बी आपकूँ देखे नहीं?"

अज़ांग मुस्कुराकर हाँ में सिर हिलाता है, और क्या जवाब दे? बाहर से, किस बाहर से आया है? ज़्यादे से ज़्यादा कह सकता है कि भेड़ और मैदान की पहचानों से बाहर के रास्तों से आया है, मगर फिर बुरके की साँवली औरत उस बाहर को समझेगी?

अज़ांग इंतज़ार करता है कि औरत अब जाने को मुड़ेगी, हाथ ऊपर उठाकर, मुस्कुराकर वह बुरके की औरत से विदा लेगा, रात के निस्सीम वीराने में फिर चुपचाप

अकेला खड़ा इस संसार में होने और अलग-अलग भूगोलों से गुज़रने की गुत्थियों का मनन करेगा, मगर साँवली फ़ातेमा बुज़ांग जाने को मुड़ती नहीं। हवा के सूनेपन पर एक नज़र फेर अज़ांग को भरी नज़रों देखती है, "आपके उदर की जनाना बी हमारी ही तरह किस्मत वाली हुईं क्या? ईद के चाँद के माफिक साल में एक मर्तबा खसम का चेहरा बाज़ू के तकिए पे नसीब हुआ करके?"

साँवली फ़ातेमा की फीकी हँसी के ज़रा दिख गए सफ़ेद दाँतों में कोई मन को लपेट लिए जाने वाला नशा है, रात के इस अँधेरे सुनसान में अज़ांग उस नशे की ज़द में जाना नहीं चाहता। न फ़ातेमा से इतना पूछने की हिम्मत रखता है कि इस सुनसान वह बाहर अकेली क्यों टहल रही है।

फ़ातेमा कहती, "पहले मीरान से खताँ भेजा करते, अब ओ बी नहीं। कहते हैं सारे बखत हाथाँ खून में तर रहते, रात को खाने में बी वही बास, इतनी जुल्मताँ उठाता किसकी खातिर? तेरी खातिर फातेमा? और तू मिलती है तो मुरदे की माफिक तेरे चेहरे का रंग उड़ा रहता है, तेरी देह में मेरी खाईश के ताजा पत्तों की महक नईं उठती! मुझसे क्या चाहती है औरत?" फिर वही उदास हँसी।

शायद यही अच्छा हो कि चुप रहकर मैं चुपचाप फ़ातेमा बुज़ांग को निरखता रहूँ, उसे वह सब कह लेने दूँ जिसे अपने अंतस में छुपाए रहने की टीस में उस पर देर रात की अकेली आवारगी का नशा चढ़ता है, मगर चुप बने रहने के बजाय ख़ुद के भूले में मुँह से सवाल फूटता है, "क्या चाहती है फ़ातेमा बी?"

अज़ांग की तरफ़ दो क़दम बढ़ी आई बुरके की साँवली औरत बैलोस कहती है, "इस बार आएँ, कहती हूँ मुझे लिए चलो मीरान! पत्थर पर रखकर गरदन रेत देना, फटी आँखों हमेसा के बास्ते चुप हो जाऊँगी, मेरे कूँ नईं चाहिए तुम्हारी मुहब्बत, नईं चाहिए खुदा ताला की बक्शी ये जिंदगी!"

"ऐसा मत कहो फातेमा..." अज़ांग कहना चाहता और कह नहीं पाता। जैसे दिलासे और उम्मीद के दो क़दम फ़ातेमा की तरफ़ बढ़ाए लिए जाना चाहता, मगर फ़ातेमा कहीं खड़ी होती दो क़दम हमेशा उससे कहीं पीछे खड़े होते।

***

दांग वान उर्फ़ एक पांडुलिपि की तलाश में– पाँच

पाँच साल लगे थे फिर उसको रेगिस्तान और बर्फ़ की यात्रा करने में। दस दिन, महीने भर; कभी छह महीने तक रुका रहा एक-एक जगह। गड़रियों के संग पहाड़ी हरी ढलानों पर, मीठे नरम घास की ख़ुशबू को पीते हुए, कभी पहाड़ी दर्रों और खोह में भूले-भटके बर्फ़ की हड्डी गलाती ठंड में ठिठुरते, कभी किसी बनजारे परिवार की झोपड़ी में, अँधेरे और आग की गरम दुनिया में। अपने फूले जमे पाँव को नरम करते, शरीर सहेजते, फिर तैयार करते, आगे की यात्रा के लिए। कभी दिन-दिन तक भूखे-प्यासे, कभी याक का शोरबा और सूखा पनीर खाते। कभी बुख़ार और बीमारी में गिरते और फिर जाने किस डोल से खींचा उम्मीद का बाल्टी भर उत्साह छलकाते। पर हर बार हौसला छाती से लगाए चलता गया था। दूर कोई पहाड़ी की चोटी के पार, किसी रेगिस्तानी फैलाव के बाहर, कोई संसार था तो ऐसा ज़रूर जो बुलाता था। जैसे नदी बहती है समंदर की ओर बस ठीक वैसे ही चलता जाता था, जाने किस आकर्षण से बिंधा, किस प्रकृति का नियम था। उसके ख़ून, मज्जा के रेशे में था, ये यों इस तरह उस अनजानी धरती की खोज में चलते जाना। कोई तो आख़िरी पहाड़ होगा, कोई आख़िरी उतराई जहाँ से दिखेगी दुनिया अपने रंगीन विस्तार में और आत्मा के इस हूक में, कि यही है अपना पड़ाव। बस यही है। हारे शिथिल बीमार शरीर को लेकर जब जब मन हारा, आँखों में यही एक सपना जिलाए रखा उम्मीद। संघवीर की बात याद रही।

***

ग़रीबी का मैनुअल (अतुलनीय, अपूर्व), सचमुच?

"खोया खोया चाँद, खुला आसमाँ, आँखों में सारी रात जाएगी,
हमको भी कैसे नींद आएगी..."

– जुएल्स ऑव देवानंद, एचएमवी, 1969

एक राज़ की बात बताऊँ? घर से निकलकर सचमुच ही प्रसन्न हूँ। सफ़री झोले में ज़रूरत की चंद चीज़ें, तीन-चार किताबें, लिखने की एक सस्ती कॉपी और आत्मा में निर्दोष, बालसुलभ उत्साह– यही है अपनी निधि! मगर काफ़ी है। बहुत है। संसार के ढेरों धनपतियों से कहीं ऊपर मेरे पैर चल रहे हैं! देह की तरह मन भी हल्का व स्वच्छ है। ढलान से नीचे उतरते हुए उस पार कोहरे में नहाए पर्वत-शृंग, मंथर-मतवालेपन में विविध रूपाकार सजाते-बिगाड़ते शरारती मेघ, और आसमान से झर-झर झरती रोशनी की कुहरीली आभा व निष्कलुष वायु की निष्पाप संगति का मुक़ाबला दुनिया की किसी अमीरी, किसी बेशक़ीमती मणि-जवाहरात से संभव है? अगर है तो ऐसी अमीरी के दंभ में डूबे समाज, संसार से मेरा वास्ता नहीं। अपनी पूर्व, पहचानी सामाजिकता से अज्ञातवास लेकर, जीवन के बचे-खुचे दिन इस नम,

जंगली घास पर चलते-थकते गुज़ार देना मैं कहीं ज़्यादा श्रेयस्कर समझूँगा!

***

जबसे बाहर निकला हूँ थकान की अनुभूति होती है, न कभी मन उद्विग्न हुआ है। पैरों व आत्मा में जाने कब की, कहाँ की छुपी हुई ऊर्जा भर गई है। आसमान की सुकोमल नीली छतरी व चारों ओर सब कहीं पसरी हरीतिमा जैसे अंतर की सारी प्यास हरती चलती है। रह-रहकर मन में विचार उमड़ता है कि प्रकृति की इन स्नेहमयी पुरस्कारों का मानव कभी प्रतिदान दे पावेगा? क्या इस अजस्त्र, विराट निधिपुंज की ज्योत के आगे मानव की विकास-विजय यात्रा का रत्ती भर महत्त्व है?

***

बासी डबलरोटी व संतरे की चंद फाँकों का असर होगा, झपकी में कब गिर गया, कितनी देर आँख लगी रही इसकी सुध ही न हुई। निकट ही कहीं कोई पहाड़ी गाँव होगा। क्योंकि किसी महिला के ज़ोर-ज़ोर से किसी को पुकारे जाने के स्वर रह-रहकर दबे, हवाओं में तैरते मुझ तक पहुँचते रहे थे। नींद के दरवाज़े पर खड़ा कोई रह-रहकर दरवाज़ा खटखटा जाए जैसे। झपकी उसी शोर से टूटी। आँखें मलता, अपने को सँभालता उठ बैठा, नज़र गई– ज़रा दूर एक नन्ही बच्ची उँगलियों पर रंग लिए बड़े मनोयोग से एक पेड़ के तने को रँग रही थी।

विवाह करके मैंने भी सामान्य जीवन जिया होता तो मेरी भी इसी उम्र की बच्ची होती। पैरों के निकट मचलती-खेलती और नित्य-प्रति के उसके करतबों से कभी मैं नाराज़गी के स्वाँग करता, कभी हर्षातिरेक बाँहों में भरकर उसे ऊपर हवा में उछाल देता। कलाकर्म में डूबी बच्ची के प्रति मन एकदम-से स्नेह में भींज गया। ऐसे मौक़ों पर हमेशा तक़लीफ़ होती है कि ग़रीब सफ़री के झोले में आत्मा की मिठास का वास होता है, चंद *द्यान शिन* (पेस्ट्री) व *बिंग की लिन* (आइसक्रीम) निवास नहीं कर सकते? ग़रीब प्रदेश के नन्हे हाथ इस कम उम्र में मेहनत के रंग रँगने के गुर सीख लेते हैं, मुँह को द्यान शिन के रंगों से रँगे ऐसा उस बचपन को हक़ नहीं? उठंगे-उठंगे वहीं अपनी जगह से मैंने आवाज़ लगाई, "पेड़ के तने को क्यों रँग रही हो, बच्ची? रँगने को तुम्हारे पास काग़ज़ नहीं है?"

अजनबी के अप्रत्याशित सवाल पर लड़की पल भर को सकुचाई, फिर सोचकर धीमे-धीमे आत्मविश्वास से अपना जवाब सुनाया, "घर की खिड़कियाँ रँगना चाहती थी, मगर माँ ने बरज दिया कि खिड़की पर कूची चलाई तो मार खाएगी, जभी पेड़ रँग रही हूँ। *क्या पेड़ मेरे रँगने का बुरा मानेंगे?"*

पेड़ तो तेरा स्नेह पाकर धन्य होगा, पगली! मन ने यही जवाब दिया किंतु प्रकट कर कह डालने में बच्ची-सदृश मैं भी सकुचा गया, मुस्कुराकर सिर हिलाया। प्रकट में बच्ची से उसका नाम पूछा। लड़की बड़ों की-सी गंभीरता में बुदबुदाई, "गांग शेंग..." फिर मुझे भूलकर वापस तल्लीनता से अपनी कला में जुट गई।

***

डरख़ाइम की पुस्तक **'धार्मिक जीवन के प्राथमिक रूप'** झोले के ऊपर टिकाकर सिर को हथेली का सहारा दिए आसमान निरखता, मन की बहक में मैंने फिर, स्वयं को घुल जाने दिया। कुछ पुस्तकें होती हैं, कैसी अनूठी दीप्ति से भरी होती हैं। पन्नों में उतरते ही अक्षरों व वाक्यों की लड़ियाँ नहीं दिखतीं, उनमें आत्मा से सघन संवाद का प्रकाशिल संसार मिलने व खुलने लगता है। स्वयं इतने वर्षों से मनन करता रहा हूँ कि अपनी भटकनों, जीवनानुभवों की एक ऐसी ही छोटी सरस, सघन आत्मीय पाठ की पुस्तक तैयार कर सकूँ, पुस्तक का शीर्षक भी जाने कब से सोच रखा है– **'ग़रीबी का मैनुअल'**, किंतु पुस्तक तैयार हो सके का कभी वाज़िब अवकाश नहीं बनता, जाने कभी बन सकेगा?

क्यों न बनेगा, निश्चय बनेगा। अच्छे, नेक कार्यों का रास्ता कैसे न कैसे करके निकलता ही है। नहीं निकलता तो वे समाज स्वभक्षण से समाप्त भी हो जाते हैं, नहीं हो जाते? आज मनुष्य को वस्तुओं के बिना जीवन जीना सीखने की ज़रूरत पहले की बनिस्बत कहीं ज़्यादा है। वस्तुओं ने मनुष्य को शांति नहीं दी है, उसके अंदर भय का निर्माण किया है : जितनी ज़्यादा वस्तुएँ, उसी अनुपात में भय की मात्रा बढ़ती जाती है। यह ज़रा-सा ज्ञान पाकर मनुष्य कितना हल्का व मुक्त हो सकता है। कितना अद्भुत है, और सरल, हाँ, इस आज के वस्तुवादी समय में वस्तुओं की समस्त लालसाओं से मुक्त होकर स्वतंत्र जीवन जीने लगना!

***

एक और राज़ की बात बताऊँ, प्रिय पाठक? डायरी के ये पृष्ठ मैंने नहीं लिखे। नीली स्याही के धुले, धुँधलेपन में क़ायदे से लिखे जाने का समय दर्ज है, न लिखने वाले के परिचय का पता चलता है। ज़ोर डालने व ख़ूब अंदाज़ भिड़ाने पर फीका एक नाम उभरता है : **वांग दान**। "लेकिन एक नाम भी किसी के बारे में भला क्या बताता है?"[16]

ख़ैर, आपको वांग के दान को स्वीकारने में ज्ञानात्मक असंतोष व वैचारिक वितृष्णा होती है तो अपने स्नेहिल नारसिज़िस्म में सहजता से यह भी मान सकते हैं कि वांग दान ने कुछ नहीं लिखा, लिख सकते नहीं थे, क्यों आईआईएम और एमआईटी जाने वाली किसी बस में बैठने की जगह वांग दान पैदल पहाड़ों की ओर निकल गए थे और आत्मा में जैसे भी साइकेडेलिक रंग थे, पैरों में नाइके किम्बा एडिदास का दर्पीला प्रकाश नहीं था। डायरी के पृष्ठ, या कैसे भी पृष्ठ वांग दानों को लिखना चाहिए नहीं क्योंकि उसे पढ़ते ही पढ़ने वाले के मन में भारी असमंजस व विलगाव का गहरा भाव घर करने लगता है, जबकि आमतौर पर क्रॉसवर्ड के शेल्फ़ों में भटकते हुए कैसा भी भाव घर नहीं करने की सरल, सैनिटाइज़्ड तृप्ति बनी रहती है। व्यक्ति किताब और करीना के कवर को चमकन व हिक़ारत के निस्संग समभाव से निरख सकता है। जबकि वांग दान पाठक के साथ इसकी हमेशा आशंका रहती है कि क्रॉसवर्ड से वह बाहर भागा आए और इमिडियेटली पहाड़ किम्बा जंगलों की ओर कूच करने निकल पड़े!

कन्फ़्यूज होकर सौ में दो ऐसे सिरफिरे बीच-बीच में निकल भी आते हैं जो ला मेरेदियेन या पार्क प्लाज़ा होटलों के लाउंज में व्यवसायी विमर्श निपटाने के बजाय प्रकृति को निपटाने अनजाने रास्तों व बेमतलब पगडंडियों की बेमतलब भटकनों पर निकल जाते हैं। फिर यह भी होता है, जैसाकि मेरे साथ प्रत्यक्षत: हो ही रहा है, कि वांग दान पढ़ लेने के बावजूद प्रकृति के स्नेहिल पुलीन गवाक्षों पर सिर रखकर सोने

---

16. *एलन देलों अभिनीत ज़्यां प्येर मेलविल की अनबनी फ़िल्म के किन्हीं संशयग्रस्त क्षणों में नायक का आत्मालाप, 1963*

की जगह किसी मामूली सस्ते होटल के घटिया कमरे की पीली रोशनी व मसहरी के नीचे लेटे, सोने की लड़ाई लड़ते पाए जाते हैं। कमरे के फ़र्श के काठ के पल्लों के नीचे रसोई से रह-रहके बूढ़े रसोइए की बड़बड़ाहट ध्यान खींचती रहती है, कभी गलियारे के दूसरे छोर पर बजते **माइकल गलास्सो** के संगीत की थीमी आवाज़ें मन को गुमसुम कर जाती हैं। साँस रोककर तब वांग दान की नहीं सोचता, कमरे की पिटी पीली रौशनी को तकता सोचने लगता हूँ नींद देर-सबेर चली आती ही है, मगर चैन की क्यों नहीं आती? सोचने वाली बात है मिस भोंसले के स्वर के नैयर साहब के उस मशहूर मरोड़, *"चैन से हमको कभी आपने जीने ना दिया..."* नामी गाने में चैन रोकने वाली ताक़तों का दरअसल इशारा किसकी तरफ़ है?

***

सस्ते मामूली होटल मुझे सधते हों मगर ज़ाहिर है शहर नहीं सधते। कम-से-कम चीन का अनुभव तो यही सिखाता है। मगर फिर, गाँव ही कहाँ किसी नवजीवन का रास्ता दिखा दे रहे हैं? हर जगह वही *'ऑल मेस्ड अप एंड नोव्हेयर टू गो'* की कहानी नहीं दिख रही? मुझे तो रही है। इनस्पाइट ऑफ़ एवरीथिंग, आइए, फिर एक मामूली शुरुआत करें, रेडी?

एक मामूली गाँव है। जैसा कोई मामूली गाँव होगा। वैसे ही मामूली कुछ लोग दिख रहे हैं। दुकानें। रेडियो पर कोई मामूली धुन बज रही है। एक मामूली पेड़ और एक मामूली नल। मामूली कपड़ों में एक औरत मामूली प्लास्टिक की बाल्टी में पानी भर रही है। एक दूसरी बाज़ू में मामूली गंदे कपड़े धो रही है। सब कुछ इतना मामूली है कि नक़ली लग रहा है। मामूली होटल के बाहर के मामूली बेंच पर एक मामूली बूढ़ा बैठा है। एक मामूली बत्तख है, बुड्ढे की गोद में चढ़ने की जगह, डिसओरिएंटड, सामने की मेज़ पर चढ़ गई है, और अब चढ़कर कन्फ़्यूज़ हो रही है कि किधर से उतरे।

चूँकि नक़ली है मामूली होटल की दीवार पर एक भी रणवीर, विराट या नोरा फ़तेही के पोस्टर नहीं हैं। न *'टुकड़े-टुकड़े गैंग'* और *'यूपी में रहना है तो...'* के अमर-संदेशों का किन्हीं पर प्रसारण है। न ही आस-पास 'दैनिक भास्कर' की लंबी रपटों के चिथड़े हवा में उड़ते या ज़मीन पर छितराए दिख रहे हैं। बारह पेजी पार्टी का

स्थानीय मुखपत्र दिख रहा है, मगर उसके पन्नों में भीतर कहीं मेरी रचना अवस्थित नहीं दीख रही! *"लगातार लिखते हुए मैं बीचोबीच हूँ शब्द-संसार के / राजधवल प्रकाशन या पालराज कहीं मेरे पीछे नहीं है।"*[17] मगर इन सबसे इतर, छप जाने के अपूर्वकारी सुख, व न छप पाने के मूर्त, ऐंठनभरे दुख को साहित्यिक ऐसा अतिरंजित, अन्यथा महत्त्व क्यों देता रहता है? जबकि सच्चाई है कि नंदकिशोर श्रीवास्तव किम्बा परमानंद आचार्य का मामूली गाँव में कहीं महत्त्व नहीं। ग़ैरमामूली विराट और अनुष्का के जीवन तक में नहीं। महादेवी को मामूली, ग़ैरमामूली कोई नहीं जानता। फिर मैं तो महादेव भी न हुआ। सीधी बात है समाज जितनी जल्दी समझ जाए उसके हित में है, साहित्य की यहाँ किसी को ज़रूरत नहीं। न ख़ामख्वाह उसे अतिरंजित भाव देने की। मैंने पहले ही कहा चीन में बाईसवें संस्करण में आ गया स्टार टाइटल रेणु का 'मैला आँचल' नहीं किताब महल की 'रैपीडेक्स इंगलिश स्पीकिंग कोर्स' है। अभी बाईस संस्करण और आएँगे। और ग़लत नहीं आएँगे। रैपीड इंगलिश स्पीकिंग की समाज को ज़रूरत है। मेरी बेरोज़गारी पर मत जाइए, एक से एक उल्टी-सीधी अँग्रेज़ी बोलने वाले चीन में इंगलिश ट्यूटरगीरी से शुरू करके कॉलेज, विश्वविद्यालयों की प्रोफ़ेसरी पा रहे हैं। चीन में आकर साहित्यनाथ सुशांत पुरस्कार कोई कहाँ पा रहा है? बोकारो, धनबाद में भी जो पा रहे हैं, सब दिल्ली के अपने मास्टरों की चरण-धूलि पी और सहेजकर पा रहे हैं। बोर्हेस, जुआरेज़, उंगारेत्ती को लिखकर कोई नहीं पा रहा। पढ़ तो कोई नहीं ही रहा है! किसको फ़ुरसत है? और सहूलियत? सवा सौ पेज की पिद्दी हुआन रुल्फो की 'पेद्रो परामो' पर पौने सात सौ क्यों ख़र्चें भला, जबकि पाँच सौ में सरोजनी नगर में लिनेन का अच्छा शर्ट मिल जाता है? साहित्यकार लिखे जा रहा है यही कम है? कोई पढ़ने आ रहा है या नहीं यह देखना उसका काम नहीं। वैसे भी हिंदी का साहित्यकार किताबें दोस्तों (?) व अपनी बीवी (किन्हीं विशिष्ट स्थितियों में दोस्तों की भी) पर भाव फैलाने के लिए लिखता है। प्रकाशक अपना घर चलाने के लिए उन्हें छापता है। सब जानते हैं समाज उस साहित्य को मुँह पर रूमाल रखकर

---

17. धनबाद स्टेशन पर रेल का इंतज़ार करते लिखी मेरी काव्य-पंक्तियाँ, **मेरी अप्रकाशित कविताएँ** (समग्र), मार्फ़त ताप्ती बैनर्जी, बांग्ला मिष्टी भांडार, देवघर।

भी नहीं देखता। *"साहित्य इज़ आल शीयर वेस्ट। फक्डअप एडवेंचर्स ऑफ ए मैड एंड स्क्रूडअप माइंड!"*[18]

एब्सोल्यूटली ट्रू। ऐसे ही नहीं है कि मुझे चार लोग जानते भी हों, वांग दान[19] को कोई नहीं जानता।

***

दांग वान उर्फ़ एक पांडुलिपि की तलाश में– छह

किसी पुराने शहर की धूल खाई सड़क पर एक अकेला थका-हारा आदमी सिर झुकाए चलता है। तेज़ धूप की मार उसकी पीठ पर है। हेम्ब्रम? कोई पुकारता है। जाने कहाँ से आवाज़ आती है। घरों के दरवाज़े खिड़कियाँ सब तो बंद हैं। सन्नाटा भारी कंबल की तरह गिरा है, बंद गलियों में। घरों के भीतर, रंग उजड़े दरवाज़ों और दीमक लगे पल्लों और लोहे के भारी जंग लगे साँकल के पार, उस ओर, कोई ठंडी सुकूनदेह अँधेरी दुनिया होगी, जहाँ कुछ पल आँख बंद किए, करवट लिए सिर को बाँहों से टिकाए, दुखती पिंडलियों की खिंची नस की टभकती टीस को दबाए, कुछ पल बस, इस धूप के तीखेपन से, इस रौशनी के अत्याचार से निजात, बस कुछ पल के लिए।

एक लगातार से बंद दरवाज़े उसे देखते हैं। कोई खिड़की नहीं खुलती। भीतर से कोई आवाज़, किसी बच्चे की रुलाई-सुबकी तक नहीं आती। कैसा मुर्दा शहर है। काश कि सपना होता। आँख खुलती तो पसीने के तर-ब-तर भय के पार जाग का

---

18. भोजपुरी में खाने की थाली पर मेरे प्रति बाबूजी के प्रेमोद्गार।

19. *दांग वान इज़ आल क्रियेशन ऑफ अ फैंसी इमेजिनेशन। जिंग्श्वा से लेकर पांग्लुआन तक किसी थाने में उसका कैसा भी पुलिस रिकॉर्ड प्राप्त नहीं। न अन्य उपलब्ध साक्ष्य जिसका सरकार की किसी प्रकाशन संस्थान ने गुप्त या प्रकट प्रकाशन किया हो। मस्क्वा, प्राग, इस्लामाबाद, हवाना और रिओ द जनेरो से हुए सुदीर्घ राजनयिक-सांस्कृतिक (गुप्त) पत्राचारों में भी कहीं ऐसे (गुप्त या प्रकट) संकेत नहीं जो वांग दान के किसी वास्तविक लोकेशन, कार्यावधि या कैसी भी सक्रियता, गतिविधि का इशारा करते हों। इट्स वेरी मच पॉसिबल दैट वांग दान वॉज़ अ शीयर वीयतकांग इम्प्लांट ऑन द इन्नोसेंट तेर्रा ऑफ़ चाइनीज़ मदर अर्थ।"* लगातार तीन महीनों तक रोज़ाना **पीपुल्स डेली** में बॉक्स आइटम के बतौर छपते रहने वाला ***गृह मंत्रालय**, चीनी लोकतांत्रिक गणराज्य* का स्पष्टीकरण। 1974, 1979, 1981, 1997, 2007

निश्चिंत संसार होता। काश!

बताते हैं कि कोई पुरखा पहाड़ों और मैदानों में भटका था। पूरा जीवन। कीमियागर था शायद। सूरमे की तलाश में भटकता रहा। बिना जाने कि उसका मोल क्या है। जानना ज़रूरी भी नहीं था। ख़ून में कोई बात थी। नसों में पगलाया समंदर ठाँठे मारता था। नदी थी जो समंदर से मिलने के लिए दौड़ती थी। किसी जगह ठहरकर रहना मुश्किल होता। महीने दो महीने नहीं बीतते कि मन में कैसी बेचैन खलबली का लावा दहकने लगता। न रात की नींद, न मन का चैन। खाना-पीना सब फीका-बेजान। फिर न आगा देख, न पीछा सोच... बस असबाब समेटे, सब पीछे छोड़े निकल पड़ता। समंदर से बड़ी दूर की रिहाइश थी। समंदर के बारे में सिर्फ़ सुना था। रात, आग के घेरे गिर्द पागल जुनूनी यायावरों के ज़बानी क़िस्से। शराब की घूँट-सा गरम, आग जलाने वाला। मुँह से छाती तक आग की लकीर। तेज़ तूफ़ानी लहरों पर जहाज़ी बेड़ों की दिलेरी, समुद्री दैत्य और जिनावर, रात को पानी की लहरों पर नाचती रौशनी का माया जाल, मत्स्य कन्याओं का अचानक दिख पड़ने वाला लुभावना दिलकश तिलिस्म-ए-होशरुबाई संसार। छाती तक साँस भर जाती कि फिर लगता कि अब जिया नहीं जाएगा। अथाह पानी का नीला संसार। सोचते आँख भर जाती। इस पीले नदी के तट पर रहते, बलुआई मिट्टी और गेरू पानी देखते आँखें भर गई थीं, मन मर गया था। अब सपना था। सूरमे की खोज थी। समंदर की ओर जाना था।

धूप में चेहरा छाती में गोड़े हेम्ब्रम जानता है, वही ख़ून उसकी शिराओं में बजता है। नगाड़े की ढम-ढम। मैत्रेय का *ओम मणि पद्मे हुम*... फिर फादर सामुयेल कहाँ से आ गया। ओ यीशू। सलीब उठाए ऐसे ही भटके थे तुम। गली-गली। लोगों की भीड़ पीछे-पीछे। कैसी भ्रांति में फँसा मैं।

***

नो लूसी इन द स्काई

"मन भव विभव पराभव कारिणि। विश्व विमोहिनी स्ववश विहारिणि।।"

– स्वामी तुलसी डी

लालबहादुर भैया कहते, कुछ दिन दीवाने होते हैं और कुछ रातें ख़ुद को ख़त्म कर लेने की रातें होती हैं। मैं तकलीफ़ और हैरानी में सुनता फिर घबराकर जवाब देता, "कब्बो कैसा तो बोहेमियन बोलते हैं न, आप भैया, कि दिमाग अपसाइड डाउन होने लगता है!"

"एक दिन नहीं होगा। तब बूझोगे कितना सिंपल और खाँटी बात बोले थे..." कैज़ुअल आत्मविश्वास से कहकर भैया इत्मीनान से खैनी की बुकनी होंठ के पीछे मसूड़े पर दाबते और दीवाने दिन से गुजरकर ख़ुद को ख़त्म कर लेने वाली रात के बीच कहीं ग़ायब हो जाते। फिर कोयला टाल, मछली बाज़ार, डेली मार्केट सब कहीं एक वहशी बेचैनी में मैं उनको ढूँढ़ता फिरता मगर भैया का सुराग़ नहीं मिलता। नंगी बाँह के बग़ल रेंगती बिस्तुइया मैंडरीन में फुसफुसाती, *"कुछ दिन दीवाने होते हैं और कुछ रातें ख़ुद को ख़त्म कर लेने की रातें!'*

"यस, आई नो..." मैं फुसफुसाकर भोजपुरी में जवाब देता, "जैसे आज की रात, यही न? ख़ुद को ख़त्म कर लेने की रात की खोज में ही तो इतनी दूर आया हूँ।

आई नो इट ऑल, सो डोंट यू प्ले गेम्स विद मी, हरामख़ोर बिस्तुइया?" बिस्तुइया मुँह सिले रखती, अँधेरे में दूर कहीं कोई टिटिहरी चीख़कर जवाब देती (या सिर्फ़ चित्त गिरे लेटे, मुझे ऐसा लगता)। सब दिखता था और कुछ भी न दिखता। पूरे शरीर को ढीला हल्का छोड़े कहाँ देखता था, क्या देखता था? तारे-तरेगन सब टहलाई में नीचे उतर आए थे। ज़रा-सा हाथ बढ़ाऊँ तो पकड़ाई में चले आएँ, फिर तारों को बोतल में बंद कर लूँ। सुलगते-ठंडे बोतल को गाल से साटे फिर अपना और तारों का जीना हराम कर दूँ, आँखें मुँदे मुस्कुराए पूछूँ, "ख़ुद को ख़त्म कर देने वाली रात में हेराकर कैसा लगता है, मास्टर ताराराम?"

घड़ी भर को झोले में हाथ टटोलकर जेनुइनली बोतल खोजता भी फिरा, फिर ठठाई हँसी छूटी, "अबे कमज़र्फ़ इंसान, चाउ चिन की बोतल के सँकरे मुँह में तीन लाख छिहत्तर हज़ार जुगनू समाएँगे? कहाँ से आएँगे?"

बे-बखत की कौन हँसी हँस रहा है, मुड़कर देखना चाहता हूँ तो पता चलता है कि देह हिल रही है, मगर इतना धीमे कि एक इंच मुड़ने में सैकड़ों दिन लगेंगे। उतनी देर में लालबहादुर भैया का *कहाँ से निकलकर कहाँ जा* का कौन ठिकाना? टिटिहरी दुबारा चीख़ती है– चीईक्क, चीईक्क! या सिर्फ़ मुझे ऐसा लगता है...

***

टिटिहरी नहीं कंधे तक झूलती ज़ुल्फ़ और चिथड़े जींस में लड़का था। मैं जिसे चीख़ समझने की भोली गुस्ताख़ी कर रहा था वो इलेक्ट्रिक गिटार के तारों में उलझी बच्चे की *'जीना नहीं आसान, यारो, मरना और भी मुश्किल,'* के 'हुज़ुन'[20] का शोरिल

20. हुज़ुनः एक तुर्की शब्द जिसका अरबी मूल (जो कुरान में पाँच दफ़े आता है) एक आत्मिक नुक़सान की कहानी कहता है, मगर साथ ही जीवन देखने की एक उम्मीद भरी दृष्टि भी देता है। बताता है, "मस्तिष्क की एक अवस्था जो अंततः उतनी ही जीवन को बल देने वाली है जितनी उसे खाकर ख़त्म कर देने वाली।" इस पर प्रियवर पामुक का भी ज्ञानदान है, कहते हैं: "हुज़ुन न सिर्फ़ शहर के बाशिंदों को लकवाग्रस्त कर देता है, बल्कि उन्हें लकवाग्रस्त बने रहने का पोएटिक लाइसेंस भी देता है।" जबकि बोधगया से बाहर हुए देवास में बहलते बरमोद सिंह ने कहीं लिखा है (शायद किसी दीवार पर ही लिखा है), "हुज़ुन अवसादी आसमान के नीचे मीलों-मील की टहलाइयाँ कराती है, भागकर शहर के किसी कोने पहुँचो, वहाँ पहले से तुम्हारी आत्मा को मथने, मन में घाव बुनने तुम्हारा इंतज़ार करती रहती है, और वे घाव इतने पीड़ादाई होते हैं कि तुम्हारे सबसे क़रीबी अंतरंग में बदल जाते हैं। कहीं भी जाओ, हुज़ुन तुम्हारे पीछे-पीछे चलता है, एक सतत संवाद की फुसफुसाहटों में तुम्हारी

उन्वान था। मंच पर गवैए के गिर्द नाचती नीली, पीली, लाल रौशनी गाने को और गहरे अर्थ दे रही थी। या 'लेने वाला लेना चाहे तो ले ले' की अदाकार एक्टिंग कर रही थी। बहुत सारा आर्तनादी उन्माद गूँज रहा था। पढ़ने वाले उसे तनाव-लिपटी सिसकारियों की तरह भी पढ़ सकते थे। सामूहिक एक्य में उचक-उचककर मैं जाने मंच पर क्या देख लेना चाहता था। जबकि रहते-रहते उँगलियाँ काँपतीं, मगर देह शायद ही अपनी जगह हिल पा रही थी। मंच ज़रूर बीच-बीच में शोर के नीले समुंदर में डूबकर ग़ायब हो जाता। उस ग़ायब हो जाने के शतांश क्षण में मैं *'पान खाए सैंया हमार'* की हीराबाई को खोजने लगता। जबकि पान की मुझे आदत नहीं थी। न ही वहीदा के बाबत ऐसे-कैसे ख़यालों में ख़ुद को भूलने की। शायद लालबहादुर भैया तक पहुँचने का मेरा यह सब्वर्सिव तरीक़ा हो? हालाँकि चुंग्ह्वा सिगरेट के धुएँ में नहाए माहौल में मुझे साफ़ पढ़ लेना चाहिए था कि यहाँ खैनी और लालबहादुर भैया के होने की गुंजाइश न होती। मैं लड़की के कंधे पर गुदे तीन साँपों के साथ खेलते नन्हे हाथी के गोदने को पढ़ने में बहक रहा था। लड़की चुंग्ह्वा के काग़ज़ में जाने कौची का बुकनी चढ़ाती चुप्पे मुस्काए जाती थी।

लड़की के उजागर कंधे पर खेलता हाथी ही नहीं, उसके उजागर बाल भी गुलबियाए लाल हो रहे हैं। गाल पर तिल की सजावट नहीं मगर चमक कुछ वैसे ही नशे की है। राजकिरण होते तो इस राज़दार क्षण लड़की को गिरहयाते अर्थपूर्ण सवाल पूछने लगते[21], मैं लगभग ग़ुस्साने लगता हूँ, "किस ग़म में नहाई हो, बताती क्यों नहीं? लालबहादुर भैया को नहीं खोज पा रहा हूँ इसकी तकलीफ़ है? या गाओपिंग और मेरे प्रेम का सुखांत नहीं होगा उसकी? गॉड्डैम्मीट, व्हाई डोंट यू टेल मी?"

किसी कम्युनिस्ट कुलदेवता की जगह ईश्वर को याद किया हो सकता है उसी के असर में, लालबाला के चेहरे की लाली पर तड़ से सफ़ेदी पुत गई, बुझे स्वर बोली, "आई डोंट नो व्हॉट यू आर टॉकिंग अबाउट। आई अम नॉट बॉदर्ड बाइ योर ट्रबल्स, बबल्स, योर गॉडैम्म स्टोरीज़ ऑफ़ दांग वान एंड दिलीप हैम्ब्रम? मेरे अपने ही बहुत

काँपती आत्मा में उसका स्थायी निवास होता है।"

21. *"तुम इतना जो मुस्कुरा रहे हो, क्या ग़म है जिसको छुपा रहे हो।"*

हैं, यू नो?"

"नो, आई डोंट नो, प्लीज़ एजुकेट मी!" मैं ज़िम्मेदारी से लड़की के और नज़दीक चला आता हूँ। शायद लड़की के बहाने गाओपिंग की कहानी खुले।

"ओ शटप, यू डोंट वॉन्ट टू नो नथिंग! वू यान और फातेमा बुजांग की कहानी जानके क्या तीर मार ली तुमने? इंटरनेशनल करप्शन परसेप्शन इंडेक्स में चाइना इंडिया से थोड़ाई नीचे है, चोर हमारे यहाँ भी भरे पड़े हैं, मगर पैसा लेके वो काम करते हैं, तुम्हारे यहाँ तो पैसा खाके भी डेलिवर नहीं करते, यू सी दैट? चीन में लात खाते हुए भी ऐट लीस्ट हमें बराबरी की जगह मिली, औरतें बस और टैक्सी चलाती हैं, पुलिस और एयरपोर्ट की नौकरी में हैं, तुम अपनी मनोरमा मौसी को कभी बाहर जाके काम करने दोगे? बबीता को पुलिस की नौकरी में?" कंधे के हाथी से लगभग ठेलते हुए लड़की मुस्काई हिक़ारत में आगे बोली, "व्हॉट हिपोक्रेट्स यू इंडियंस आर, हाँ? अपने घर से बाहर की पूरी दुनिया को कचड़ादान की तरह ट्रीट करते हो, और हमारे लोगों के बारे में नाक पर हाथ धरे फिर शिकायत करते हो कि ये चीनी क्या-क्या तो चीजें मुँह में डालके हजम करते रहते हैं! औरतों की अशिक्षा हमने हजम कर ली, शहरों की गंदगी, वो नहीं दिखता? ग्वांग्जू, शेंजेन, त्यान्जिन, चॉन्गकिंग, दॉन्गह्वान, वूहान, हेफेइ, जिनान, किंगदाओ में कहीं तुमने अपनी राजधानी की चावड़ी बाज़ार और शाहदरा के कूड़ानगर देखे... एक जगह देखी हो तो बताओ? घर में मेड झाड़ू-पोंछा करे, खाना महाराजिन बनाए, पाखाना जमादार साफ करे और प्रेसवाला कपड़े इस्त्री करके दे जाए, वर्क और ह्यूमन लाइफ को इतना खाँचाबंद अमेरिकियों ने भी नहीं किया, दुनिया में इंडियंस अकेले होंगे जो दिन भर सफाई-सफाई जपते हुए इस तरह से वैल्यू बनाकर गंदगी को जीते हैं! यू गाइज जस्ट डोंट वॉन्ट टू चेंज योर लिविंग, डू यू? सीरियसली?"

***

चिलकती खीझ और ग़ुस्साई कातरता के संगीती आर्तनाद के बीच क्या ज़रूरत थी मुझे किसी काननबाला से उलझने की? ऊपर से लाल बाल, पीठ पर हाथी-शावक उड़ाती, फिर भी नहीं सँभलने से मैं बाज़ नहीं आया? श्वा वेन से मैंने

अपना सबक़ पा नहीं लिया है? फिर क्या सोचकर आख़िर मैं गाओपिंग की तरफ़ खिंचा जा रहा हूँ? छाती पर हाथ बाँधे, मंच के नारंगी शोलों में जल रही अब कोई कृशकाय कन्या है जो नीना सीमोन की सिसकियों की नक़ल करती गा रही है– *'पंख होते तो उड़ आती रे, रसिया ओ जालिमा, तुझे दिल के दाग दिखालाती रे...'* और मैं आँखें मुँदे जाने क्या किसका नशा है कि ऊपर आसमान में फेनिल समंदर और नीचे बादलों का गाँव देख ले रहा हूँ। उसमें गहरे गिरे, डूबते जाने के एहसासों के तीर हैं कि सब कुछ का विज़न ब्लर कर रहे हैं। मंच की बाई ग़लत ठुमरी गाती दिख रही है, मैं ख़ामख़ा साइकिल पर चढ़ने की बेमतलब ज़िद कर रहा हूँ, बार-बार सीट पर पैर फँसाकर बार-बार गिर रहा हूँ। जबकि बादलों की नाव विपरीत दिशा में खींच रही है और मेरे 'ऐ, ऐ?' करने की कोई सुनवाई नहीं हो रही![22] सिर के अंदर का सारा मेरी गो-राउंड एक बार के लिए स्थिर क्यों नहीं हो जाता? *जस्ट फॉर अ मिनट?* इतने सारे कानों में चढ़े ईयरफ़ोन के अंतहीन बतकुच्चन, इंटरनेट के झरते पन्ने, पासवर्ड, सिर्फ़ एक मिनट को सब अपने-अपने झंझावातों में फ्रीज़ हो जाएँ, कि अज़ांग साफ़ माथे और साफ़ नज़रों से एक बार फिर अपना देखना शुरू कर सके? *इज़ दैट पॉसिबल?*

नहीं, अलबत्ता यह पॉसिबल होता है कि हवा चलती रहे... महीन, आए, छुए जाए। नाज़ुक स्पर्श। मेरे बाल का एक-एक रेशा हवा में गुनगुनाए। मेरे पलक, मेरे रोएँ, त्वचा। मंच के शोर से अलग मेरे मन का गाना दूर तक हवा में घुलता जाए। कहीं खलिहान में जलते पूले के धुएँ के साथ, धान की बालियाँ नीले चाँदनी अँधेरे में चलती चली आएँ, क़तार की क़तार। स्कूल से लौटती बच्चियों की तरह, मुँह दबाए खिल-खिल हँसतीं, चहकती, चमकतीं... मगर सब कुछ इतना अतींद्रिय शायद इसलिए भी लग रहा है कि अगले किसी भी क्षण मेरी जान चली जाने वाली हो। छाती फट जाने वाली, मैं किसी अँधेरी दुनिया के पाताल लोक में गिर जाने वाला होऊँ? शायद पिकु इस क्षण अज़ांग की इस छाती पर कान सटाकर सुने तो सुन लेगी कि सिसकियों की कैसी गहरी आवाज़ उठती है भीतर से! अनाम दुख से उपराता, गहराते उठ बैठता

---

22. *"It's impossible to sort out the people who're tryin to kill me, or might be equally possible that it's me who is secretly planning to kill them all? Please, help me find the real truth, Giushe?"* जुसेप्पे को लिखा ई-मेल।

हूँ। फूले चेहरे और ठिगनी देह का एक नौजवान मेरी ओर चांग्हा का कश बढ़ाता है, मुस्कुराकर इनकार करता हूँ कि क्षमा करो, भइया, पान-खैनी अपने को सधता नहीं। संगीत, भीड़ और अँधेरा, शायद ख़ुद मैं, कुछ नहीं सहता। सिर के नीचे बाँह फँसाए मैं चित्त पाताल की गहराई में ढेर हो जाता हूँ। मुँह से तलत महमूद का सुरीला स्वर फूटता है– *'मैं इन अँधियारों का नहीं, इस ज़माने का नहीं, इस फ़साने का नहीं...'* मंच की दुबली काया मेरे सुर अनसुना किए गाए जाती है– *'झूल चुकी मैं वादे का झूला, तू तो अपना वादा भी भूला, रसिया ओ जालिमा, तुझे दिल के दाग दिखलाती रे...!'*

***

मालूम नहीं मौत का जागा हूँ, या नींद में सोता हूँ। पानी में पगुराता, हाथी से बड़ा ये भैंस मेरी तकलीफ़ समझता है या नहीं, मालूम नहीं[23]। अँधेरी रात में बिजलियों के लट्टू नाचते हैं, भीड़ के रेले-दर-रेले गुज़रते हैं। जाने ग्वांग्ज़ू, शेंज़ेन, त्यान्जिन, चॉन्गकिंग, दॉन्गह्वान, वूहान, हेफेइ, जिनान, किंगदाओ कौन जगह है या उससे बाहर समानांतर का कोई और गुप्तनगर।

***

एक बात जो मुझे श्वे वान के खोलीनुमा कमरे में बाह्य-प्रदर्शन के फ़रेब देखकर समझ आ जानी चाहिए थी, आ सकी नहीं थी, न गेंशी व बो ज़ा के जीवन के निबिड़ अँधेरों के साक्षात्कार से आई और अब धीरे-धीरे आ रही है, वह यह कि चीन में कम्युनिस्टों की सरकार भले हो, उस सरकार की दृष्टि में जनता का हित नहीं है। वह हित चेकॉस्लोवाकिया में था, न चेचेन्या में है। चक्रधरपुर समाज में कभी नहीं ही था। ज़्यादातर समाजों के पास तो चुनाव का सहज अधिकार तक नहीं होता, और जिनके पास होता है वे चुनाव के बीत चुकने के काफ़ी दूर आगे जाकर देखते हैं कि सरकार उनके हित में नहीं, उनके ख़िलाफ़ काम कर रही है; जनहित जो है वह सिर्फ़ दूरदर्शन की प्रचार फ़िल्मों व मेट्रो में चिपकाए प्रचार पोस्टरों के चकरीदार खेलों में उलझकर रह गया है, महँगे महामार्गों का निर्माण जनहित व संचार के लिए नहीं,

23. *"कइसन तफलीफ?"* तकलीफ़ की बात निकलते ही हँसते बुरुंग भेंटान हरमेशा यही बोलते, *"तफलीफ जब बेशी बढ़ जाए त बड़कन ताड़ी पीय लेव। जौन ताड़ी बढ़ जाए त तफलीफ के ढेंकुली में वापिस से गोड़ बूड़ी लेव!"* —दिलीप हैम्ब्रम की डायरी में दर्ज टीप।

बाज़ार के विस्तार के लिए है, सच्चाइयों के भँवर में उतरकर आदमी घबराहट में शहर के लोकल गुंडों से घुटने तुड़वा सकता है, किम्बा क्रिकेट-भक्ति के भजन गा सकता है, अथवा मेरी तरह उकताहट में ब्लॉग पर कविताएँ लिखकर 'करुणेश', 'कथादेश' में छपने को भेज सकता है, गजर-मजर शहर में उम्मीद का जीवन कैसे जी सकता है, नहीं जी सकता। ग्वांग्ज़ू, शेंज़ेन, त्यान्जिन, मोकामा, बक्सर, अररिया, खगड़िया, खड़गपुर, खंडवा, बहराइच, गोंडा, गैंडा, चॉन्गकिंग, दॉन्गह्वान, वूहान, हेफेइ, ज़िनान, जौनपुर, चैनपुर, हलकानपुर, ओह, कमॉन, लेट मी बी!

'...तुझे दिल के दाग दिखलाती रे...' चुप कर, चैन से रहने दे, हरामख़ोर, देख लिए मैंने दिल के बड़कन दाग़। श्वा वेन जैसी चोट्टी और हुशियार लड़की तक मुझे अँग्रेज़ी का शिक्षक समझने की भूल कर बैठी थी। मैं अब नहीं करूँगा। स्वयं को साहित्यिक मानने की भले करता रहूँ, मगर क्यों करता रहता हूँ? सिर्फ़ *'ज़ेन्मे ज़्वो रेन'* (अच्छा मनुष्य कैसे बनें) के संधान से संतुष्ट नहीं रह सकता? शहरी समाज में किसी तरह संभव है भी? या शहर के बाहर, चेंज ऑफ़ लोकेशन में ही?

मामूली गाँव के बाहर के मामूली टीले की ढलान पर कुहनी की टेक लिए हरीतिमा व पर्वत श्रृंग-ट्रिंग के अवलोकन में डूबे मेरे कवि-मन को अगर सहसा कोई मीठा स्वर आकर छेड़ जाता, कोई पतली व महीन कन्या अपनी पतली व महीन उँगलियाँ मेरे हाथों में उलझाकर लाड़ से सवाल करती, "ऐ अजनबी अच्छे पुरुष, मैं भी बनना चाहती हूँ एक अच्छी स्त्री, क्या तुम मेरी मदद करोगे?" तो क्या होता? कातरभाव मैं सन्न हो जाता, या बिना एक पल गँवाए किसी गुमनाम बांग्ला कवि की बदनाम कविता का सस्वर पाठ करने लगता, "एई दुई चोखे देखेछि बिराट कतो सांसारेर बेथा?"

मेरे काव्यपाठ का पतली व महीन कन्या पर वाजिब व मनोवांछित असर पड़ता, और वह अपनी पतली व महीन उँगलियाँ मेरे हाथों से निकाल केश व कंधों पर उलझाने लगती, और हम कहीं से कहीं, दिल के दाग़ और सरकारों की करियाई राखों से दूर बहुत दूर, जाने कहाँ से कहाँ पहुँच जाने लगते। जाने कहाँ से कैसे अनोखे रंगों वाली तितलियाँ निकलकर हवा में उड़ने लगतीं, और नभ में एक जानी-पहचानी

मिठास का संचार होने लगता। मैं अपनी उखड़ी हुई साँसों को पल भर का अवकाश देकर लड़की के रेशमी लहरीले, गमकते केश से नाक गड़ाकर बुदबुदाता, "चीन के मामूली गाँव के पार्श्व में कन्याएँ क्या सचमुच इतनी आधुनिकाएँ हैं, जबकि शांघाई प्रदेश में तो अभी तक मुझे अँग्रेज़ी का मास्टर बताती भटकी बालाएँ हैं, मेरे गवाक्ष पर अपना सिर धरने में सकुचा रही हैं?"

कन्या अपने पतले व महीन होंठों पर अपने छोटे व महीन दाँत गड़ाकर जाने कैसी तो हाहाकार जगाती दृष्टि से मुझे तकती, फिर मेरे कान में होंठ सटाकर बेसुध बुदबुदाने लगती, *"हिये निये अतो सुख, रात्रि, तोमार आन्धार कि रोकोम दिप-दिप कोरे!"*

***

दांग वान उर्फ़ एक पांडुलिपि की तलाश में– सात

फटे नक़्शे का एक कोना जाने किसके पास है?

इब्न बतूता इक्कीस साल की उम्र में तेरहवीं सदी में जब मोरक्को से निकला फिर चौबीस बरस तक घर नहीं लौटा। भारत में कालीकट के तटीय मोपला मुसलमानों के जत्थे से एक छोकरा उसके साथ हो लिया था। सुमात्रा होते हुए क्वाउझान पहुँचने और उसके बाद अलअंदलूस की यात्रा का नक़्शा उस छोकरे ने मार लिया था। रंगून से छोकरा फिर समुद्री बेड़े में छिपता-छिपाता चिनसुरा पहुँचा। नक़्शे को सीने से लगाए। जॉब चार्नक सोलहवीं सदी के उत्तरार्द्ध में कालिकता बसाता और बतूता के दो सदी बाद वास्को कालीकट पहुँचता है। जाने कितनी यात्राएँ होतीं, कितने महामारियों में मरते, कितने नवजात जन्म लेते और जीवन बदतमीज़ फिर भी घुसुर-घुसुर चलता रहता। कलिंग के किसी गाँव में एक बालक जन्म लेता जिसकी आँखें जाने कौन पुरखे के विरसे से ऐसी तिरछी मंगोल हुई होतीं।

रेत के पीलेपन में लाल गेरू से दीवार की चौहद्दी आसमान में सिर उठाए खड़ी होती। बगूलों की मार को सहती सदियों से निशान सजाए, बंद खिड़कियों के काठ

के पीछे छुपाए अनगिन कहानियाँ, सदियों से। किसी प्रसूता की चीख़, किसी का मरनसोग, कोई कई सालों का मौन। सब समेटे दीवारें खड़ी हैं। यात्रियों के क़ाफ़िलों के मौन साक्षी। ज़ख़्मी तलवों और चीथड़े मंसूबों की धज्जियाँ सजाए, बुलंद हौसलों के परचम फहराए ऊँटों और घोड़ों की टापों के ग़ुबार का नज़ारा सजाए, गुज़रते हैं बरस। *टीप-टाप टीप-टाप। थिम-बिम थिम-बिम...*

किसी ने बेध्यानी में फेंकी थी माचिस की तीली। नीचे, पूरे शहर के नीचे सुरंग का जाल। अँधेरी कंदराएँ। ज़हरीली हवा। तीली से लपकती लौ तेज़ी से हवा में चिंगारी कुरेदती झपककर विकराल फैल गई फिर तेज़ी से सुरंग-सुरंग दौड़ती चली। ऊपर शहर बेख़बर। पानी के नल में पानी पहले भाप हुआ। पेड़ों से पत्तियाँ सिकुड़कर काही हुईं। छुओ तो झर से राख। लकड़ियाँ काठ और पत्थर कालिख भरे। शहर फिर भी बेख़बर। बेशर्मी से जिए जाए। लोगों ने देखा उनका शरीर चीमड़ होता गया। जैसे बरसों सदियों से उम्र दबाव से परत-दर-परत कड़ा और अनम्य। फिर एक दिन उनकी आँखों के सामने उनका शरीर झर गया। एक-एक कोशिका, एक-एक गुण-सूत्र। शहर के भीतर दावानल था।

एक सदी बाद एक दूसरी सभ्यता की वहाँ नींव पड़ी। पिछला सब धरती में दब गया था। जीवाश्म। घर, असबाब, बच्चे, औरतें, पुरुष, मोतियों और सीप की माला; मोहर, मुद्रा, सिक्के, गहने। कई सौ साल बाद उन्हीं परतों की खुदाई में मिला। आश्चर्यजनक रूप से साबुत-सलामत एक कड़ा। उस पर उत्कीर्ण था कोई नेह का संदेश, परिकल्पित। पहना था कभी किसी सुघड़ कलाई ने अत्यंत प्रेम से। किसी पुरुष को अपने सभी आकांक्षाओं का अधिकार सौंपते। तब कहाँ कहा था किसी फ़िराक़ ने, *मोहब्बत से मोहब्बत होती जाती है, हम तुम्हें कुछ भूलते से जाते हैं...* स्त्री के नेह में ऐसी कोई पगडंडी नहीं थी। लेकिन कड़े की गोलाई में किसी और समय को निकलती ढेरों गलियाँ थीं।

मोपला मुसला छोकरा रात को बेड़े के तहख़ाने में पानी पर जहाज़ का हिलना महसूस करता है। ऊपर नीचे, ऊपर नीचे। दिन भर मस्तूल पर चढ़े समंदर पर दूर-

दूर तक पानी देखना। इतनी ऊँचाई से देखना कि दूसरा कोई जहाज़ दिखे। बंदर की तरह तेज़ी से चढ़ना और चिपके रहना। सिबोला के काले घुँघराले बाल हवा में हिलते। घुँघर की गोल घुमरियों में पानी का भँवर। बतूता लौटा नहीं था फिर शाही परकोटे पर। सिबोला के इश्क़ के पेचो-ख़म थे। दिल्ली और आगरे में तुग़लक़ाबाद के किले का प्रांगण सूना ही रहा जहाँ उसके क़िस्सों के बोल नहीं गूँजे। मुसला बतूता के चक्कर में था सिबोला के नहीं। बतूता के भी नहीं। उस नक़्शे अंदलूस के चक्कर में था। फिर जाने क्या हुआ सिबोला उसके फेर में पड़ गई। ये बाद में होना था कि उसकी कोख ने जो बच्चा जनना था, वो न तो मुसले का था; न इब्न बतूता का। बंगाल की खाड़ी में समुद्री तूफ़ान आया। जहाज़ी बेड़े तिनकों की तरह पानी की ताक़त के आगे खेतख्वार हुए। तीन दिन तक लहरों के थपेड़े छोटे पहाड़ों की ऊँचाई धरते चौथे दिन ऐसे शांत हुए जैसे गाँव का छोटा कोई स्थिर जलाशय हो जिसमें एक रत्ती हवा का लेशमात्र न हो। उजली धूप खिली थी और शांत नीला जल था। लकड़ी के फट्टों और कुंदों पर सवार कुछ बचे-खुचे लोग तट पर आ लगे थे। उसमें सिबोला थी और मुसला था। (अब यह इतिहासकर बताएँगे कि बाद में बतूता साहब आधुनिक वियतनाम होते चीन पहुँचे और वहाँ से ट्रांस सहारन रूट पकड़ते मोरक्को की ओर कैसे निकल लिए...)

***

वहाँ कौन है तेरा, मुसाफ़िर जाएगा कहाँ...

"आसान कर ली गईं मुश्किलों की क़िस्सा-बयानी हमेशा दिलचस्प होती है..."

– एक यहूदी कहावत

पतली व महीन कन्या की पतली व महीन उँगलियों में हाथ उलझाकर कवि हो लेना एक बात है, मगर उसके अनंतर जीवन की वास्तविकताओं के मुँह बाएपने का साक्षात् करते कवि बने रहना दूसरी बात। **जिंग शां काउंटी** के मुहाने एक पुराने काठ की पुलिया पर बैठा देवकीनंदनजी की ज़िरह या मौसी के हाथ के हलुए के जाने कौन ख़यालों में डूबा स्वकातर और अब कुछ-कुछ भयभीत हो रहा था। भयभीत होने वाली बात थी भी। क्योंकि कुछेक घंटे पहले पास के एक खेत से कच्चे टमाटर और जाने क्या तो फल था, चुराते एक ग्यारह-बारह वर्षीय बच्चे ने मुझे रँगे हाथों पकड़ लिया था। मगर इसके पहले कि बच्चे के पीछे-पीछे मैं किसी बड़े और बूढ़े की भी पकड़ में आता, मैंने ही बच्चे को लखेद लिया था कि बाबू, दिख रहा हूँ इसीलिए मेरी शराफ़त के फेर में मत पड़ना! घुमाकर अभी वह कंटाप लगाऊँगा कि सीधे छिंग्ह्वा प्राथमिक शाला के खपड़ा पर गिरोगे, समझ रहे हो? फुंसीदार गाल के बचपन को दो क़दम तत्काल पीछे खींचकर बच्चे ने ज़ाहिर किया कि वह मेरी बात मुकम्मल समझ रहा है।

उसके भागने के पश्चात् मैंने प्रेम से चार टमाटरों का भक्षण किया, लेकिन अभी वे पचे नहीं हैं इधर मेरे दिमाग़ में आशंकाएँ अपना सिर उठाने लगी हैं कि क्या मालूम लड़के ने डरकर भागने की सिर्फ़ एक्टिंग की है, भाग लेने की क्रिया का यथोचित व संपूर्ण निष्पादन नहीं किया? जैसे बिहार में छोटे बच्चे मासूमियत से भय का अभिनय करके लड़ाका मंच से हटते हैं और दस मिनट बाद रि-एन्फोर्स्ड असलहा के साथ उनकी नाटकीय वापसी होती है। पेट में गए सारे टमाटर अपच की यंत्रणा जगाने लगे। काठ की पुरानी पुलिया और आस-पास खेतों की हरियाली तत्काल दो कौड़िया लैंडस्केप प्रतीत होने लगीं। दुलकी चाल भागता मैं डेढ़ सौ क़दम दूर निकल आया। मगर माथे का उत्पात अब भी शांत नहीं हो रहा था। भीतर नए सवाल आं-बां बोलने लगे थे।

हाथ में टमाटर (ठीक है, पेट में) लिए इधर-उधर भागता मैं यह कर क्या रहा हूँ? इस उम्र में टमाटर (या अन्य किसी भी तरकारी व फल) के साथ चतुर्देश (व दिशा) भागना मुझे शोभा देता है? कल को इटली के महिमामय फिरेंज़े, या उससे कहीं ज़्यादा महिमाजय, जर्मन फ्रॉकेनबर्ग में मेरी कविता का पाठ होगा, दर्शक-दीर्घा की एक सुशील चीनी बाला अपनी कुर्सी पर खड़ी होगी कि हाँ, कवि को पहचान रही हूँ, हाथ में (या पेट में) टमाटर लिए जिंग शां काउंटी की सड़कों पर टूटते देखा था, फिर? फिर यह भी प्रश्न है कि चीन में सभ्यता (व जीवन) के उत्तंग प्रश्नों से जूझने आया हूँ कि खेतों से घटिया टमाटरों की चोरी करने? इसी से गहरे जुड़ा एक सवाल यह भी है कि अच्छा न हो कि कुछ समय के लिए मैं चीन (या टमाटर) देखना स्थगित कर दूँ, और अच्छा हो चीन ही मनोयोग से मुझे देखता स्वयं को धन्य करे?

हिंदी में मंदबुद्धि बौद्धिकता का जैसा बलकारी असर है, उसमें कुछ होनहार भाइयों को लग ही सकता है कि असंभव की अनर्गल कामना कर रहा हूँ। 'तदर्थ' व 'अनर्थ' पत्रिकाएँ अपने पन्नों पर 'चीन में हिंदी के गुमनाम कवि का मज़ाक़' शीर्षक की छतरी के नीचे लेखमाला तक चला सकती हैं, पाठकों से मेरी आलोचना में पत्र प्रायोजित करवा सकती हैं, लेकिन इससे बदले वक़्त का यथार्थ नहीं बदलेगा, कि आज बुद्ध चीन गए होते, या बराक ओबामा ही पहुँचे होते, या बराक को बेमतलब करने बाइडन ताकने-झाँकने आए हैं के बहाने वुहान मास्कधारी साइकिल पर

ढिलमिलाए धरा गए होते, तो एक हाथ में काष्ठपात्र व दूसरे की उँगलियों में अपनी अरमानी के लबादे का आँचल फँसाए प्राकृतिक नदी व अप्राकृतिक झरनों में वह कोरोना की सुसुप्त जिजीविषाओं की महिमा देखकर सन्न होते, या कि उनके देखे को रोकने के पीछे, शी जिनपिंग, व उत्तर से दक्षिण तक, महाचीन गिरता पड़ता होता? सीधी बात है ऋषि, महात्मा, संत, राष्ट्रनायक, महाप्रेमी, पाथब्रेकर कलाकार कहीं क़दम रखते हैं, तो कुछ देखने के लिए नहीं, स्वयं को दिखाने के लिए रखते हैं! तो ये सारा उद्यम कि फलाँ कमिटी अस्सी लाख मज़दूरों वाली चिप्स मैनुफ़ैक्चरिंग की फलाँ फ़ैक्ट्री, और ढेकाँ प्रतिनिधिमंडल ग्रामीण सद्भाव मेले के विजयी बुज़ुर्गों का दर्शन करवा-करवा के मुझे (मुझसे कहीं ज़्यादा बुद्ध व बराक, या बेमतलब बाइडन, को) थकाती व स्वयं को बहलाती रहें, अभद्र व मूर्खतापूर्ण आचरण न समझा जाना चाहिए? यही सब उल्टा–सीधा (ज़्यादा उल्टा ही) दिमाग़ में चल रहा था कि बिना दिमाग़ चलाए मैंने पाया कि पड़ोस के छिंग्ह्वा माध्यमिक शाला के खपड़े के नीचे खड़ा हूँ। और थोड़े वक़्त के बदलाव के लिए अच्छा है कि बुद्ध व बराक (व खौरियाए बाइडन) की संगत के बजाय, माध्यमिक शाला के परिसर में टहलता स्कूल की अधेड़, बदसूरत शिक्षिका **चांग च्ये** के क़िस्से सुन रहा हूँ। चांग च्ये उत्साह से बता रही हैं कि कैसे व किन विपरीत परिस्थितियों में स्थानीय लोगों की भागीदारी से उन्होंने स्कूल खड़ा किया; गड़रियों के इस पिछड़े गाँव को शैक्षिक रूप से पूरी तरह आत्मनिर्भर बनाया आदि-इत्यादि।

सुन रहा हूँ, लेकिन सच कहूँ तो सुनने का उत्साह नहीं है। सुनने से ज़्यादा चांग च्ये की रूखी त्वचा व आँखों के फूहड़, भारी चश्मे को तकता उन पर तरस खाकर उदास हो रहा हूँ कि ओह, इस स्त्री का जीवन कैसा व्यर्थ गया! क्या कभी किसी ने इस बदसूरत स्त्री से प्रेम किया होगा? किसी कवि ने इस पर कविताएँ लिखी होंगी? मन ही मन ग़ुस्सा भी आ रहा है, कि अरे स्त्री, चंद गड़रियों-चरवाहों की शिक्षा से तू मनमोहिनी मुग़ालते पालती है? तेरी विरूप दृष्टि को दिख नहीं रहा कि ग्राम्य आत्मा ख़ात्मे के कगार पर है, कान्शन, नानजिंग के मजूरी-जिबहघरों में डेढ़ सौ युआन महीने के मोह में पब्लिक थोक के थोक गाँव से पलायन कर रही है? *'सौ फूलों को खिलने*

दो!' की ग्राम्य-प्रीति का नहीं, शहरी ख़ूंखार *'रेन की रेन'* (आदमी आदमी को खा रहा है) का बलज़ोर, पिटीलेस पीटनख़ोर ताप हर किसी को निगल रहा है? मगर अधेड़ परिचारिका वृहत परिदृश्य देखने की जगह पाठशाला-प्रांगण देखकर हर्षिल हो रही है! क्या बे-सूरत स्त्रियाँ हमेशा ही ग़लत मुग़ालतों में पलती रही हैं, हमेशा ही उन्हें दृष्टि-दोष रहा है? प्रकट में विरूपा से कहा, "बैठे-बिठाए आप भी ये क्या चरवाहों की शिक्षा लेकर बैठ गईं? चरवाहे अंततः चरवाहे रहेंगे। अब तक गाँव के छोर तलक जानवरों के पीछे भाग रहे थे, अब घबराकर कान्शन और नानजिंग तक दौड़ लगा रहे हैं। बेचारे चरवाहे। जैसे बेचारा हिंदी साहित्य! चाँद पर पहुँचकर भी हिंदी साहित्य हिंदी साहित्य ही रहेगा, मनोहरपुर के शांत, निष्पृह समारोह-स्थल पर 'संघै शरणम: गच्छामि' का निर्दोष मंत्र नहीं फुरफुराने लगेगा, समझ रही हैं न, विरूपा जी?"

चांग च्ये का चेहरा एकदम से मलिन हो गया। एक बच्ची तश्तरी में जैसमीन चाय और नमकीन पेठे सजाकर लिए आई, मगर चांग च्ये के चेहरे के भाव पूर्ववत मलिनोमय बना रहा। मैं भीतर ही भीतर उबलने लगा। इसलिए नहीं कि स्कूल में मारी गोल्ड व पारले-जी तक का इंतज़ाम नहीं था, और मुझसे मीठख़ोर की ओर नमकीन पेठा ठेला जा रहा था! नहीं, ग़ुस्सा इस अधेड़िन पर उमड़ रहा था कि अबे, उमिर गँवाय अब पछताय होत क्या, मगर जब उमिर थी किसी को फँसा के ब्याह की होती, सुखी रहती, मुँह लटका के अभागी मेरा दिन क्यों ख़राब करती है? पिटे मन मैंने कहा, "चरवाहों की संगत में मगर साहित्य-वाहित्य तो क्या पढ़ा होगा आपने? मेरी कविताएँ पढ़ी हैं? मगर प्रेम-कविताएँ पढ़ी होतीं तो आज इस बेहाली में होतीं, विरूपा जी?"

चांग च्ये सन्नभाव मेरे उत्पाती विलापी व्याख्यान का मंत्रमुग्ध आस्वाद मुँह व माथे में घुमाती रहीं। पता नहीं अभागी के मन पर क्या गुज़र रहा था। मगर अभागों, व तिस पर विरूपता के मारों के मन पर तकलीफ़ी थपेड़ों के सिवा कभी और क्या गुज़र सकता है, प्रेमिल रागिनियाँ तो मुझसे सौभाग्यकुँवरों के मन पर ही आकर तान छेड़ा करती हैं। और ओह, फिर कितनी दूर तक छेड़ती चली जाया करती हैं! मंद-मंद मुस्काते, दाँतों तले नमकीन पेठा चुभलाते, मंदबुद्धि अभागन से कहा मैंने, "अभाग भरे

जीवन में साहित्य ही एक प्रकाश है, नहीं लगता आपको? कहाँ से लगता, आपने मेरी वह कविता तो सुनी नहीं? लीजिए, पहले उसे सुनिए।" कहकर मैंने **वाल्ट ह्विटमैन** की चोटिल पंक्तियों में अधेड़िन को दुलराना शुरू किया :

Camerado, I give you my hand!
I give you my love more precious than my money,
I give you myself before preaching or law;
Will you give me yourself? Will you come travel with me?
Shall we stick by each other as long as we live?

विरूपा का चेहरा एक स्नेहिल प्रकाश में चमकने लगा। ज़रा देर को मैं ताज्जुब करता रहा कि अरे ओ आभामय, कभी विरूपा भी दमकने लगती है साहित्यप्रकाश में? मगर चांग च्ये तब तक भागी-भागी एक पुरानी कॉपी उठाए लिए आई थी। उत्साह में लरज़ती बोली, "मैं भी आपको कुछ सुनाना चाहती हूँ! संभवतः आपकी रचना-सी उसमें काव्यात्मक ऊँचाई न हो, किंतु निश्छल प्रेम की सहज तरलता आपको ज़रूर पसंद आएगी! **छन रुंग** नाम की एक चीनी लेखिका की पंक्तियाँ हैं, मेरे मन के बहुत क़रीब हैं।" और चांग च्ये सस्वर पाठ करके गाने लगी। विरूपा को सुनता मुग्धभाव मैं काठ की तरह बैठा रहा।

काश, मैं एक तेज़ बहती नदी होता...
यदि मेरी प्रिया एक नन्हीं मछली होती, क्रीड़ा करती होती मेरी फ़ेनिल उफनती लहरों में

काश मैं एक सूना वन होता...
यदि मेरी प्रिया एक नन्हीं चिड़िया होती, घोंसला बनाती, चहचहाती
मेरे घने घुमरिल तनों में
काश मैं एक ढहता खंडहर होता...
यदि मेरी प्रिया हरी-भरी लतिका होती, सहजता से लिपट लेती

मेरे उन्नत मस्तक से।

***

ओह, जीवन में कितना दुख है! बुद्ध ने यूँ ही नहीं कहा था कि सारे दुखों की जननी माया है। और मैं भी यूँ ही नहीं रहा होगा कि मुंबई की मायानगरी को बिसराकर, शेन ज़ेन की आतिशबाज़ी या शांघाई, बीजिंग की अय्याशियों से मुँह मोड़े जंगल व पहाड़ी निर्जनों में भटक रहा हूँ। चोरी के टमाटर व बिना-चोरी वाले नमकीन पेठों का मूल व कंद खाकर भिक्षुओं-सा सात्विक-सादा जीवन व्यतीत कर रहा हूँ। शहरी सैर-सपाटे व मौज़-मस्ती की चेंगदु, हारबिन, त्यानजिन, ऊहान, किंगदाओ, श्यांगचुन, ग्वांगज़ू जैसी कितनी तो जगहें हैं... लेकिन आधुनिकता के उन अलल-बलल दलदलों में भटकने की जगह, धरती की सोंधी महक व अन-फ़िल्टर्ड वॉटर की निर्भरता से अहा, मैंने स्वयं के लिए नए दलदल तैयार नहीं कर लिए? शांति से कम, शंका के ज़्यादा क़रीब हो गया हूँ। *ओह, जीवन में कितनी शंका है।* यह बुद्ध नहीं, मैं कह रहा हूँ। और ऐसे ही नहीं, प्रतिपल महसूस करते हुए कह रहा हूँ।

दिगंत तक फैले नीले आसमान में सलेटी बादलों की छटा, भीमकाय सलेटी तनों पर घने पत्तों की आह्लादित अदा देखकर मन में अचानक फिर एक कविता स्वयं को बुनने लगी है। पता नहीं कविता का अंतिम रूप प्रकृति को– याकि मानवीयता की चरम शांति के समर्पण में स्वयं को अर्पित करेगी। उद्विग्नता व ऊहापोह है। किंतु उद्विग्नता व ऊहापोह तो काव्य-सृजन का पासंग हैं ही, उससे क्या मुँह चुराना। पीठ पर लकड़ियों का बोझा लिए एक किसान औरत दिखती है। चाल से चार बच्चों की माँ लगती है। ज़ाहिर है ग्राम कमेटी की आँख में धूल झोंककर मुँहजार ने चार बच्चे जने होंगे। "चाची, अरे, ओ चाची...?" की आवाज़ लगाता बरज़ोर की ओर भागता हूँ।

***

बुढ़िया वैसी भोली न थी जैसा दिखने की एक्टिंग कर रही थी। 'चाची' संबोधन के एवज़ में स्नेह देने की जगह मुझसे जिरह करने लगी। पूछने लगी मैं युआन में धंधा करूँगा या हांगकांग वाले डॉलर्स में; भेजा किसने है, बीजिंग से आया हूँ, कहाँ से आया हूँ। मैंने कहा, "बड़ बुड़बक हो, चाची, क्या पाथते सिर के झड़े बाल सफ़ेद किए?

चेहरा देखकर अब तक आदमी नहीं पहचानतीं? राजधानियों से आया दिखता हूँ? गोड़ में अडिदास दीख रहा है? ज़मीनी यथार्थ के बीच घूमने वाला पथिक हूँ, चाची?"

बुढ़िया कुछ असमंजस से मुझे घूरती बोली, "तो तुम यहाँ ज़मीन ख़रीदने नहीं आए? अराजकतावादी हो?"

अबकी असमंजस ज़ाहिर करने की बारी मेरी थी। ज़ाहिर करके मैंने कहा, "संशयवादी कहतीं। चालीस परसेंटी सिनिक कहतीं, हालाँकि शम्मी कपूर और राजेश खन्ना की कौनो फ़िल्म छूटी नहीं। नवज्ञानोदयवादी कहतीं, हंसविवादी कहतीं, लेकिन यह अराजकतावादी? अब ऐसा लेबल मत चिपकाइए, चाची कि घरवाले भी बेचारे अबुझ्झन में थरथराने, मेहराने लगें?"

हाथ झटककर बुढ़िया ने मुझे चुप करा दिया। पुराने क़िस्म के ऊँचे चूल्हे से उठते धुएँ से चेहरा बचाती बोली, "घर कहाँ है? घरवाली कहाँ छोड़के आया है?"

मैंने लजाकर चेहरा गिरा लिया, "घरवाली नहीं है। घरवाले हैं। उनको वहीं छोड़ के आया हूँ, जहाँ वे छूटे हुए थे– बिहार में!"

बूढ़ी बोलीं, "***बिआर!*** ...वो कहाँ है?"

जवाब सुनकर सन्न हूँ। बुढ़िया नहीं है। मानने से साफ़ इनकार कर रही है कि भारत जैसे बड़े-बेमतलब देश में बिहार जैसा छोटा-बेमतलब प्रदेश कहीं होगा भी। होने का औचित्य नहीं बनता।

देश के भीतर बिहार की अवमानना के ढेरों प्रमाण उपलब्ध होते रहते हैं (होना चाहिए ही), लेकिन देश के बाहर अपमान का यह पहला दृष्टांत है (मेरी जानकारी में तो यही है। अकारण नहीं है कि बिहार की लड़कियाँ ब्याह कर गजपुर और गौहाटी जाने के लिए सहर्ष तैयार न भी होती हों, उनका परिवार कातरता से तैयार होता ही रहा है; जबकि ब्याह कर चीन जाने का उत्साह कन्याओं में देखा गया है, न कन्या-परिवारों में। क्यों नहीं देखा जा पा रहा है? कुछ तो वजह होगी ही ना?)।

मेरे बार-बार गिड़गिड़ाने, गुज़ारिश करने पर कि, "नहीं, चाची, **बिहार है, बिहार हमेशा रहेगा!**" बुढ़िया कोयले से फ़र्श पर पिद्दी-सा सिंघाड़े के आकार वाला एक नक़्शा खींचती है, फिर उसके समूचे उत्तर को नेपाल और दक्षिण श्रीलंका को

समर्पित करते हुए ताज्जुब प्रकट करती है, अब बता तेरा *बिआर* कहाँ है? जगह कहाँ निकलती है? मेरी पीठ काट के निकालेगा?"

मैं ग़ुस्से में उफनता, किसी तरह अपने आँसू रोकता, बुढ़िया के हाथ से कोयला खींचकर फ़र्श पर अपनी जननी मातृभूमि को करेक्ट करता हूँ; मतलब नेपाल को ऊपर और श्रीलंका को नीचे ठेलता हुआ बिहार के सिंहाकार को अतिरंजना की गौरव-रेखाओं में चित्रित करके धन्य होता हूँ। तिस पर बुढ़िया जाने कौन-सी गंदी गाली देकर, थप्पड़ मारकर मेरे हाथ से कोयला खींच लेती है कि ग़रीब और दुखियारी है तो इससे मुझे हक़ नहीं मिल जाता कि उसका घर गंदा करूँ! बोलती है, "हिम्मत है तो पुलिस चौकी या ग्राम-समिति की दीवार पर जाके बिआर-सियार का अपना ऊलजुलूल क्यों नहीं आँकता? दस दिन सींखचों के पीछे निराहार रहकर सारा ब्यार-प्यार भूल जाएगा, हाँ?"

पराई धरती पर जननी मातृभूमि का चित्र खींचने के सपने क्षत-विक्षत हो गए हैं। मेरे निर्दोष मनोलोक को पशुवत हिंसा से फूँककर बुढ़िया इतमीनान से बाँस की पत्तियों का अपना शोरबा बनाने में व्यस्त हो गई है। उसे एक ओर धकेल, आगे बढ़कर मौक़ा मिलते ही शोरबे में थूक देने को मैं उन्मत्त होने लगा हूँ; लेकिन बुद्धकारी, मेरी बिहारी मानवीयता थूक वापस गरदन में अटकवा भी देती है।

मेरे रुआँसे होने पर बुढ़िया भारत को देश का दर्जा तो दे देती है, लेकिन अंदर ही अंदर वह अब भी **एक विश्व-तीन राष्ट्र** वाली लाइन पर ही चल रही है। एक विश्व तो पता नहीं उसका कौन विश्व है, और तीन जो राष्ट्र हैं उसमें चीन, अमेरिका और आख़िर में जापान है, भारत कहीं नहीं है! मैं चिढ़कर प्रतिवाद करता हूँ, "चाची, सठियाइल में दिमाग सटक गया है तुम्हारा? अफीम खिला-खिलाकर जिन अँग्रेजों ने नाकारा किया उन तक को भूल रही हो?"

हवा में हाथ से मेरे तर्क को नीचे झटककर बुढ़िया एक सस्ती, बसाईन सिगरेट सुलगाती है, बोलती है, "अँग्रेज कुछ नहीं हैं। अँग्रेज कुत्ते हैं।"

ऐसे यथार्थपरक, उपनिवेश विरोधी उद्बोधन से मुझे गदबद-गुलगुल होने लगना चाहिए था, जो मैं होने लगा ही था, किंतु तब तक बुढ़िया भाषाई ज्ञान से

अपनी वैचारिक ऊँचाइयों में चार चाँद भी लगाने लगी, और मैं वापस गड़बड़ाने लगा। तारे गड़ने लगे। अब जैसे इसी को लीजिए। बतर्ज़ चाची दुनिया में केवल दो ज़बानें बोली जाती हैं– एक तो वो जो पहाड़ियों के तल के गाँव वाले टीवी पर अमेरिकी लोग गिटपिट बोलते हैं, जिसे टीवी देखने वाली आवारा गाँव की औरतें तो नहीं ही समझतीं; स्थानीय जनसंपर्क अधिकारी, जनसार्जेंट, जनसेवक भी मूड़ी जितना डोलाते रहते हों, समझते धेला भर वो भी नहीं। अब दूसरी ज़बान वू है जो चाची के गाँव और काउंटी में बोली जाती है, और जिसे बाहरगाँव से आए मज़दूर ही नहीं, गाँव के कुत्ते, मुर्ग़ियाँ, बिल्लियाँ सब समझते हैं!

मैंने चीख़कर कहा, "अब हद है चाची? वू याद रहा और वे को खा गईं? मंदारिनो? मिन, श्यांग, गान और हक्का? झ्वांग, मंगोलियन, तिब्बेतन, उगयार, मोंग... ये सब चीन में कहाँ, ये तो हमरे हजारीबाग में बोली जाती हैं, नहीं? और हमारी हिंदी तो कोई भाषे नहीं, यही न? बोलो, बोलो?"

चोट्टी बुढ़िया लापरवाही से मुझे तकती सिगरेट धूँकती रही। कुछ देर की ख़ामोशी के बाद बोली, "भाषा तो उल्लू और सियारों की भी होती है। मगर सभ्य समाज उसे जबान मानते हैं? नहीं मानते।"

***

चीख़कर कहना चाहता हूँ कि सबसे बड़ी उलूकताज तो तुम ठहरीं, बूढ़रानी– मगर बुढ़ईन मौक़ा नहीं देती। जंगल में जलावन काटने व जीवन में रोज़-रोज़ कटने ने उसे बहुत अनुभव दे दिया है कि वह मुझ जैसे ऐंरे-टैंरे 'बेआरियों' की उलझनों को लाइन के एक ओर कसकर पकड़ी रहे। वही बुढ़िया कर रही है। मतलब मुझे कुछ कहने देने से रोके हुए अपने शौर्यसमग्र के क़िस्सों में उलझाए रहती है। साथ ही धुआँते चूल्हे पर इस बीच जाने कब खाना भी राँध लेती है। प्लास्टिक की फूल-पत्तियों के डिज़ाइन वाले एक घिसे, गंदे प्लेट में मेरे लिए कुछ बड़े व जले-जले टुकड़े परस देती है, जिन्हें देखते ही स्वाभाविक है मैं भड़ककर खड़ा हो जाता हूँ, "चाची! कुत्ता, गाय जिसका भी ये मांस हो, एकदम से हटा लो क्योंकि चिरई का मांस भी खाने की बात तो दरकिनार, दीख जाए पर भी मेरा दिल दहलने लगता है! ऊपर से नज़र

जो आता होऊँ, भक्षण के मामले में मेरे बड़े ब्राह्मण संस्कार हैं! ब्राह्मण समझ रही हो ना? भारत में जातिवाद के संबंध में चीनियों का कुछ तो पॉलिटिकल एजुकेशन हुआ होगा?"

चूँकि बुढ़िया का इस या किसी भी संबंध में पॉलिटिकल एजुकेशन कहाँ हुआ था, वह उसी तरह खींचकर मुझे वापस बिठाल भी देती है। प्लास्टिक का गंदा प्लेट मेरी ओर ठेलकर चुप्पे-चुप्पे मुस्कियाए रहती है, चुटकी बजाकर सिगरेट का धुआँ झाड़ती रहती है। जबकि मैं आवाज़ कर-करके खाता रहता हूँ, और कच्-कच् करके हर निवाला गले से नीचे जाते ही महसूस होता है मानो पेट संवेदी उपस्थितियों के नवीन नंदन-कानन में बदल रहा हो!

थोड़ी देर चुप सिगरेट के सुट्टों या जाने मेरी यंत्रणा के किसी नए विधान की सोच में खोई, बुढ़िया अचानक बोली, *"तुम्हारे यहाँ स्कूलों में तो जातिवाद की शिक्षा देते होंगे, मुन्ना?"*

एक कान पेट के भीतर की गों-गों वाली आवाज़ों पर लगाए-लगाए जवाब देता हूँ, "समाज में होती है। स्कूल में शिक्षकों के पास सिलेबस से अलग और किसी चीज़ के लिए वक़्त कहाँ है? सिलेबस बनाने वालों के पास भी कहाँ है? वक़्त और बुद्धि दोनों। ज़्यादा तो इसी में ख़र्च होता रहता है कि अगले वर्ष की सिलेबस कमेटी में रहेंगे कि उनकी जगह जो शर्मा को लाने की ख़बरें उड़ रही हैं, उड़ी-उड़ाई नहीं हक़ीक़त है। फिर होनहार छात्रों के पास भी समय कहाँ? होनहारी झाड़ने के लिए उनके पास सेलफ़ोन और प्ले-स्टेशन है। बच्चा स्कूल में समाज समझने जाएगा तो शिक्षा व स्वयं दोनों को समझने से रह जाएगा; शिक्षा, समाज, सिलेबस सबके वारे-न्यारे हो जाएँगे, समझ नहीं रही हो, चाची?"

बुढ़िया को चुपचाप सिगरेट धूँकता ध्यान से अपनी बात सुनता देख मैं सहज ही माखनलाल डिग्री महाविद्यालय के सुलगते छात्रनेता के उत्साह व रवानी में बहकने लगा, आगे बकीस, "भारतीय स्कूली शिक्षा छात्र के हित में नहीं, छात्र की माँ, स्कूल प्रशासन व छात्रों को रिक्शे में ढोकर स्कूल पहुँचाने वाले रिक्शे वालों को व्यस्त व बारोज़गार रखने की ज़रूरतों व हितों को ध्यान में रखकर बनी व बनाई

दुनिया है। इसीलिए राज्य शिक्षा बोर्ड सिलेबस के बर्रे में हाथ नहीं डालता। स्वाभाविक है यहाँ प्रश्न छात्र व समय की माँग के नहीं, अभिभावकों व अधिकारियों के रक्तचाप के न बढ़ने देने को ध्यान में रखकर तैयार किए गए हैं! फिर कुछ आर्थराइटिस से भी पीड़ित हैं, आप उन्हें नए सिलेबस से क्यों पीड़ित करना चाहते हो, भाई? *आईआईटी और आईआईएम का नाम सुना है?* कहाँ से सुनोगी? वहाँ भी स्टूडेंट मशीन और मैनेजमेंट की शिक्षा पाते हैं, बाहर मायावती और देश के मुसलमानों की बात सुनने पर शरमाने लगते हैं! शिक्षोपरांत सोसायटी में असल शिक्षा से रूबरू होते ही इन होनहार भविष्यकर्मियों को एक के बाद एक इतना सरप्राइज़ होने लगता है कि घबराकर सरप्राइज़ दूर करने कोई जर्मनी तो कोई हॉलैंड चला जाता है। अमेरिका तो जाता ही है, बस स्कूली शिक्षा ही है जो कहीं नहीं जाती!"

अभी मैं और कहता, मगर पता नहीं गिद्ध का गदहे का जाने किस गोश्त के खाए का असर होगा, पेट का गों-गों प्लेट में खाना नहीं उलटवा रहा था, लेकिन चेतना ज़रूर कहीं गुलटियाँ खेलने लगी थी! लगा बुढ़िया मेरे कान फुसफुसाकर मंत्र फूँक रही है कि कहाँ-कहाँ बहकता रहता हूँ, गाओपिंग के निर्मल चितवन पर एक नज़र धरके मन शांत नहीं कर सकता? मैंने चोट खाई सिसकारी भरी, "गाओपिंग कौन?"

***

दांग वान उर्फ़ एक पांडुलिपि की तलाश में– आठ

नयनमोहन घोषाल के यहाँ मोतीहाराना से आई ग्यारह वर्ष की कन्या सुखोमोनी का यह दूसरा ब्याह था। पहले ब्याह के वक़्त आठ वर्ष की रही होगी, दूल्हे का चेहरा देखना भी नसीब नहीं हुआ, अभागा बाढ़ की नदी में नाव पलटने से काल-कवलित हो गया था। स्वयं से उम्र में तिगुने नयनमोहन को देखने की कन्या में कैसी कामना थी, इसका उत्तर देना भी कुछ उतना ही मुश्किल है जितना यह जानना कि नयनमोहन घोषाल स्वयं क्लैरिनेट-बजैया, भिक्खु वंशज को कितना जानते थे, *जानते थे? सचमुच?* सुखोमोनी के निर्दोष को न जान सके, आदिलोक के रंगदोष को जानने की कामना फिर क्योंकर होती, कैसे होती?

अपने-अपने मन की अनूठे, अँगूठी के जादू में खोए जन, गन को इससे क्या फ़र्क़ पड़ता कि वह पुराने मख़मल के टुकड़े में लपेटे क्लैरिनेट कुरियर को जानते थे, नहीं जानते थे? जानते थे तो कितना जानते थे और नहीं जानते थे तो क्यों नहीं जानते थे। हाँ, निकोलस यादव को पड़ता था, इसलिए कि बात जाँच, उसके काम, जीवन की उसकी पहचान से जुड़ी थी। और मुंशी सियाबुर तइब अली से लेकर तपोधन महेश्शर राखाल की संगतों में निकोलस बेमौक़ा, कहीं का तार कहीं जोड़, पूछने से कभी बाज़ नहीं आए कि *जीवन ठीक-ठीक हमसे चाहती क्या है, तपोधन बाबू?* या *'काम की राह सीधे चलते हुए एक दिन सत्य का साक्षात् होगा, इसकी कभी आश्वस्ति बनेगी, मुंशी तइब साहेब?'*

इस सत्य तक पहुँचने का अलबत्ता कोई सुराग़ नहीं कि निकोलस यादव को उसके प्रश्न के वाजिब उत्तर कभी मिले या नहीं, या अंततोगत्वा यही कि मख़मल के एक पुराने कपड़े में क्लैरिनेट लपेटे बिहार और बंगाल के सूने मैदानों और उदास जंगलों में भटकते पथिक की अपनी रसधुनी खोज को यादववंशी निकोलस आख़िरकार किसी मुक़ाम तक कभी पहुँचा सका या नहीं।

निकोलस का तीसरा बेटा जो ढेरों वर्ष अंकगणित में माथा फँसाए रखने के अनंतर अंततः इंग्लिश कंपनी के बिजली विभाग में पंजाब में दूसरे दर्जे का अफ़सर नियुक्त हुआ और सारी उम्र तपेदिक की शिकायत और भय में रहने के बावजूद मौत जिसकी मेंहसाना, ज़िला होशियारपुर के एक सब-स्टेशन की मरम्मत के दौरान बिजली के झटकों में उलझकर हुई; उसकी बड़ी बेटी की चौथी औलाद जो एक एंग्लो-इंडियन आया की मुहब्बत में सब कुछ दाँव पर लगाकर हांगकांग (या शायद सिंगापुर) भाग गया था, खुदरा कपड़ों के धंधे में जिसने जो थोड़े पैसे कमाए, उसके कहीं दुगने से ज़्यादा शराब और मैंडरीन बालाओं पर तबाह करके एक निहायत बेवक़ूफ़ और बरबाद मौत मरा; उसकी फूफीज़ाद बहन के पोते की इकलौती औलाद, इलियाद क्वेंतिन, जो क्यूबेक, कैनडा में इन दिनों लंबी बेरोज़गारी के बाद पिछले तीन महीनों से एक पब्लिक सर्विस कंपनी की वकीली करता पाया गया, उसके काग़ज़-

पत्तरों में **मास्टर, वीज़ा कार्ड** और **वोडाफ़ोन** जैसी कंपनियों के अपनी सर्वविदित सार्वजनिक पहचान से अलग, पोर्नोग्राफिक सर्विसिंग से कमाए अंकूत इनकम के ढेरों गुप्त आँकड़े हैं, लेकिन डेढ़ सौ पन्नों के उस बड़े फ़ोटोकॉपीड और प्रिंटेड अंबार में कहीं एक जगह भी भिक्खु वंशज क्लैरिनेट-मैन, या किसी गुमनाम, गुप्त पांडुलिपि का ज़िक्र तक नहीं है। अँग्रेज़ी में जैसा कि कहन है– *दैट इज़ अबाउट ऑल देयर इज़!*

मालूम नहीं भोर का शुरुआती क्षण है, या बीच दुपहर भूख के अंदेशे की पहली चोट, अवचेतन में कहीं मैं एक दबी बुदबुदाहट सुनता हूँ– *'सच नहीं सपना होगा, और सपना होगा तो उसका ठीक मतलब क्या होगा?'*

पंद्रहवी सदी के स्पेन में एक **अबादेल ज़ोहराब मसूदी** नाम के अध्येता हुए गए, *'सभ्यताएँ कैसे बाज़ार के रास्ते गईं'* विषय पर जनाब ज़ोहराब मसूदी ने चार महत्त्वपूर्ण ग्रंथ लिखे, जिनमें अब लगभग सभी अप्राप्य हैं, एक बिगड़े पॉलिश अनुवाद की कुंजी के फुटनोट्स में अलबत्ता तीन जगह मसूदी का ज़िक्र है, अँग्रेज़ी में अनूदित एक उद्धरण[24] भी है, नैचुरली अच्छी-लच्छेदार बातें हैं, **मगर क्लैरिनेट-मैन, ऑर द गॉडैम्म मानुसक्रित्तो, का ज़िक्र यहाँ भी, कहीं एक बार भी, नहीं है।**

तोमासिनो फटी आँखों चमककर कहता है, *"लो साई, कपिस्को तुत्ता क्वेस्ता स्तोरिया!*[25] मैं चिढ़कर सेंटिमैंटलिस्ट के हाथ मारता हूँ, "ओ शट् अप, तुम सिर्फ़ मेरे, मेरे प्रिय पाठकों के सर पर भँवर बुन रहे हो!"

***

24. *"A dream is a garden of devils, and all dreams in this world were dreamt long ago. Now they are simply interchanged with equally used and worn reality, just as coins are exchanged for promissory notes and vice versa, from hand to hand.."*

25. *"I guess, I understand what this all is about!"*

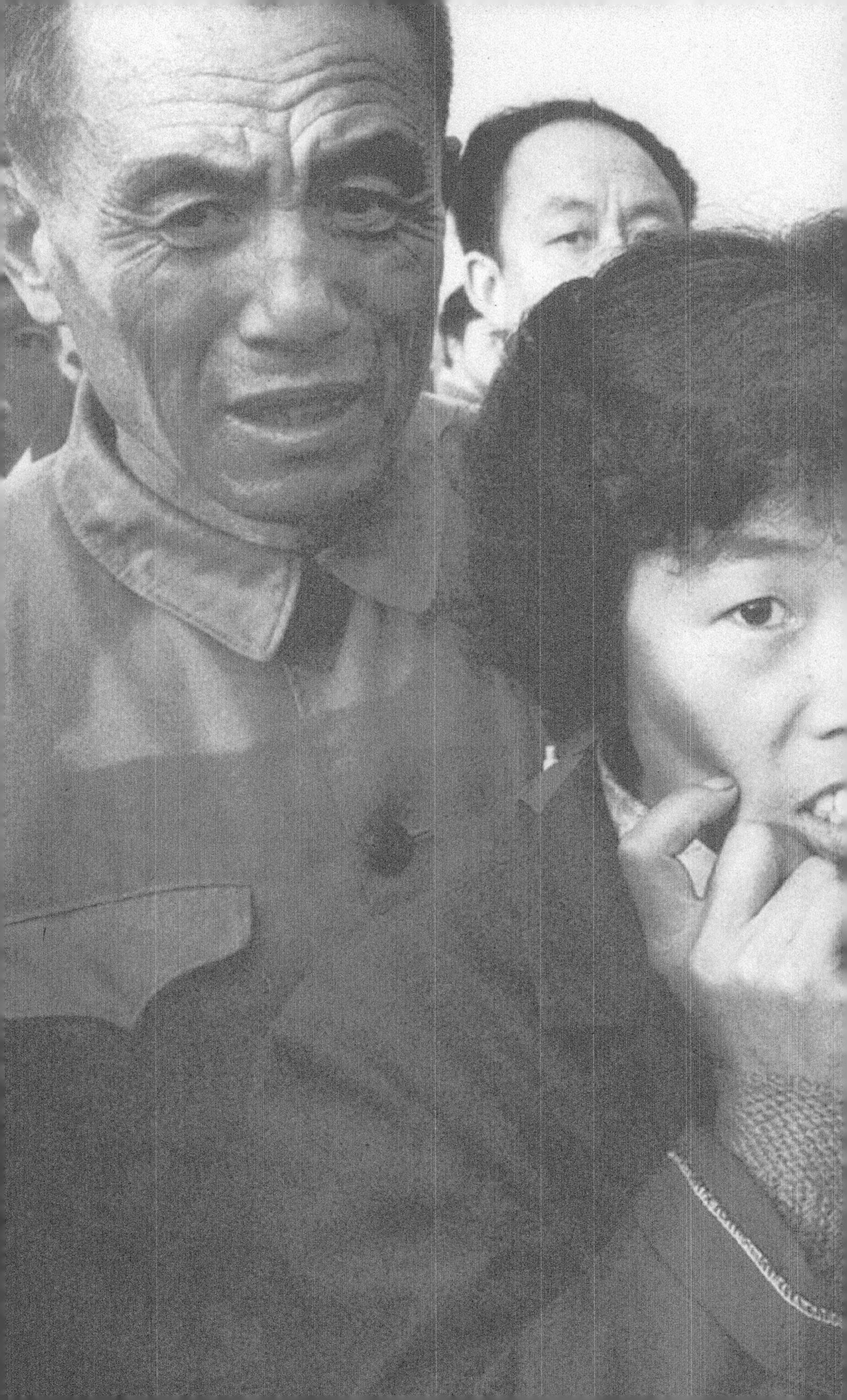

घूमी नहीं है,
मगर जंतर-मंतर घुमाना जानती है!

"प्रेम का 'प' जानते हो? तुम 'अ' भी नहीं जानते अज़ांग!"

– पारिवारिक कलह के किन्हीं भटके क्षणों मेरी बच्ची की माँ

हीरामन की ही तरह कि कंपनी वाली को दुबारा कब्बो गाड़ी में नहीं बैठाएँगे, ममता व बबीता से ही नहीं स्वयं से भी मैंने प्रण किया था कि कौनो चीनाइन के ख़्वाब में फिर नहीं उतरेंगे, मगर देखिए, गाओपिंग फुसफुसाया नहीं कि मैं सपने में उतरने लगा। हाँ, सपना ही होगा, वास्तविकता में मैं कहाँ कभी ऐसा दुबला, कमसिन नौजवान दिख रहा होता?

स्थान-काल : समटाइम समव्हेयर इन सपना। मज़दूरों की नीली फ़्रेंच टोपी और ओवरऑल यूनिफ़ॉर्म में अपनी अपूर्वा-भूतपूर्वा पत्नी गाओपिंग के नए अलॉटेड वन एंड हाफ़ बेडरूम फ्लैट में अपनी बेटी नन्हकी नानान से मिलने आया हूँ। यही है वो पतित पता जहाँ मुझको बिसराकर व नया मर्द-दा **श्यान** पाकर गाओपिंग मज़े कर रही है! मैं जलकर ख़ाक हो रहा हूँ, मगर पतिता को परवाह नहीं है। न ही बदचलन स्त्री मेरी दुलारी, कलेजे की प्यारी नानान से मुझे मिलने दे रही है!

कितना ज़ब्त करूँगा, कब तक करूँगा? तड़पकर प्रतिवाद करता हूँ, "पार्टी अधिकारियों को पटाकर ग़फ़लत में मत रहना कि मुझे मेरी नानान से मिलने से रोक लोगी! मेरी बेटी है... ख़ून है मेरा!"

"अच्छा? इतना दावे से कैसे कह सकते हो?" नए बेडरूम के नए आईने में बाल सँवारती औरत स्वाभाविक है मेरे साथ उकसावे का खेल खेल रही है। बॉदलेयर व बाल्ज़ाक पढ़ लेने वाला मेरे जैसा पहुँचा कलाकार (सपने में मज़दूर) ही क्यों, कोई भी अभिमानी पुरुष पत्नी के मुँह से ऐसे सत्य-प्रदर्शनों से भड़ककर उस पर हाथ छोड़ सकता है (पहले छोड़ता रहा ही था, जिसकी वजह से तीन मर्तबा स्थानीय जन अदालत में सुनवाई और दो दफ़े चेतावनी के साथ मुझे सज़ा हुई। और अंततः हरामियों ने गाओपिंग को आज़ाद और मुझे बरबाद कर दिया!)।

मैंने हाथ ऊपर किया, लेकिन गाओपिंग पर छोड़ देने की जगह, उसके कंधे से जोड़कर उसका कंधा हिलाने लगा, "तेरा मतलब नानान मेरी नहीं! उसकी रगों में मेरा ख़ून नहीं दौड़ रहा? बोल ना, बोलती क्यों नहीं, बदकार? किसके साथ रंगरेलियाँ मनाके मेरा पितृत्व मुझसे छीन ली? मक्कार!"

गाओपिंग मेरे घुटने पर एक लात, व अंग-विशेष पर हाथ के गहरे आघात से फ़र्श पर चारों ख़ाने मुझे चित्त कर देती है। तदुपरांत मेरी करुण व लाचार हालत पर एक सरसरी नज़र डाल, घाव की मरहम-पट्टी करने की जगह उस पर और नमक छिड़कते हुए मुझे सन्न करता अपना अमानवीय और क्रूर फ़ैसला सुनाती है, "दुबारा तूने इस घर में पैर रखा तो अपनी बेटी का चेहरा नहीं, *खुद को शानशें केंद्रीय कारागार की कोठरी में देखेगा!* मैं नहीं चाहती कि मेरे नए परिवार की स्थिरता पर तेरे विनष्टकारी व पतनशील प्रभाव पड़ें! अभी इसी क्षण निकल जा यहाँ से। काउंटी सेक्रेटरी के ऑफिस फोन करने पर मुझे मजबूर मत कर, *जनशत्रु ड्रैगन!*"

मालूम नहीं उपरोक्त हादसा-उपरांत, स्व-स्त्रीरहित, कितने दिन मैं कहाँ, किन हालात में बेहोश रहा। बुरे हालात में ही रहा होऊँगा। बस इतने का होश है कि उपरोक्तावधि उत्तरी क्षेत्र के विकास व व्यापक जनहित में मैं कोई कलाकर्म नहीं कर सका– सकारात्मक किम्बा नकारात्मक दोनों ही तरह के। केंद्रीय प्रचार विभाग

की क्षेत्रीय इकाई अलग नाराज़ बैठी थी। क्योंकि जर्मनी व अर्जेंटीना में वितरण के लिए मुझसे *'आम चीनी मज़दूर की सामाजिक चेतना'* नाम की जिस पुस्तिका को तैयार करने का कार्यभार सौंपा गया था, घरेलू लफड़ों में वह काम मैं लगभग भूल ही गया था। दूसरे, **'वर्कर्स डेली'** ने *'ख़ाली वक़्त में शहरी मज़दूरों के रोज़मर्रा के जीवन के लालित्यपूर्ण क्षण'* पर जो फ़ोटो-फ़ीचर मुझे असाइन किया था, जिसके लिए रात-दिन एक करके मैंने ढेरों तस्वीरें खींची भी, मगर एक नज़र उन्हें देख फिर 'वर्कर्स डेली' के परंपराप्रिय पुरातनपंथी संपादक **यांग किंग** हकलाने भी लगे! कि मेरी तस्वीरें शहरी मज़दूरों की वास्तविकता को झूठ और उनके झूठ को सच बनाकर पेश कर रही हैं! कि मैं ढंग से फ़ोटो खींचने की जगह राजनीतिक असंतुष्टों के पाले के खेलों में खिल रहा हूँ। शहरी मज़दूरों में व्याप्त गहरी मानवीयता के दृश्य कैप्चर करने की जगह उन्हें चूतड़ खुजाता, साफ़ गली में थूक की पिचकारी फेंकता दिखाकर नहीं तो मैं और क्या कर रहा हूँ? मुझ पर मेहरबानी रखे हैं कि मेरे हाथों में महँगा जर्मन कैमरा शोभित हो रहा है, समय रहते वाजिब वैचारिक रौशनी में अपना काम अंजाम न कर सका तो फिर संपादक जी भी कुछ कर न सकेंगे। जो करना होगा मुझी को करना होगा, **चेयरमैन झ्यांग** के समक्ष अपनी पतित पेटीबुर्जुआ प्रवृत्तियों की मुझी को सफ़ाई देनी होगी, और तब मज़दूर नहीं चूतड़ मैं खुजा रहा होऊँगा, मुझे अक़्ल आ रही है?

जीवन में इतने लफड़े क्यों हैं? और सब मेरे ही साथ क्यों हैं? चेयरमैन झ्यांग ने मुझे चिन्हित कर लिया तो मैं कहाँ का रहूँगा? दा श्यान के हाथों गाओपिंग के लुट जाने के अनंतर मैं वैसे भी कहीं का कहाँ रहा हूँ! *आख़िर मैं ऐसा क्यों हूँ जैसा हूँ?* पार्टी के क्षेत्रीय दफ़्तर में भी आध्यात्मिक अशुद्धि के विरुद्ध बारहवीं राष्ट्रीय जन कांग्रेस के दौरान पढ़े गए कॉमरेड देंग श्याओपिंग के भाषण की जब सीडी बजाई जा रही थी, मेरा ध्यान भाषण में होने की जगह कहीं और भटक रहा था, क्यों भटक रहा था? वही वक़्त था कि सब भूला मेरा ध्यान सिर्फ़ पतली, छरहरी, ओह, अतुलनीय दिंग श्यू के कूल्हे पर किसी तरह चिकोटी काट लेने पर केंद्रित था (जो अंततः मैं काट नहीं ही सका...)!

सवाल उठता ही है कि मैं इतना पतनशील क्यों हूँ? चेयरमैन माओ और उनकी चौकड़ी के सांस्कृतिक सुधार आंदोलन का मुझ पर थोड़ा सकारात्मक असर नहीं पड़ सकता था? भय जगाने वाला ही पड़ता? कम-से-कम मैं भय में जगा तो रहता? लेकिन कहाँ... मुझे तो बहाने चाहिए कि सपनों में सोया रहूँ! चेयरमैन झ्यांग की अनुशासनात्मक कार्रवाइयों से लापरवाह, चेंग्सू देहात की तरफ़ की एक *प्रतिबंधित पतनशील किंतु लोकप्रिय* धुन गुनगुनाता, नल की टोंटी के नीचे मज़े में गंजी और अंडरवियर धो रहा था! तभी किसी ने बेरहमी से बाहर दरवाज़ा पीटना शुरू किया। पल भर को मैं डर गया। लेकिन एकदम-से गाना बंद नहीं किया। करना तो था ही, किया भी, मगर धीरे-धीरे। लेकिन तब तक कला व मानवता विरोधी आततायी दरवाज़ा खोलकर अंदर आ चुके थे!

चेंग्सू देहात की तरफ़ की प्रतिबंधित पतनशील किंतु लोकप्रिय धुन-विरोधी हरामी केवल अंदर ही नहीं आए, 'धुलनोन्मुख' गंजी और अंडरवियर व कितने तो मेरे मानवीय भावों को धूल व कीच में धँसाते, नहलाते, टाँगकर मुझे क्षेत्रीय पार्टी कार्यालय की ओर लिए चले!

जिस तरह वेस्टर्न फ़िल्मों में भेड़ियों की बमचक में फँसा, फाँसी के फंदे की तरफ़ धीमी चाल चलता नायक धीमे से कहता है, *'कैन आई गेट अ स्मोक?'* क्षेत्रीय पार्टी कार्यालय की फाँस की तरफ़ जाते हुए मैं भी बिना किसी हीरोगीरी के अपनी माँग रखता हूँ, *"कैन आई गेट टू हैव अ टाईनी ट्रीट, अ स्माल फ़ोनकॉल परहैप्स, विद् माई स्वीट वाइफ़, प्लीज़?* अपने हाथ का मेरा पसंदीदा कुम्हड़ा सूप साथ लाई तो और अच्छा?" मानवता-विरोधी तांग और ली पर मेरी माँग का मगर कोई असर होना नहीं था, नहीं हुआ। इतना ही हुआ जितना ऐसी किसी भी छद्म समाजवादी व्यवस्था में सच्ची मानवतावादी माँगों का हुआ करता है। मतलब अपनी कुत्सित नज़रों से वे प्रकट करने लगे कि वे किसी भी क्षण वहीं पटककर मुझे तोड़ने लग सकते हैं। लेकिन मैं डरा नहीं। *मन ही मन* अपनी माँग बुदबुदाता रहा।

ऐसे कुत्सितों की संगत, व इतने गहरे कुत्सित अनुभवोपरांत मेरी जिजीविषा

और आशावाद अब भी बचे हुए हैं? क्यों बचे हुए हैं? इसीलिए कि जन्मना आदिविद्रोही हूँ? ओह, कैसी पत्थरदिल व्यवस्था है जो चेंग्सू देहात *की तरफ़ की प्रतिबंधित पतनशील किंतु लोकप्रिय धुन* तक नहीं बर्दाश्त कर सकती? ज़रा-सा मेरे कुम्हड़े सूप का सपना और स्व-स्त्री को अपना करने के मेरे अरमानों को क़दम-क़दम पददलित करती चलती है? जबकि सपने में भी मैं स्वयं फूँक-फूँककर क़दम रख ही रहा हूँ?

***

क्षेत्रीय पार्टी कार्यालय पहुँचकर वही करता हूँ। फूँककर मुट्ठी तानकर गर्मजोशी से चेयरमैन झ्यांग को लाल सलाम दागता हूँ। जवाब में बिना मेरी ओर देखे वह अन्यमनस्क भाव 'वर्कर्स डेली' के पन्ने पलटते रहते हैं। कुछ देर तक मुझे (? या पता नहीं किसे लेकर) यहाँ-वहाँ फुसफुसाहटों के बीच क्षेत्रीय पार्टी कार्यालय के मुख्य कमरे में ख़ामोशी तनी रहती है। जिस दरमियान मैं ख़ामख़्वाह टेंस होता रहता हूँ, जबकि टेंस होने की कोई वजह नहीं होती[26]।

इतने में बूढ़ा बाओ कुम्हड़े के गर्म सूप का कटोरा लिए चला आता है, जिसकी महक मिलते ही मैं इतराने लगता हूँ, उसी इतराहट में लड़ियाता सभा को सूचित करता हूँ कि कुम्हड़े का सूप मुझे कितना पसंद है! मगर बुढ़वा बाओ बजाय कुम्हड़ा मेरे हाथ में रखने के, चेयरमैन की मेज़ पर रख आता है। चेयरमैन झ्यांग उदासीन भाव से पहला चम्मच लेकर सूप सड़पते हैं (जबकि मैं सिर्फ़ कल्पना ही कर पाता हूँ) और सूप के मुँह में जाते ही दाढ़ के पुराने दर्द की याद करके एक हाथ से मुँह और उसी दर्दीले मुँह से बूढ़े बाओ को बेटी की गाली देते हैं! मैं सहमकर सोचता हूँ, क्या मुझे भी चेयरमैन झ्यांग के मुँह से बेटी की गाली सुननी पड़ेगी? *(हालाँकि बीवी की गाली सुनकर शायद अब मैं बुरा न मानूँ? शायद? हँह!)*।

एनीवे, मुँह के दर्द के ज़रा कम होने पर चेयरमैन झ्यांग के मुँह से जो कुछ निकल रहा है, वह मेरे लिए किसी गंदी गाली से कम नहीं। दुष्परिणामों की सोचें तो कहीं ज़्यादा ही हो सकते हैं।

---

26. देखें नज़ाब अश्करी का मशहूर शे'र : *"डाका तो नहीं डाला चोरी तो नहीं की, ऐ हसीं तिरी आरज़ू की, क्या ख़ता की.."* सततल्ला सड़क, बरेली बाज़ार, 1983

चेयरमैन झ्यांग ने कहा, "तुम्हारे ख़िलाफ़ बहुत शिकायतें हैं, अज़ांग... इस फ़ोटो को देखो!"

चेयरमैन झ्यांग मेरे आगे मेरी खिंची एक फ़ोटो सरकाते हैं। काम के बाद फ़ैक्टरी की बड़ी टंकी की पाइप के नीचे मज़दूर ठिठोली करते पैर धो रहे हैं। झ्यांग बोले, "पेपर का पाठक और अंतरराष्ट्रीय पर्यटक इस बेमतलब फ़ोटो को देखकर क्या धारणा बनाएगा? कि चीनी मज़दूर के पैर में जूते नहीं हैं! यही दिखाना चाहते हो तुम?"

चेयरमैन झ्यांग से ज़बान लड़ाना, या कुछ भी लड़ाना मेरी क्या दुर्गति करा सकता है को भूलकर मैं एकदम से उखड़ जाता हूँ, बकता हूँ, "चेयरमैन झ्यांग, मज़दूर पैर धो रहे हैं! अपने पाठकों व विदेशी पर्यटकों की मौज़ के लिए आप चाहते हैं कि वे जूते पहनकर पैर धोएँ?"

चेयरमैन झ्यांग चेयरमैन थे। मैं आठ इंच उखड़ रहा था तो वह मुझे आठ फ़ुट उखाड़ सकते थे। मगर ऐसा कुछ करने के बजाय बूढ़े बाओ के हाथ सूप का ख़ाली कटोरा सौंपकर वह अपनी जगह खड़े हो गए। इधर वह खड़े हुए उधर गाओपिंग की एंट्री हुई। पीछे-पीछे उसका वह नया यार दा श्यान था। गाओपिंग के तेवर, चेहरे का भाव देखकर मेरा कलेजा बैठ गया। *क्या यह औरत मुझे ख़त्म करने पर तुल गई है?* मुझसे मेरी नानान छीनकर इसे अभी चैन नहीं पड़ा है? क्या मेरी जान लेकर ही चैन पाना चाहती है? ओह, जवानी ढंग से जी नहीं, इसी कमसिनावस्था में मौत को जीना होगा?

मैंने खड़े-खड़े सर्द आह भरी और वहीं फ़र्श पर बैठ गया। ज़ेहन में, बचपने में अपने लिखे दो शे'र जाने कैसे तो याद आने लगे :

कोई उम्मीद बर नहीं आती
कोई सूरत नज़र नहीं आती
आगे आती थी हाल-ए-दिल पे हँसी
अब किसी बात पे नहीं आती

चेयरमैन झ्यांग मगर मेरी सर्द आह नहीं सुन रहे थे, स्नेह से उस गंदगी फैलाने वाली की तरफ़ देख रहे थे जिसके दांपत्य–बंधन में कैसे तो मैं फँस गया था? क्यों फँस गया था? दुर्गति ही करवानी थी किसी सियार से फँसा होता? बदजात, बदकार, बेग़ैरत, बेहया, बेवफ़ा औरत मेरे जीवन (और अंतरराष्ट्रीय कला) के बहुमूल्य चौदह वर्ष खाकर संतुष्ट नहीं थी, अब मेरे समूचे भविष्य पर ग्रहण की तरह चढ़ना चाह रही है! और वह भी एकदम-से नहीं चढ़ी। दो मिनट बुलके चुआकर पहले माहौल बनाती रही। जिस दरमियान उसके कंधे पर दिलासा का हाथ धरे उसका नमूना यार दा श्यान मुझे *'तुमपे थूकता हूँ, कुत्ते!'* वाली नज़रों से घूरता रहा। चेयरमैन झ्यांग और उपस्थित अन्य सभासदों की नज़रों में भी मेरे प्रति मोर-ओ-लेस कुछ वैसी ही मनमोहिनी क़िस्म की मुहब्बत बरसती रही। जबकि मैं इन नौटंकियों से बेपरवाह, सिर्फ़ यही सोच-सोचकर हैरान हो रहा था कि *बड़ा अपने को होशियार लगाता हूँ तो कैसे अब तक कभी चाय में ज़हर मिलाकर इस चुड़ैलिन का राम-नाम सत्य नहीं कर दिया?*

झूठे बुलके चुआ-चुआकर मजमा लगाने के बाद चोट खाई हेमा मालिनी नज़रों से मुझे ताड़ती गाओपिंग शुरू हुई। बूढ़े बाओ के हाथ के ख़ाली कटोरे को एक बार रश्क से देखने के बाद चेयरमैन झ्यांग फिर मुझी को देखते रहे, चुड़ैलिन से कहा, "डरो नहीं, गाओपिंग! उपस्थित जनशत्रु ने जो-जो जनविरोधी कार्य किए हैं, सबके बारे में निडर होके कहो!"

गाओपिंग ने कहा, "इसने मेरा जीवन ही नहीं, मेरे भीतर के सभी मानवतावादी मूल्यों में ज़हर घोलने की कोशिश की, चेयरमैन झ्यांग!" सुबुक-सुबुक का कुछ और ड्रामा। ड्रामे में डूबे, आगे, "रात को बिस्तरे में मेरे हाथ से 'वर्कर्स डेली' खींचकर परे फेंक देता और ऐसी-ऐसी बातें करने लगता कि शर्म से मेरे कान लाल हो जाते!"

बिलासपुर व बोकारो की कवि-सभाओं का पुराना अनुभव था इसलिए दर्शकों के 'शेम! शेम!' हल्ले का मुझ पर असर न हुआ। अलबत्ता चिढ़े हुए प्रतिकार में जवाब देना मुझे ज़रूरी लगा, "अबे, हद है! ऐसा अनोखा क्या कर गुज़र गए हम? तू लोग रात में बीवियों के कान में बाईसवीं पार्टी कांग्रेस का घोषणापत्र पढ़ते हो?"

चेयरमैन झ्यांग मुझे ऐसी नज़रों से देखते रहे जैसे सत्तर के दशक की हिंदी

फ़िल्मों के क्लाइमैक्स में धर्मेंद्र का शेट्टी की तरफ़ देखना अनिवार्य हो जाता था। ज़ाहिर था जल्दी ही मैं मज़ा चखने वाला हूँ!

गाओपिंग ने कहा, "पार्टी प्रचार-विस्तार कार्य के लिए स्थानीय महिलाओं व लड़कियों का इसने मेरे पास आना दुश्वार कर रखा था, चेयरमैन झ्यांग! उन्हें देखते ही यह हा जिन की संस्कृति-समीक्षा की जगह नोबाक़ोव की 'लोलिता' खोलकर बैठ जाता। सबकी पीठ पीछे उन्हें भद्दे इशारे करता। पी वान को तो इसने अपने साथ तैराकी पे चलने का न्यौता तक दे डाला। और वह नासमझ लड़की तैयार होकर इसके साथ चली भी गई! मेरी ग़ैरजानकारी में पता नहीं ये पी वान को क्या और कैसी-कैसी तैराकी करवाता रहा!"

हँसते हुए मैं याद करता रहा ओह, क्या मज़े के दिन थे, लेकिन चेयरमैन झ्यांग का तना चेहरा देखकर यह भी लगा कि मज़े के दिनों को याद करने का यह उचित मौक़ा नहीं।

गाओपिंग ने कहा, "पिछले वर्ष शरद स्वागत समारोह के दौरान हमारे काउंटी की नाट्य प्रस्तुति में पुरुष की भूमिका करने से इसने साफ़ मना कर दिया! नीच ने पहले से ही स्त्रियों के वस्त्र पहन रखे थे। पूछिए क्यों!"

कोरस ने पूछा, "क्यों? क्यों?"

गाओपिंग (पूर्ववत सुबुक-सुबुक का ड्रामा खेलती हुई) बोली, "इसलिए कि इसकी दिलचस्पी जनशिक्षा में नहीं, ग्रीन रूम में लड़कियों के बीच अपना स्वतंत्र नाटक खेलने में थी! मैंने इसे रँगे हाथों पी वान के होंठों पर रंग लगाते और आँखों पर चमकीली रेत छिड़कते देखा, चेयरमैन झ्यांग!"

हो-हल्ला मचाते अपने को जनहित का झंडाबरदार बताने वाले अचानक कई सारे गुंडे मेरी ओर लपके। मैं गाओपिंग की तरफ़ लपककर उसके गाल पर एक तमाचा जड़कर उसे वहीं रंगीन कर देना चाहता था, लेकिन जान बचाने के लिए मुझे चेयरमैन झ्यांग के पीछे छुपना पड़ा। तभी पता नहीं कहाँ एक पटाखा दग़ा। छाती में भारी तक़लीफ़ महसूस हुई, कटे पेड़ की तरह गिरने के दौरान जाकर मुझे अंदाज़ हुआ कि असर पटाखे का नहीं उस गोली का है जो इस प्रत्यक्ष क्षण मेरी जीवन-लीला

का अंत कर रही है!

***

दांग वान उर्फ़ एक पांडुलिपि की तलाश में– नौ

कालीबाड़ी की भीतरी गलियों में जाने इसाइयों के किस पंथ की एक पुरानी, ललहर, साहबों की बंगलानुमा इमारत है, होंठों के ऊपर एक भूरा, भारी मस्सा और हल्की उग आई मूँछों की सजावट वाली एक बूढ़ी नन से तोमासिनो जिरह कर रहा है, मैं बिना गाँजा पिए गाँजे की टुनक में उनींदा मिशन-पुस्तकालय की पुराने जिल्दों के बीच के अनकैटलॉग्ड शोधपत्रों को पलट रहा हूँ, एक शीर्षक पर नज़र जाती है : *'सत्रहवीं सदी के प्रथमार्द्ध में भारत में पुर्तगाली उद्यम से नीलाहाट के सामाजिक जीवन में आए बदलाव'*, सस्ती स्कूली नोटबुक के काग़ज़ पर सात-आठ पृष्ठों की एक हस्तलिखित दूसरी रपट का शीर्षक है : *'ईश्वरीय अंधश्रद्धा और पैरासीटामॉल पर अगाध विश्वास दोनों ही हमारे लिए बराबर रूप से नुक़सानदेह हैं।'*

हाइनरिश हाइनस्त्रास, बर्लिन में 1889 का मैनुफैक्चर्ड एक घिसा हुआ पुराना ग्लोब है, उस पर धीमे-धीमे उँगलियाँ फेरते हुए, और अच्छी नक़्क़ाशी का बनारस में बना पीतल का एक पानदान है, इसे क्यों न उड़ा लिया जाए के मीठे अरमान से जूझता बुदबुदाता हूँ, *"इट्स ऑल भँवर एंड मोर भँवर, स्वीटहार्ट, लेट्स गेट आउट ऑफ़ हियर!"*

पूरी रात रेल का सफ़र, गैस-बत्तियों की रौशनी को बुझा देने के बाद के तेलियर अँधेरों की महक, झपकियों में आती नींद और खिड़की के बाहर सरसराते ताड़ के पत्तों की महीन हवादार आवाज़ से अगले ही क्षण उचट भी जाती नींद...

अँधेरे में आँख मलता, उँगलियों से टटोलता घुटना पाकर मैं चौंकता हूँ *किसका घुटना है, कैसा समय है? अतीत का बिसराया कोई क्षण, या भविष्य की खूँटियों पर उलझे, उलझते भगाए, भगोड़े पल?*

जिस दशक अमेरिका में पहली मर्तबा मोटर उद्योग की ज़रूरतों के मद्दे-नज़र सड़कों के निर्माण में नाटकीय निवेशों की सरकारी मंज़ूरी हुई, ठीक उसी के गिर्द श्री

महावीरजी प्रसादजी द्विवेदीजी ने अस्वस्थता में हिंदूसभा के एक प्रांतीय अधिवेशन की अध्यक्षता में असमर्थता जताई थी, ठीक उसी दौरान हंगरी के तिरपन वर्षीय इस्तवान मांदेलस्ताम, जो पिछले नौ वर्षों से एक छोटी-सी ग्रांट की आस लगाए बैठे रहते और हर वर्ष उससे महरूम होकर कुछ जल्दी और ज़्यादा बूढ़े हो रहे थे, अंततः इस बार पैसों की मंज़ूरी से आश्वस्त अपनी बेथलेहम की यात्रा का सुखद समाचार अपनी तीसरी और सबसे दुलारी बेटी मार्गारिता वॉन बांदेवाउन को देने उस बेकरी की ओर भाग रहे थे, जहाँ वह चार घंटों की पार्ट टाइम मज़दूरी करती थी और अपने पिता से बेतरह स्नेह रखती, *बशर्ते वह बेथलेहम के सफ़र की पागल सनक से बाहर आ जाएँ और सबका जीना दूभर न करें।*

ख़ैर, कहने का मतलब बेटी की मुहब्बत और संभावित सुख के उत्साह में दौड़कर सड़क पार करता इस्तवान मांदेलस्ताम ने जर्मन घड़ी के व्यापारी की टमटम के नीचे आकर अपनी जान भले बचा ली, अपने बाएँ पैर से हाथ हमेशा के लिए धो लिए। यह वही दिन था जब नेपाल की तलहटी में गोरखपुर के रास्ते धीमाल नाम के गाँव में, बाढ़ की चपेट में, कुल एक दिन में इकसठ लोगों ने अपनी जान गँवाई थी, ठीक इसी दिन दांतेवाड़ा के एक फक़ीर ने हवा में अनुपस्थित, मगर अपनी नज़रों में दिख रहे, मख़मली कोमलता में लिपटे संगीत को पहचान लेने और उड़ीसा के मयूरभंज में एक पोपले मुँह वाली बुढ़िया के नज़दीक 'वह' कहीं पाया जाएगा का सुराग़ दिया था।

रात भर रेल के सफ़र के तीन दिन बाद, जून की गर्म दुपहर मयूरभंज के इस और उस, जाने किन-किन गाँवों की ख़ाक छानते हुए मैं और तोमासिनो एक वहशी दीवानेपन में पोपले मुँह वाली उस बुढ़िया की खोज में लगे रहे जो हमें हमारे क्लैरिनेट बजवैए के संगीत और उस पांडुलिपि तक पहुँचने का रास्ता बताती, और अंततः दिन ढलते-ढलते बुढ़िया मिल भी गई!

***

तुमने तीली (नीली) तितली देखी, नानान को देखा है?

"जो तुम आम के डार होते, सजन, मैं होती चिरई फुरगुद्दी, तुम्मर बदन बकोटती सोगहग, सगरे दिन!"

– गंदे कपड़े पछारती, सुनाकर छेड़ती, मुझे गीला करती गाओपिंग

"अज़ांग? अज़ांग? अब उठ जाओ, बाबू!" कौन बुला रहा है? क्यों बुला रहा है? जीवन के अंतिम क्षणों मन के बाइस्कोपी परदे पर गिरते ओह, कैसे तो सजल, सुकोमल दृश्य-वितानों का सतरंगी विधान तहस-नहस कर उठ जाऊँ, *क्यों उठूँ?*

नहीं उठ रहा। मन में उमड़े आए बाइस्कोप के स्पेशल शो का आनंद ले रहा हूँ! हमारी मँगनी के ठीक बाद, सामने साइकिल की रॉड पर गाओपिंग को बिठाए हुए चाँदनी रात में, ओह, तीन तारा पुल से गुज़रने का वह आह्लादकारी क्षण! फ़ैक्टरी के गेट पर बच्ची की तरह आइसक्रीम खाते उसका मेरे बाहर निकलने की राह तकना। लून शो अस्पताल के आँगन में पता चलने पर कि वह पेट से है, गाओपिंग का मेरे कंधे सिर रखकर ख़ुशी से भर्र-भर्र रोने लगना! एक के बाद एक सारी तस्वीरें माथे में कौंधती हुई निकलती चलती हैं, और कैसे तो तृप्तिभाव भरा सारी दुनिया के सब कुकर्मों को माफ़ करता एक अनोखे, परम शांति में नहाया सोता रहता हूँ।

पलकों पर हल्की, मीठी धूप उतर रही हो तब आँखें मूँदे आलस्य में लेटे रहना कैसा मीठा-मीठा लगता है, नहीं? मगर मीठा लगने की जगह गीला-गीला लग रहा है। बूढ़ी चाची की आवाज़ की 'गिलाई' से आँख नहीं खुली है, सात सेर वज़न वाली बच्ची है– मुझ पर बैठी हुमस रही, सिर्फ़ छाती ही नहीं दल रही, नाक-मुँह में जहाँ मन कर रहा है उँगली ठेल रही है, पलकों के बाल नोच रही है तो न चाहते पर भी अचकचाकर आँखें खोलनी पड़ती हैं। *कहाँ सोया हूँ? कब से सोया हूँ?* कि तब तक पाँच हाथ दूर बूढ़रानी नज़र आती हैं। नाक पर तागे से बँधा चश्मा गिराए चाची बुनाई कर रही है, बोल रही है, "उठ जाओ, बाबू! कब तक घोड़ा-गदहा बेचते पड़े रहोगे?"

कुहनियों के बल उठंगा होकर सबसे पहले अपने स्वप्निल लोक को मटियामेट किए जाने वाली साल भर की भीमबाला का मुआयना करता हूँ। अब भी हवा में हाथ घुमा रही है, चिढ़ी मुँह बनाए कि मैंने आँख और नाक पहुँच से दूर क्यों कर लिया? नाक के मुहाने सूखा नेटा, आँख में झुँझलाहट, और लड़ियाती देह के नीचे मेरी छाती पर, उस संक्षिप्त झील का नक़्शा जो थोड़ी देर पहले भीमबाला ने अपनी उपस्थिति दर्ज कराने के प्रमाण के बतौर रख छोड़ा है!

स्वाभाविक है मेरा दिमाग़ सटक जाता है, मुँह बनाकर चाची की दिशा में भौंकता हूँ, "देख रही हो इधर? किसकी लाड़ली ने यहाँ मेरी देह पर करम किया है?"

चाची ने कहा, "किसकी नहीं, मेरी भतीजी की है। रुलाना मत। एक बार बाँ-बाँ करने लगे, फिर चुप नहीं होती बदमाश!" बुढ़िया ने बिना मेरी ओर देखे जवाब दिया। इतने ध्यान से बुनाई कर रही थी मानो इंदिरा गाँधी देश में आपातकाल कैसे लगाएँ की आर.के. धवन और देवराज अर्स से गुफ़्तगू कर रही हों।

ऐसा न हो कि बच्ची कहीं सचमुच रोने लगे, मैंने घबराकर अपनी नाक उसके हाथ चली जाने दी। बच्ची नाक दबा-पिचकाकर मुझे नए, मीठे दर्दों का सेवन कराने लगी। मैंने कराहते हुए कहा, "गंदगी कर दी है, चाची!"

चाची बोली, "बच्चे के गंदे का क्या बुरा मानना? तुम्हारे दिमाग़ में जो इतना गंदा है, उसका तो हल्ला नहीं करते! थोड़ी देर लिए रहो तब तक टीबी का ये कबर खतम कर लूँ।'

बच्ची की हिंसा झेलते मुझे ख़याल आया कि मेरे लिए किसी ने कभी टीवी का कवर नहीं बुना। न कवर धरा जा सके, ऐसा कोई टीवी ही कभी ख़रीदकर दिया? बे-कवर, बिना टीवी कैसा असामाजिक, ऊबड़, उदासी से भरा जीवन जीता रहा हूँ की सोच में व्यथित होता बच्ची के पेट में मैं उँगलियाँ चुभोता रहा। बदमाश रोने की जगह ठीं-ठीं, खी-खी करती रही। रसोई के भीतर से कोई जवान जनाना आवाज़ आई, "नानान! चाचा को दिक मत करो, बेटी!"

मेरे दन्न-से चौंकने पर चाची ने खिला जवाब दिया, "मेरी भतीजी है। गाओपिंग। तुम्हारे लिए कुम्हड़े का सूप तैयार कर रही है। घर में कुम्हड़ा था भी नहीं। तबसे तुम नींद में बड़बड़ा रहे थे, सो बेचारी भागकर नीचे गाँव से माँगकर लाई!"

मैं : "नींद में बड़बड़ा रहा था? और क्या कर रहा था नींद में?" थोड़ी घबराहट, उससे ज़्यादा लजाहट में मैंने फुसफुसाकर पूछा। चाची ने जवाब नहीं दिया। मुँह पर हाथ धरे चुप्पे-चुप्पे मुस्कियाती रही। तभी हाथ में सूप का कटोरा लिए *वह* बाहर निकली!

सिर झुकाए बुदबुदाकर बोली, "ख़राब बना होगा तो माफ़ कर दीजिएगा। गाँव की हूँ, शहर वाले मुझमें शऊर नहीं।"

मैंने एक नज़र उठाकर देखा उधर। फिर उधर ही देखता रहा, होश लौटने पर हकलाकर बोला, "तुम्हारा नाम गाओपिंग है? और... तुम्हारे पति?"

"उस पिल्ले का नाम मत लो!" अबकी चाची बोली, "गोद में बच्चा छोड़कर हरामी दूसरी औरत के साथ भाग गया!"

भाग गया? ऐसी गाओपिंग को छोड़कर?

"चाची! दा श्यान को जो करना था, उसने किया। तुम अपना मुँह क्यों ख़राब करती हो!" नज़रें गिराए गाओपिंग ने सूप का कटोरा मेरे बग़ल रखा, नानान को मेरी गोद से खींचकर वापस तेज़ क़दम अंदर लौट गई।

अंदर स्वाभाविक था हाथ से नाक का खिलौना छूट जाने पर बच्ची भाँ-भाँ रोने लगी। बच्ची को चुप कराने के बजाय सबसे छिपाकर शायद अब उसकी माँ भी रो रही थी!

***

बच्ची की उँगली चेहरे से हटाकर, उसकी नाक में अपनी फँसाकर मैं अजीबो-ग़रीब आवाज़ें निकालने लगा। पीछे से चाची ने एक चपत लगाई कि तेरे कुम्हड़े-सी नाक के नीचे लड़की का दम निकल जाएगा, नष्टामी? मैंने हाथ नचाकर कहा, "चलो, चलो, चाची, मुझसे नाक लड़ाने के पीछे लड़कियाँ जान देती हैं! तुम्हारी से नहीं सटा रहा हूँ, इसीलिए जल रही हो?" फिर लड़की की ख़बर ली, नानान से पूछा, "तेरा दम घुट रहा है कि मस्ती चढ़ रही है? ज़रा बता तो चचिया को?"

मेरे कंधे और छाती पर हाथ-पैर फेंककर नानान बताने लगी उसे कितनी मस्ती चढ़ रही है। मेरा वश चलता तो मैं भी हाथ-पैर फेंककर बताता मेरे माथे कितनी ख़ुशी चढ़ रही है! फ़िलहाल *'हुलुलू-हेलेले-बाल्ला-बाल्ला-गिली-पिली'* बोलकर काम चलाता रहा। ज़ाहिर है मैं ख़ुश था तो गाओपिंग नहीं थी।

सूखी मछलियों का डिब्बा, मिर्चे के सिरके की शीशी और सूखने को डाले नानान के पोतड़े समेटती, कामों के बीच स्वयं को उलझाए, औरत परेशान हो रही थी कि चाची के दुलार से दूर वापस शहर की धक्कापेल में लौटने का समय सामने खड़ा है! ऊपर से बुढ़िया ने बेसहारा के सिर एक नया ही बोझ रख दिया, गाओपिंग से बोली, "अपने साथ इसे भी लिए जा! रास्ते में तेरी कुछ मदद हो जाएगी, अज़ांग शहर अपनी राह निकल जाएगा।"

चाची का सुझाव सुनते ही गाओपिंग का चेहरा उतर गया। बेचारी तब से अंदर-बाहर करती अपना निकलना टाल रही थी, अब यह नई मुसीबत। मुझे अच्छा नहीं लगा कि मेरी वजह से स्त्री तनाव में है, मैंने उसे सुनाते हुए चाची से कहा, "अरे, अरे, चाची, फिर मेरे माथे माँ-बेटी का बोरा, रहने दो! मैं अकेले ही ठीक। इनका हाथ पकड़ के आया था जो इनका हाथ पकड़ के जाऊँगा?"

गाओपिंग फट से भागी बाहर आई थी कि मेहमान सही कह रहे हैं, चाची, मगर बुढ़िया ने हवा में हाथ चलाते हुए पहले ही मेरी बात काट दी, चिल्लाकर बोली, "तुझसे मैंने तेरी राय पूछी, लुच्चे?" फिर गाओपिंग से कुछ कहते न बना। झुककर साइकिल के पहियों की हवा जाँचने लगी। औरत को और चिढ़ाने की ग़रज़ से ही मैं बच्ची के मुँह से मुँह लगाकर फुसफुसाता रहा, *"प-प-पापा बोल, नानान! बोल, बेटा,*

पापा!"

मेरे बेहया और क्रूर मज़ाक़ से गाओपिंग दंग रह गई। मतलब मेरे आगे कुछ ऐसा ही ज़ाहिर कर रही थी। एकदम से दौड़कर अंदर चली गई! मुझे समझ नहीं आ रहा था देहात की गँवार औरत आख़िर किस बात पर इतना घमंड कर रही थी। ज़रा-सा रूप पा गई थी इसका? तो मैं क्या कम पाया हूँ? अपने को स्कारलेट जोहानसन, साइना नेहवाल, समझती क्या है ये औरत? मुझसे सच्चाई सुन लो कि उनकी कानी उँगली बराबर नहीं हो, सुन रही हो? और आप, हे प्रिय पाठक, आपको बता रहा हूँ, झ्यांग जियि या गोंग ली भी नहीं थी, सच्चो! पता नहीं क्या थी। शायद उसके कान थे, गरदन के रोयें, या बाएँ हाथ पर बचपन में लगे किसी चोट का निशान, जिसकी एक झलक से मन में कहीं ज़हरीला कोई तीर गड़ गया था। और वहीं पड़ा, धँसा दर्द जगा रहा था! जितना गाओपिंग सामने आकर दूर चली जाती, उतना ही मन में तीर गड़ता रहता!

"तब से खिटपिट लगाए है, तू जा क्यों नहीं रही, बदमाश?" चाची चिल्लाई, "देरी से फैक्ट्टरी चहुँपकर लिन्बाओ से गाली सुनना चाहती है?"

"नहीं, चाची, बहुत सुन लिए, मरदों के उलाहने का अब सौक नहीं है!" फीकी हँसी की चोट में लपेटकर गाओपिंग बोली। मैं हँसने लगा। जाने किस बात पर हँस रहा था। गाओपिंग सन्न मुझे तकती रही कि किस तरह का आदमी हूँ।

***

मन में कितनी तो बेचैनी थी कि बुढ़िया से दूर होते ही गाओपिंग को घेरकर क्या-क्या पूछूँगा[27]। मगर साइकिल निकालकर पगडंडी पर आते ही हमारे बीच झगड़ा

---

27. कृपया देखें, **'मेरी अप्रकाशित डायरी'**, पृष्ठ संख्या : 112, "इस जीवन का अर्थ क्या है, गाओपिंग, बताओगी? इतने बड़े संसार में ऐसा क्यों है कि किसी एक चेहरा के दीखने पर हृदय सांद्र व आँखें आर्द्र होने लगती हैं? मगर वह चेहरा पड़ोसी ठाँव नहीं सुदूर चीनी गाँव में दिखता है, और दिख चुकने के अनंतर स्वयं को दिखाने से बचाता चलता है? जबकि देख चुकी आँखें संसार में अब अन्य कुछ नहीं देखना चाहतीं, नयन-देखे के बेमतलबपने को कैसे सजल-विमल अर्थ मिलने लगते हैं, क्यों गाओपिंग? क्या यह जीवन प्रीत पाने व 'प्रीति न बिसरे' गीत का मार्मिक विस्तार मात्र है? फिर साहित्य किम्बा समाज का हमारे लिए क्या महत्व है? मेरा तुम्हारे लिए? कोई है? क्या हमारे जीवन के दुःखों के केंद्र में यही अभाव है कि हम साथ-साथ 'कनुप्रिया' न पढ़ सके? मेरी अनुपस्थिति

हो गया[28]। बदकार ने साइकिल मेरे हाथ सौंपने से इनकार कर दिया। स्वाभाविक है– मैं सन्न रह गया कि यहाँ क्या-क्या हाथ आने का अरमान पाल रहे थे, और ये दो कौड़ी की जनाना और तो और अभी तलक अपनी साइकिल बचा रही है? कहती रही साइकिल उसकी है, आज तक वही चलाती रही है, आज भी वही चलाएगी। मैं भी अड़ गया कि कैरियर पर बैठकर उसका एहसान लूँगा इस मुग़ालते में न रहे! बोला, "चलाओ, ऐश करो, मैं बड़ी सड़क पर किसी सवारी की लिफ्ट ले लूँगा!"

गाओपिंग चिढ़ी मुझे देखती रही, फिर ग़ुस्से में होंठ चबाती बोली, (ओह, मैं कैसी मुहब्बत से देखता रहा?) "फिर मेरी साइकिल में लिफ्ट लेने में क्या हर्च है? इसीलिए कि नानान और चाची की नजर में हमको छोटा दिखाना चाहते हो? कि बाद को उलाहना दें कि हम एक बेसहारा का तनिक मदद न कर सकीं?"

मैंने कहा, "ओहोहो! बड़ मदद करे वाली हुईं आप तो! कोंहड़े का सूप पिलाया ना? सूप सामने फेंक के भीतरी जाके बुलके चुआती रहीं! जैसे हम्मैं एतना बेसरम हुए कि कोई बगली रोएगा और हम मजा में सूप भकोसूँगा! वइसही सूप में नीमक नहीं था!"

"तो माँग नहीं सकते थे?" गाओपिंग इतने ज़ोर से बोली कि उसकी पीठ पर बँधी नानान गरदन उचकाकर अपनी माँ को देखने लगी। गाओपिंग का चेहरा एकदम रुआँसा हो गया। साइकिल पर चढ़कर वह एकदम आगे चल दी। घबराए पीछे से मैंने आवाज़ लगाई, "अरे! ओ हसीना..."

थोड़ा आगे जाकर गाओपिंग की सवारी रुकी। मैं हाँफता-हाँफता साइकिल

में तुमने कभी 'गुनाहों का देवता' पढ़ा?"

28. वही, **'मेरी अप्रकाशित डायरी'**, पृष्ठ संख्या : 89, "आख़िर यह किस तरह का मुझमें व्यक्तित्व दोष है? एक तो लड़कियों से मन नहीं लड़ता, और जब लड़ता है तो मन के पहले वही लड़ रही होती हैं? जबकि गाओपिंग से अभी मैंने पूछा भी नहीं था कि वह बिहार या मनोरमा मौसी के बारे में क्या सोचती है। या यही कि जीवन के मेरे पूर्व-प्रसंगों को लेकर वह किसी ग़फ़लत में न रहे, मैं *'सादा जीवन, उच्च विचार'* ही नहीं जीता रहा हूँ! और पैर में आलता व केश में आँवला-तेल थोपने वाली स्त्रियों से मुझे सख़्त नफ़रत है, क्या उसके (गाओपिंग) संपर्क में स्वयं के नफ़रत-संदर्भ भी पुनर्परिभाषित करने होंगे? मगर यह सब पूछने का मौक़ा कहाँ बना, औरत तो मेरा मुँह नोच रही थी?"

तक पहुँचा, "बड़ी अजीब औरत हो? पराए मुल्क की हो इसलिए माफ कर देता हूँ। मेरे यहाँ की होती तो यहीं बताता!"

"क्या बताते?" गाओपिंग ने बिना चेहरा पीछे घुमाए पूछा।

मैंने कहा, "पटककर दो लात लगाता और क्या? मर्दों से बहस करने वाली औरतें मुझे एकदम पसंद नहीं!"

"हँह, और मैं चुप बैठी रहती? सिर्फ़ तुम्हारे पास लात है?" बदतमीज़ ऐसे बोल रही थी मानो मुझ पर तरस खा रही हो।

कैरियर पर पसरकर बैठते मैं सन्न होता रहा कि देखिए, गाँव की देहातिन की ज़रा मजाल देखिए, आदमी पर पैर छोड़ेगी? प्रकट बस इतना भर कहा, "ठीक है, ठीक है, बहुत सेंस ऑफ़ ह्यूमर दिखाने का दरकार नहीं, सवारी आगे बढ़ाओ!" अच्छा हुआ चुपचाप उसने साइकिल आगे बढ़ाई। मैं चुपचाप उसके आगे-पीछे होते पैरों का मुआयना करता रहा, मनै-मन सोचता, बालीबॉल खिलाड़िन वाला ये भारी गोड़ सचमुच मुझपे छोड़ती? कहाँ से कैसे फिर बचाता अपने को, बचा पाता?

आँख ऊपर उठी तो ध्यान गया गठरी में रेस्टेड नानान मुझे अपनी माँ के पैर देखता देख रही थी। मेरी 'लेचरई' से बहुत ख़ुश नहीं हो रही थी। खिसियाकर नानान के पिछाड़े से सिर भिड़ाकर मैंने उसकी माँ से कहा, "माताश्री, पीछे सवारी लदी है, पीठ पर बेटी लादी हो, बेटिया तो मुझे दे सकती हो? वैसे भी इसका पिछाड़ा मेरे मुँह पर गिरा आता है!"

गाओपिंग ने साइकिल रोक ली, पीठ से बेटी की गठरी खोली, मगर बेटी मुझे सौंपने के बजाय उसे अपनी छाती पर बाँध लिया। मेरे चिढ़े हुए चेहरे से चेहरा लगाकर धीमे से बोली, "मैं नहीं चाहती मैं या मेरी बच्ची किसी की परेसानी बनें!" और साइकिल के पैडल पर पैर रखकर आगे!

इतना ग़ुस्सा आ रहा था कि एकदम *'कोई हमदम ना रहा, कोई सहारा ना रहा'* गाने की इच्छा होने लगी, मगर फिर किशोर का कुछ बोलने की जगह मैंने अपना ही बोला, "जरा इतना बताइएगा योगिता बाली जी, यह इतना सारा गुस्सा आपकी नाक पर क्यों बना रहता है? बिगाड़ा होगा ऊ हरामखोर दा श्यान, हम तो आपका कुच्छौ

नै बिगाड़े हैं? आपके मलिन पीठ पे माथो नै टेके हैं कि आप चट् चंचल होके माइंड करे लगिए, करे लगिएगा?" करने लगे ही तो करती रहे अपने घर, मुझको क्या, मैं तो बचपन से ही ख़तरों से खेलने का आदी हूँ। और मन ही मन हँसते, बिना एक पल गँवाए गाओपिंग के तोतारंगी शर्ट की पीठ पर मैंने अपना ढीठ चेहरा सटा दिया!

साथ ही गाओपिंग की पीठ हिलने लगी। पहले तो यही लगा देखो, देहातिन के भी इत्ता जल्दी मस्ती चढ़ रही है। साइकिल डोलाती थोड़ा आगे जाकर वह सड़क के किनारे खड़ी हो गई, कमर में चिकोटी काटता मैं कैरियर से नीचे कूदकर बोला, "आनंद पाईं ना?" तब जाकर नज़र गई कि बदमाश आनंद कहाँ पा रही थी, महारानी तो बुलके चुआ रही थी!

स्वाभाविक है मेरा दिमाग़ चल गया। ढलान की सड़क पर इतनी मस्तम-मस्त साइकिल जा रही थी और अचानक यह बीच राह जाने किस बात का नाटक फैलाकर खड़ी हो गई! भूला-भटका कोई पुलिस वाला गुज़रा तो यही समझेगा औरत रुला रहा हूँ! चिढ़कर कहा, "अब क्या हुआ? बोला था बेटी मेरे हवाले कर दो? क्विंटल भर की बेटी है, मैं भी ऐसा गेंदे का फूल नहीं, कहाँ तक बोझा ढोके चलतीं! आँसू आएगा ही!"

नानान की गठरी खोलकर मेरे हवाले की, ना और कोई जवाब दिया, बस चुपचाप सुबुकती रही। मैं गंभीर चिंता में, "हद है, जनाना, आख़िर कौन बात का आप इतना दुखड़ा फैला रही हैं? हम तो कौनो कुकर्मो नहीं किए, जरा चिकोटी काटे? पीठ पर गाल साटे का बुरा मान रही हैं?"

सरे-सड़क नाटक फैला और मैं किसी भूमिका में नहीं का असंतोष होगा, तब तक बबुनी नानान का भी 'भाँ-भाँ' चालू हो गया। जमकर एक वहीं पिलाया मैंने, "अबे ऐ, अब तोहरी ही कमी थी? घुमाके एक दूँगा, सीधे खोतान पहुँच जाएगी!"

बच्ची की माँ ने मुझे ऐसे देखा जैसे 'तीसरी क़सम' में वहीदा रहमान सीएस दुबे को देखती है। देखती, ख़ामोशी से आँख के लोर पोंछने लगी। दूसरी दिशा से धीमी चाल साइकिल चलाते दो बूढ़े आ रहे थे। हमारी ओर सशंकित नज़रों से देख रहे थे जैसे सड़क के किनारे साइकिल रोककर बेवड़ा अपनी घरवाली और बच्चे की तुड़ाई कर रहा हो का टीवी सीरियल देख रहे हों! मैंने हवा में हाथ नचाते कहा, "ठीक है,

ठीक है, आगे बढ़िए, वो नहीं हो रहा जो आप लोग समझ रहे हैं। बेहया बीच सड़क नया झुमका माँग रही है, दो लप्पड़ खाके अभी लाइन पे आ जाएगी!"

वैसे भी बुड्ढों में दम नहीं था क्या खाकर मुझसे भिड़ते[29]। चुपचाप अपनी राह आगे चले। उनके निकलते ही मैं गाओपिंग पर लपका, "आख़िर किस बात का इतना बिसुरना कर रही हो? तुम्हारी चुन्नी खींची है, मैंने क्या किया है?[30] कि मेरे बोझ से तुम्हारी आँखें भरी जा रही हैं? क्या चाहती हो वो पीछे ट्रैक्टर आ रहा है, उस पर लद के निकल जाऊँ? सुखी रहोगी?"

गाओपिंग बिना कुछ कहे चुपके आगे बढ़ गई। मानो मौन रहकर मेरे सुझाव का 'हाँ' में जवाब दे दिया हो। भाँ-भाँ रोती नानान मुझे ग़ुस्से से देख रही थी जैसे उसके डेढ़ साला जीवन के दुखों का भी मैं ही ज़िम्मेदार होऊँ! मैंने बुदबुदाकर कहा, "माँ-बेटी दोनों चूल्हे में जाओ तू लोग!"

---

29. बालपत्रिका **'चंदन'** का वृद्ध विशेषांक, आषाढ़ अंक, *'व्यर्थ बुढ़ापा'* कथा से :

बूढ़ा चांग : क्या खाकर हम किसी से भिड़ेंगे?

बूढ़ा तांग : खाने को पेट में पहले कुछ जाए तब न?

बूढ़ा चांग : साँप खाए तक ज़माना हुआ..

बूढ़ा तांग : साँप ही आकर ससुरी हमें खा जाए!

बूढ़ा चांग : साँप गाँव में आके किसी बुड्ढे को खाई हो उसके भी ज़माना हुआ!

बूढ़ा तांग : हर बात के हुआ, हमारी इस जीवन-संझा के न हुआ, वृद्ध चांग?

बूढ़ा चांग : जीवन-संझा के इन दुर्दिनों में किस तरह हम अटक गए हैं, वृद्ध तांग?

बूढ़ा तांग : आह, अब तो प्रभु उठा ही लें?

बूढ़ा चांग : संभव हो प्रभु भी कहीं अटके पड़े हों?

बूढ़ा तांग : कदाचित् संभव है..

बूढ़ा चांग : आपने कुछ कहा, वृद्ध तांग?

बूढ़ा तांग : मैंने 'ओह' कहा..

बूढ़ा चांग : हाँ, वही, आह!"

30. "वैसे भी वामपंथ के नाम पर समूचे चीन में इतनी, कितनी तो बेशर्मी है। लड़कियाँ, स्त्रियाँ सब बिना सिर पर आँचल व कंधे पर चुन्नी के घूमती हैं। सबसे बड़ी बात कि कहाँ-कहाँ तो जाकर घूम आती हैं।" **चेंग्सू** देहात के मेरे **सांध्य-संभाषण भाषणगुच्छ** से, शरत्-पूर्णिमा, संवत् : अज्ञात, अप्रकाशित।

चूल्हे की जगह साइकिल वापस सड़क पर लाकर गाओपिंग नानान को सँभाले साइकिल पर बैठी और इतमीनान से आगे निकल गई! बाय-बाय, टा-टा, दसविदानिया कुछ नहीं! ग़ुस्से से तिलमिलाए वहीं से मैंने खींचकर देहातन के पीठ पर अपनी आवाज़ का ढेला मारा, "इसी तरह मेहमान को विदा करते हैं तुम्हारे चीन में? यही सीखी स्कूल में, गँवार, हरामख़ोर कहीं की?"

***

वाह रे औरत, एक बार पलटकर नहीं देखा! मेरी आवाज़ का ढेला कहाँ गया, जाने औरत कहाँ गई! हमेशा यही होता है, पता नहीं कहाँ से कैसे-कैसे जतन करके एक मिलती है तो वह भी चली जाने में टाइम नहीं लगाती! आदमी दुनिया-जहान के बीस काम छोड़कर चीन पहुँचता है तो बदकार यह वहाँ भी अकेला छोड़-छोड़कर भागती रहती है! जाओ, जाती रहो। ट्रैक्टर में लदकर हम भी कहीं चले ही जाएँगे। वैसे भी तुम्हारी साइकिल की कैरियर पर बैठे, किसी प्रेम-सिंहासन पर नहीं बैठे थे।

किसी साहित्यिक की संगत में होता तो गहीन गुफ़्तगू करता। ज़्याँ मार्लिन, शर्मिष्ठा, चे दान जैसी इतिहास प्रसिद्ध नायिकाएँ, किम्बा कम प्रसिद्ध भी, क्यों अपने पुरुषों से दूर जाती रही हैं? साहित्य के शृंगार पक्ष का झोल है ये, किम्बा पिटे इतिहास की मार्मिक प्रवंचना? मगर ट्रैक्टर की स्टीयरिंग पर बैठा नौजवान साहित्यिक नहीं, कोई चरसी लग रहा था। मकई से लदी ट्रॉली पर मुझे लादने को लेकर उत्साहित नहीं लग रहा था। उसकी प्रतिक्रिया की परवाह किए बिना मैंने ख़ुद को मकई पर लादते हुए कहा, "मालूम है तुम भी कहीं चले जाओगे। मैं भी जाऊँगा। यहाँ रह जाने के लिए नहीं आया हूँ? हरामखोर औरत बच्ची लेकर लापता हो गई, क्या चाहते हो उसका दुख भी न ज़ाहिर करूँ? मुँह सिए बैठे रहूँ?"

चरसी ने मेरी बात का जवाब नहीं दिया। चुपचाप होंठों में दबे सिगरेट के कश लेता रहा, मोटर की फट्ट-फट्ट की एकरसता में मुर्दा आँखों सामने देखता रहा। मकई की भीड़ को इधर-उधर करके मैंने अपने लिए ठीक से जगह बनाई, फैलकर लेट गया। पंजों के नीचे सिर किए धुले, नीले आसमान को तककर उदास होने लगा।

नीले आसमान का या जाने किसका असर था, मुँह से निकला, "अभी नहीं

समझोगे, कुछ और समय चरस-टरस पियो, फिर जानोगे औरत और बच्ची खोने की तकलीफ़ क्या होती है।"

"मालूम है..." चरसी ने आराम से कहा, "मेरी भी छोड़के गई है। एक नहीं दो बच्चे थे। बेटे, मुझी पे गए हैं। दोनों अपने साथ लेके गई! अच्छा है झंझट खत्म हुआ!"

नौजवान का जवाब सुनकर मन पस्त हो गया। अपनी स्त्री और बच्चों को लेकर कोई इस तरह निर्मम हो सकता है? मैं तो सोचने मात्र से दहलता हूँ कि गाओपिंग और नानान के प्रति कभी कैसा भी बुरा बर्ताव कर सकूँगा! बुरे बर्ताव-दुराव सारे वही करती रही है। मैंने तो मन के भीतर सिर्फ़ एक गहरा गड्ढा किया है, जो कभी अब क्या भर सकेगा? द होल इनसाइड माई हार्ट इज़ नेवर गोइंग टू हील नाऊ। यस, गाओपिंग, दैट्स अ ट्रुथ! नौजवान के जवाब के असर की ही पस्ती न थी, इतनी देर साइकिल की कैरियर पर बैठे-बैठे की अकड़न की भी रही होगी, आँखों के मुँदते ही एकदम नींद में उतर गया। सपने में मकई पर नहीं, बिहार स्टेट ट्रांसपोर्ट की बस की छत पर लेटा था। बस की छत पर भी वही चिरपरिचित बिहारी कचर-मचर। एक औरत स्टोव निकालकर अपने बच्चे के लिए दूध गर्म करना चाह रही थी। मैंने लेटे-लेटे आँखें तरेरी, "क्या हो रहा है, हो क्या रहा है? जहाँ पहुँचो बाप का घर बना लो? ताजमहल जाके अपना लुग्गा सुखाए लगिएगा? कोई सिच्छा-दीच्छा है कि नै बिहार में?"

जाहिल औरत एक हाथ में स्टोव और दूसरे में रोता बच्चा लिए मुझे गाली देने को मचलने लगी। मैंने झुँझलाकर जवाब दिया, "बिना आगा-पीछा सोचे बच्चे पैदा कर देंगे, फिर जहँवा देखो इनको दूधे चाहिए! एक ई हमरियो तो है, गोदे से है, ई काहे ला नै दूध ला रो रही है?"

मेरी छाती पर हुमसती नानान दाँत चियारे मस्त थी, उसकी मस्ती देखकर औरत का कलेजा ईर्ष्या से जल गया। मैंने मुस्कुराकर गाओपिंग को नज़दीक खींच लिया। कंधे पर सिर गिराकर मगर वह शिकायत गाने लगी, "कह रही थी साथ साइकिल लिए चलो? तुम्हारी ही ज़िद पर ई रेलम-पेल में चढ़े, पता नहीं अभी और कितनी देर गजन रहेगा?"

मैंने उखड़कर कहा, "हर जगह तोको साइकिल वाला अय्याशी मिलेगा, जी? हिंया बस का छत पे बलम से हिलग के बइठी है, एमें सुख नहीं भेंटा रहा? नाननिया को देखो बाक़ी पसिंजर का साथ केतना चहक-चहक के खिखिया रही है? एगो तुम्हीं हो, हर बखत सिकायते-सिकायत! ददरी का मेला देखे चलोगी? कि तिलकुट, तिलबन्ना का लड्डू खाओगी? हँ, हँ, सगरे पब्लिक का आगे अपने गाल का काटा खाए ला थोड़ी बोले, अरे, गाओपिंग?"

पता नहीं बस के छत की हमारी आपसी खींचाखाँची थी या पड़ोस का हल्ला... आँख खुल गई। मकई के बाल कान गुदगुदा रहे थे। धड़ समझ में आ गया बिहार नहीं अभी चीन में ही हूँ। और गाल पर गाओपिंग के स्नेह का काटा नहीं, रेल फाटक पर इकट्ठा गाड़ियों की कचर-मचर के बीच, सिग्नल हरा होने के इंतज़ार में जीवन के चाँटे खा रहा हूँ। अपने हिस्से का, बिना आवाज़ वाला तमाचा मारकर गाओपिंग जा चुकी है। जैसे जीवन में स्त्री चली जाती है। साहित्य और सिनेमा में ही होता है कि गई हुई लौटकर चली आए। जीवन के गरिष्ठ सुक्खल गल्प में कहाँ आती है?

ओह, गाओपिंग, क्यों होता है ऐसा जीवन जैसा होता है? मेरी दुलरिनी नानान! सोचकर कलेजे में नए गड्ढे होने लगे। आँखें भर आईं। भल्ल-भल्ल रोने लगा। चरसी के साथ-साथ आस-पास इकट्ठा दूसरी पब्लिक भी मुझे हैरान होकर देखने लगी। घबराहट में चरसी ने एक तमाशबीन बूढ़े को इत्तिला किया कि उसने मेरे पैसे नहीं चुराए। न किसी पुलिस वाले ने चुराए हैं। एक पुलिस वाला तब तक जाने कहाँ से आ धमका, सिर खुजाते हुए बोला, "कहीं सार्जेंट वेनरुई का काम तो नहीं? इस रास्ते पर उसने लोगों का जीना दूभर कर रखा है।" अपने भल्ल-भल्ल के ऊपर भारी पड़ती बाज़ू से बें-बें, ठें-ठें की आवाज़ उठी तो दूसरों के संग मैंने भी नज़र उठाकर उधर देखा। दिखा किसी के सहारे से ट्रैक्टर का किनारा पकड़े एक बच्ची गरदन उचका-उचकाकर हँस रही है! हँसने से ज़्यादा मक्कार मुझे मुँह बिरा रही थी। मेरे संग ऐसी धृष्टता करने वाली बच्ची और कौन होती? *हाँ, वही थी, नानान ही थी।* मैंने एकदम से लपककर उसे खींच लिया, छाती से भींचकर बोला, "लोहे पर मुँह फोड़ेगी, शैतान?"

मेरे गोद में आते ही ननानिया की सब नौटंकी शुरू हो गई। गाल बकोटना, नाक

नोचना। मैंने भी गाल, बाल सब छोड़ दिए कि मन भर मज़ा कर बदमाश! ट्रैक्टर के छोर से अलबत्ता दिखा कि बदमाश की मम्मी एक घोड़े के बाज़ू साइकिल किए मुझसे नज़रें चुराती चुप खड़ी है। नानान को गोदी में दाबे मैंने वहीं से तिलमिलाए कहा, "खूब ललिता पवार जी, बहुत खूब, किसी दिन तो जरूरे भेंटाएँगी चाची? आपकी सब करतूत बताता हूँ, उनको भी पता चले कैसी गिरहकट भतीजी पोसी हैं? अकेले आदमी को बीच सड़क छोड़कर भाग गईं, वाह रे जनाना?"

"ट्रैक्टर में आराम से जा तो रहे हैं! आप ही ने कहा था मजे-मजे जाएँगे..." सिर झुकाए-झुकाए गाओपिंग बोली। फाटक वाली बत्ती हरी हो गई थी, लोग धीरे-धीरे आगे बढ़ने लगे।

मैंने कहा, "उतरकर चार लप्पड़ दूँगा सब होश ठिकाना आ जाएगा, हाँ! इतना करम करवा के अब्बो बहस करती है, बदमाश!"

गाओपिंग बोली, "नीचे उतरके एक कोसिस करके क्यों नहीं देख लेते? देखें कौन किसको लप्पड़ में जीतता है।" चुप्पे बोलकर बेशरम साइकिल लिए भीड़ में आगे चल दी। मचलती नानान को गोदी टाँगे मैं उचककर ट्रैक्टर से उतरा और भीड़ में उस पगलेटिन के पीछे भागा। "कस रे, तोर देहातन मदर के कौन भरोसा, एक बार फेन से छोड़के निकिल गईस तब?" ठिलठिल करती नानान की नाक से नाक लड़ाकर मैं बोला और आगे जाती भीड़ की जगर-मगर का हिस्सा हो गया।

***

दांग वान उर्फ़ एक पांडुलिपि की तलाश में– दस

शुरुआत के काफ़ी सारे गोल-गोल को नज़रअंदाज़ कर दें तो बूढ़ी तक हम आसानी से पहुँच गए थे। अलबत्ता कहना मुश्किल होता बुढ़िया ख़ुद कितना हमारी पकड़ाई में आई थी। आगत व विगत के ढेरों दरवाज़े थे पोपले मुँह की लालटेन पर सवार बुढ़ईन इधर-किधर उन आंतरिक रहस्यलोकों की टोह में निकल जाती। यह भी कहना मुश्किल कि ठीक-ठीक पा क्या रही थी। संबलपुरिया या गंजाम की बोली में जो भी वह पा रही थी हम उस संवाद-संसार से अपरिचय में कहीं बाहर छूटे खड़े थे।

तोमासिनो ग़ौर से बुढ़ईन तो कभी धीमे-धीमे हमारे गिर्द इकट्ठा होती भीड़ को पढ़ता रहा, जबकि मेरे मन में बुढ़िया के तंबाकू से एकदम काले पड़ गए दाँत कहीं गड़कर फिर वहीं अटके रह गए थे, मैंने पास खड़े एक बीसेक वर्ष के लड़के के कंधे को उँगली छुआते उससे *कटकिया* उड़िया में सवाल किया, "क्या है, लोग अभी तक तंबाकू से दाँत माँजते हैं?" तोमासिनो ने टोककर मुझे चुप कराया और तंबाकू रँगे पोपले मुँह वाली की बातें खुलवाने के लिए किसी दुभाषिए की ज़रूरत की चिंता में हाथ पटकने लगा। कुछ देर के कन्फ़्यूज़नधनी हल्ले के बाद अंततोगत्वा उधारी के हीरो होंडा पर एक उधारी के बच्चे को सात किलोमीटर दूर पड़ोस के गाँव भेजने की व्यवस्था हुई। जमघट की दर्शक दीर्घा के प्रवीण पंडितों के मतानुसार जहाँ मेडिकल का छात्र बिबेक परिड़ा की रिहाइश थी। और (प्रवीणों के मतानुसार ही) बिबेक मेडिकल से ज़्यादा बुढ़िया के मनोविज्ञान और उसकी बोली पहचानने की दक्षता रखता था।

बिबेक अपने ठिकाने मिला नहीं। उसकी ग़ैरहाज़िरी 'फिल-इन' करने उसका दोस्त प्रदोष पंडा आया। कानों में एमपीथ्री का ईयर-फ़ोन लगाए बाइक की पीछे वाली सीट से उतरा, तोमासिनो को देखकर उत्साह में *'थोमस सर, थोमस सर!'* पुकारता जल्दी-जल्दी उसका एक सीनियर सिडनी में डॉक्टर हो गया है और बैंक से लोन की व्यवस्था हो गई तो वह भी ऑस्ट्रेलिया की ओर निकल जाएगा के क़िस्से छेड़ने लगा। उसके बाद *'इज ऑस्ट्रेलिया रियली भेरी रेशियल, सर?'* जैसे सवालों की चिंता।

मैंने बच्चे को पुचकारकर उसे तोमासिनो से अलग किया, उसके कंधे पर हाथ धरकर उसे खाँटी कटकिया में समझाया, "बेटा, हम लोग बहुत दूर से आए हैं, बुढ़िया क्लैरिनेट बजाने वाले की कहानी कितना और क्या जानती है, यह जानने आए हैं, तेरी बिबिध भारती उसके बाद सुन लेंगे, इज दैट ऑल राइट?"

प्रदोष को मेरी अनौपचारिकता रास नहीं आई, न ऑस्ट्रेलिया की जगह किसी क्लैरिनेट बजाने वाले की आदिवासी कहानी में हमारी दिलचस्पी, लेकिन तोमास के मुस्कुराकर आग्रह करने पर अंतत: उसने वही किया जैसा मैं कह रहा था, मतलब बूढ़ी की उखड़ी बातों को ध्यान से सुनकर समझने की कोशिश कर रहा है की चालू

एक्टिंग करने लगा।

कुछेक मिनट बाद निम्नस्तरीय सरकारी कर्मचारी की निस्संगता में प्रदोष हमारा ज्ञानवर्द्धन करने लगा। उसने बताया कि बुढ़िया अपने दोनों बेटों से नाराज़ है। बड़ा कलकत्ते में अनाज की मंडी में कोई मारवाड़ी सेठ है जिसके यहाँ नौकरी करता है, छोटा कटक के किसी प्रिंटिंग प्रैस में है, शादी करने के बाद दोनों बदल गए हैं खाते-पीते नौकरीपेशा औलादों के रहते बुढ़िया शिकायत कर रही है कि उसके पास तंबाकू ख़रीदने तक के पैसे नहीं रहते, भिखारियों से बदतर जीवन बसर कर रही है, *क्या ईश्वर के यहाँ न्याय नहीं है?*

मैंने ऊबकर पनामा की एक अनफ़िल्टर्ड सिगरेट जलाई, मालूम नहीं फ़िल्टर के अभाव में या अज्ञान के तनाव में फिर उतनी ही तेज़ी से खाँसने भी लगा। तोमासिनो ने बूढ़ी के हाथ पाँच सौ के दो नोट रखे, प्रदोष से कहा उससे पूछे कि वो क्लैरिनेट बजाने वाले के बारे में क्या जानती है?

मेरी खाँसी के ठहरने पर प्रदोष ने बुढ़िया के आगे तोमासिनो का सवाल दुहराया तो वह नोट क़रीने से सँभालकर मैली साड़ी के किनारे गाँठती एकदम एनिमेटेड होकर बात करने लगी।

थोड़ी देर बाद प्रदोष ने अपनी टूटी अँग्रेज़ी और उससे भी ख़राब हिंदी में जो कुछ बताया उसका लब्बोलुवाब था : बाजा बजाने वाले को बुढ़िया ने एक नहीं, बीसियों मर्तबा देखा था। दिखने में बहुत हद तक वह मुझ-सा ही था (क्या मतलब, मैं आदिवासी दिखता हूँ?), सिगरेट भी मेरी ही तरह जल्दी-जल्दी पीता था। जब बाजा नहीं बजाता तो सिगरेट पीता होता, या फिर राह जाते अपने में सिमटे लोगों को छेंककर उनसे सवाल करता कि वह इस पर क्या सोचते हैं और उस पर क्या। '*नहीं, साथी, आप देश का नागरिक होने का हमें मतलब बताइए? सदियों से जिनका जीवन इन जंगलों पर आश्रित है, आज उसका मालिकाना किसी फिरंग कंपनी के हाथ चला गया। किस न्यायदृष्टि से गया आप समझाएँ हमें? अभावों में घिरे जीवन के पैरों के नीचे की ज़मीन खींचकर आप फिर कहते हैं कि देश के भले के लिए ऐसा कर रहे*

हैं, किसका देश आप साफ़ करें, साथी?'[31] जैसी बेमतलब बातें। फिर बच्चों के लिए गाँव में एक अच्छा स्कूल होना चाहिए जैसी बहकी योजना के पीछे वह चरवाही और मजूरी में लगे ग़रीब किसानों को दिक् करता रहता। बीच-बीच में कुछ दिनों के लिए ग़ायब हो जाता[32] और लौटता तो हँसते हुए दरवाज़े से अंदर आकर चिरौरी करता, *"काकी, घर में जो भी राँधना है खिलाओ, बड़ी भूख लगी है!"*[33]

फिर उसके सुराग़ में पीछे पुलिस आने लगी, ओहदेदार और समाज के बड़कन शिकायत करने लगे कि बूढ़ी बिगड़े तत्वों को अपने यहाँ शरण देकर गाँव गंदा कर रही है। बुढ़िया घबराकर अपनी विधवा ननद के गाँव भाग गई। महीनों बाद गाँव लौटने के पश्चात *'बाजा-बजैया'* को फिर कभी देखा नहीं। मालूम नहीं कहीं और चला गया या पुलिस धरकर लिए गई, क्या हुआ। *'लोग एक बार चले जाते हैं, उसके बाद कभी उनका पता चलता है भला?'*[34]

गाँव के शिक्षित बुज़ुर्ग नंदी बाबू। कभी कटक में वकालत करते थे। सात कमरों वाला एक बाबूशाही मकान अभी भी शहर में है, वकालत की कमाई से ख़रीदा था, लेकिन मातृभूमि का मोह होगा, ज़्यादा वक़्त अब गाँव में गुज़रता है। पान का ताज़ा बीड़ा मुँह में दाबकर अपने दालान में पंचायत की खटिया खींचकर फैलकर बैठते हुए बोले, "बुढ़िया की बातों को गंभीरता से मत लीजिएगा, चोट्टी है, कुछ नहीं जानती। हमारा गाँव नेक और अच्छा है, बाजा-टाजा बजाने वाला कोई यहाँ क्यों आएगा? गड़बड़ी फैलाने आएगा? हम किसी हरामी को अपनी मातृभूमि में घुसने देंगे? हम बैष्णो लोकगुलो ठहरे, क्रिस्तान भिक्खु सबाई संगे आमर कण लेबा-देबा।"

वकील साहब के घर पर हमारे लिए चाय और नमकीन का इंतज़ाम हुआ है। प्लास्टिक की नई नीलकमल कुर्सी में धँसे तोमासिनो ने चाय का पहला घूँट अभी

---

31. ***Unpublished papers of an unknown citizen,*** *Teentana Initiatives, Ghatshila, Jharkhand, 2007*

32. *"हारामी, आसपाश का सात जिल्ला में गंडगोल का रेभोलूश्नारी आगी फइला राहा था!"* निजी बातचीत में सुरुप सत्पथि, पूर्व ज़िला कलेक्टर।

33. वही, **Unpublished papers of an unknown citizen.**

34. अपना नाम गुप्त रखकर भेजा गाओपिंग का एक पोस्टकार्ड।

भरा भी नहीं कि नंदी बाबू उत्साह में छूटकर पूछे, "ये सब फालतू का गप्प छोड़िए, मिस्टर, बताइए, आजकल आपके उधर योरप-यूनियन का सेहत कैसा है?"

तोमासिनो ने चाय एक ओर बग़ल में टिकाकर मासूमियत से जवाब दिया, "मालूम नहीं, कैसा है। मगर अपनी ये चाय तो आप रहने ही दीजिए, कहीं से हँड़िया-सड़िया पिलवाइए, थोड़ा मन-मिजाज तर हो, क्यों?"

यह 'क्यों' तोमासिनो ने मेरी तरफ़ देखकर कहा था, मैं जवाब देने या नंदी बाबू के चेहरे का उड़ा रंग पढ़ने की जगह जेब से बाहर करके पनामा की अनफ़िल्टर्ड सिगरेट सुलगाने लगा। इसी के दरमियान कहीं तोमासिनो जेब से एक घिसा माउथ ऑर्गन निकालकर बजाने भी लगा। और इधर-उधर की जनता, नंदी बाबू के रसूख और ठकुरैती को नज़रअंदाज़ करती बड़े चाव से बाजा सुनने भी लगी।

***

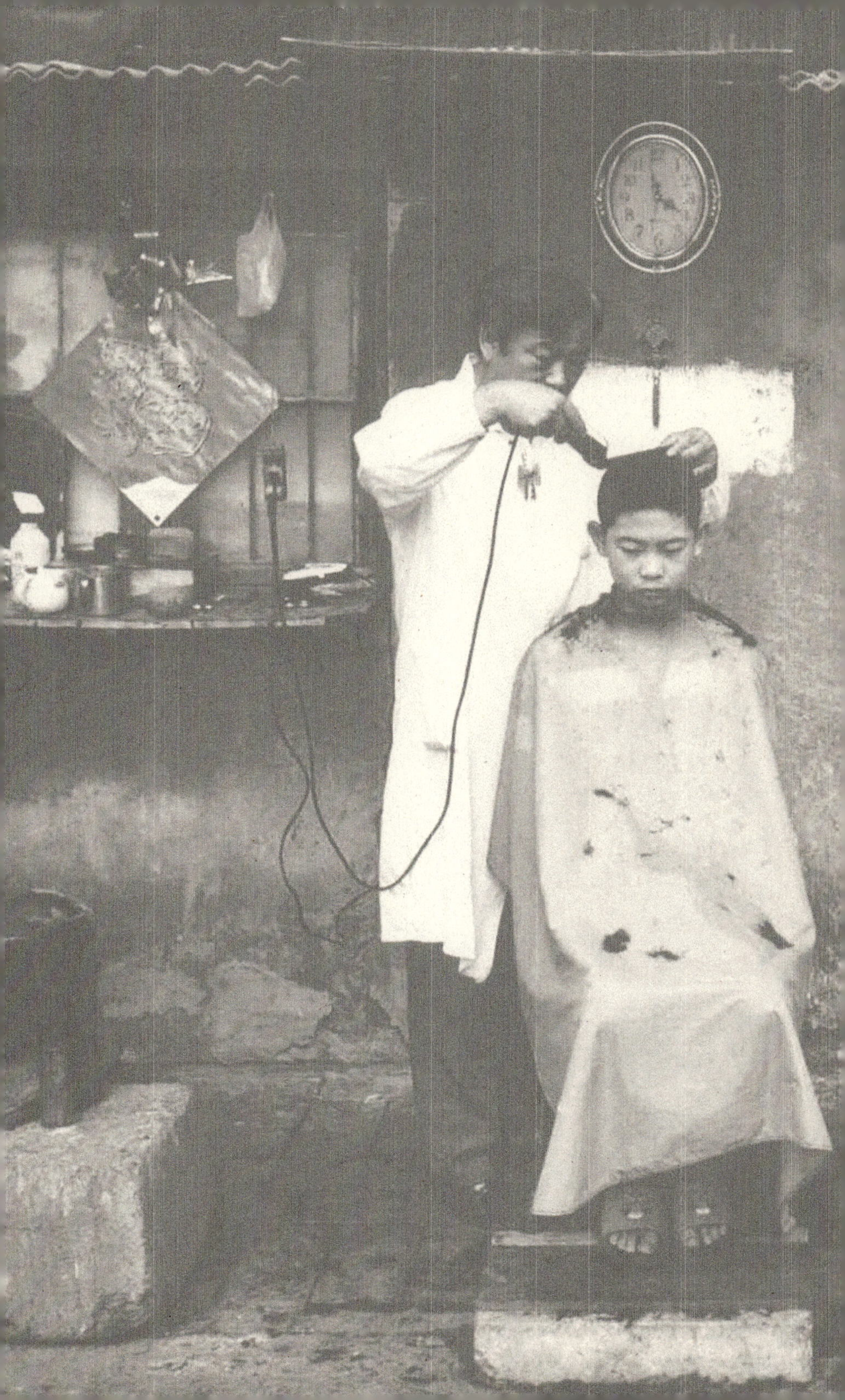

चैन से हरामी कब्बो जीने कहँवा दिया?

“He watch tugboat on the Thames, wondering if he could ever write a book like that, what everybody would buy.”

*– **Sam Selvon,** The Lonely Londoners*

पुरुष का सहजभाव भय होगा, फाटक की दूसरी ओर पहुँचते ही गाओपिंग पटरी पर आ गई। साइकिल मेरे हवाले कर दिया। नानान की गठरी मेरी पीठ पर और छुईमुई लजाती-सकुचाती हसीना सामने रॉड पर, मैं सहजभाव लय में आ गया। खुले गले से महेंद्र कपूर के चिरकुट लाजवाब दिन याद करने लगा, *“नीले गगन के तले, धरती का प्यार पले... तीन तिलंगे शहर को चले होऽ होऽ होऽ...”*

मेरी नाक पर घटिया आँवला केशतेल का भभका छोड़ने का दर्प होगा कि गाओपिंग रॉड पर ठिल-ठिल हँसती साइकिल का बैलेंस बिगाड़ने लगी। मैं महेंद्र कपूर भूल, मोहन चोटी की आवाज़ में बोला, “बीच सड़क एक्सीडेंट कराएगी क्या? एक तो पहिलही लेडी डेंजर ड्राकुला बेटी पैदा की हो कि गर्दन में दाँत गाड़ रही है!”

गाओपिंग का ठिल-ठिल ठहर गया। नानान का नहीं ठहरा। तनाव की मेरी

चुप्पी का फ़ायदा उठाकर स्त्री धीमे-धीमे कोई पहाड़ी लोकगीत गुनगुनाने लगी[35]। मैंने कहा, "कोई शृंगारिक नहीं है? शृंगारिक गाओ कि हम भी रस में कहीं डूब जाएँ, हैं?"

गाओपिंग ठहर गई, सोचकर जवाब दिया, "शृंगारिक ही है।" फिर वही दो कौड़ी वाला टिन-टिन रेंकने लगी।

मैंने चिंता में कहा, "शृंगारिक नहीं होगा, प्रियवर, नहीं तो रस में हम डूब क्यों नहीं पा रहे?"

बेवक़ूफ़ औरत ठिल-ठिल हँसती दुबारा साइकिल का बैलेंस बिगाड़ने लगी। मैंने चिढ़कर कहा, "एमे हँसी की कौन बात? तोहरे काँख कवनो गुदगुदी किए हैं?"

बेवक़ूफ़ मानी नहीं हँसती रही। मैंने कहा ठीक है तब करो तू लोग मज़ा, और ख़ुद भी हँसने लगा। नानान पहले ही आनंद-मदन चिहुँकनों में मेरी पीठ पीट रही थी। अच्छा हुआ आस-पास 'आर्यावर्त' या 'दैनिक हिंदुस्तान' का कोई बेरोज़गार स्ट्रिंगर नहीं था, होता तो देखकर दुखी होता कि साली, ग़ज़ब फ़ैमिली है, अबहीं सबको लिए-दिए साइकिल ससुरी भरभराके गिर पड़ेगी, ठिल-ठिल की जगह सब ठेहुना और कोहनी का छिल-छिल देखेंगे, तब अकिल आएगी!

जबकि मैं साँस रोके हैरत करता रहा कि साइकिल ससुरी गिर काहे नहीं रही, वहीं गिरिजा गाओपिंग कुमारी माथुर कोई दूसरे ही ख़ुराफ़ात में दिमाग़ पेरे थीं, हमसे बोलीं, *"आप सबसे ऐसे ही बात करते हैं?"*

मैंने कहा, "कैसे बात करते हैं? ऐसा कौन बात बोल दिए कि तुम अनारकली की तरह गर्दन हिलाने लगी?"

बदमाश फिर रॉड पर ठिल-ठिल हिलती, कंधा पीछे फेंककर मेरी छाती छीलने लगी, चोट खाए हम बोले, "ये बताओ लजवंती, तुम्हारे यहाँ छठ-वठ पोसाता है कि नहीं? ठेकुआ तो तुम नहिंये बनाना जानती होगी? ओह, सो वैरी सैड। मनोहर घनश्याम जोशी और बिनोद सुकुल कुमार तब बिना ठेकुआ खाए तुमने क्या ही पढ़ा

---

35. कृपया मेरा सद्यप्रकाशित निबंध देखें, *'चीनी पहाड़ी लोकगीत व हिंदुस्तानी मैदानी जनगीत का तुलनात्मक विषमतामूलक चरित्र'*, जनसिंधु, मार्च 22, बिलासपुर।

होगा, पढ़ी हो?"

सीधे हमारा जवाब देने के स्त्री फिर टेढ़ा पूछी, "सबसे आप ऐसे ही बात करते हैं?"

मैंने पूछा, "ऐसे कैसे बात करता हूँ?"

गाओपिंग ने कहा, "उल्टा-सीधा। सिर न पैर। क्यों करते हैं?"

मैंने कहा, "मौसी कहती है बाबू बातै नहीं करते, और तू कहती हो सिर और पैर करते रहते हैं! क्यों करते हैं अब ये तो आपै बताइएगा। सायत इसलिए करते होंगे कि बात करके आपको फँसा लेंगे। मगर आप फँस कहाँ रही हैं?"

न फँसी हुई फिर ठिल-ठिल हँसी में हिलने लगी। मैंने कहा, "सच्चो ठेकुआ बनाना नहीं जानतीं? ठीक है, *तद्भव* और *नवका ज्ञानोदय* को रहे दो, हमरा ब्लॉग पढ़ी[36] हो कि नहीं? *आनसर मी ओनेस्टली?"*

गाओपिंग धीमे सिर झुकाकर बोली, "पढ़े होते तो जीवन में इतना दुख होता?"

मैंने तिलमिलाकर जवाब दिया, "अरे? इस ग़लतफ़हमी में मत रहना, बबुनी, हाँ! पढ़-पढ़के तो ससुर यहाँ जीबन और जौबन दुख की नदी हुआ पड़ा है! हाईस्कूल में बिना पढ़े फेल हुए थे तब जीवन कहाँ दुख की नदी थी? हमरी संगत में अल्लबल्ल मत बतियाया करो, हाँ!"

गाओपिंग ने कहा, "नहीं बतियाएँगे। शहर पहुँचकर हम अपने रस्ते जाएँगे, आप अपने। इस उमिर में अब आपकी सिखाई सीख के होसियार बुद्धिवाली कहाँ से बनें? जैसे हैं ठीक हैं।"

मैंने सिर घुमाकर नानान के गाल से मुँह सटाया, "सुन रही हो, सुकुमारी बेटी, अपनी मदर की फुटानी? मर्दाना डंप करके गया है, लाइफ़ दस ठो लात लगाई है तब्बो देखो, इनका तीन रुपिया वाला मोहिनी छाप गुरूर?"

नानान माँ के समर्थन में हें-हें हँसती रही। गाओपिंग ने बिना कुछ कहे मुझसे पीठ फेर लिया। साइकिल धीमे-धीमे शहर के हो-हल्ले में घुस रही थी।

---

36. प्रिय पाठक (मगर कहाँ के 'प्रिय'? 'भास्कर' और 'जाकरन' खोलके फेंक देने का ख़याल रहता है, हमारे ब्लॉग में खिल लेने का ख़याल नहीं आया? कैसे नहीं आया? ख़ैर..), आपने न पढ़ी हो व गाओपिंग की तरह आप भी अज्ञानी हों तो कृपया अभी इसी क्षण से पढ़ना प्रारंभ कर दें : www.azdak.blogspot.com

***

शहर में दाख़िल होते ही गाओपिंग बदल गई। अभी हम *लाल तारा प्लास्टिक वर्क्स* के गेट तक आए भी नहीं थे कि औरत ने साइकिल रुकवा लिया, मेरी पीठ से नानान की गठरी खुलवाकर बेटी अपनी गोद में वापस लेकर बोली, “ठीक है, नमस्ते फिर! माँ-बेटी झेलने की आपकी मियाद खतम हुई। अब आप अपनी मर्जी के मालिक जहाँ चाहें, जाएँ!”

औरत का आचरण मुझे बड़ा अटपटा लगा, बोला, “ये क्या बात हुई? अभी तो फैक्टरी भी नहीं पहुँचे? तुम्हें नहीं लगता पहले घर जाके हाथ-मुँह धोओ, कुछ आराम करो, फिर काम-साम की सोचो?”

“वो सब की फुरसत कहाँ है। आप जाइए!” कहकर बदकार आगे निकल गई।

मैं कहाँ निकलता? अटका वहीं खड़ा रहा। आदमी को बीच-सड़क छोड़कर ये तो सच्चो निकली जा रही है? और इसके कलेजा भी नहीं फट रहा? ख़ुद तो नहीं ही दी, बेटी तक से नहीं कहा कि अज़ांग को एक पप्पी दे दो? क्यों कर रही है ऐसा? नहीं चाहती कि समाज पराए मर्द के साथ देखे? मेरे साथ देखे? मैं इतना बुरा हूँ? पराया हूँ? और डेढ़ साल की इस बुतरीन हरामी की कायापलट तो देखिए ज़रा! इतना स्नेह और लाड़-दुलार दिया, बिदाई के अंतिम चोटिल क्षणों मेरी तरफ़ देख भी नहीं रही! जैसे अब तक हमारे बीच जो हुआ सब खेल हुआ! *खेल ख़तम, पैसा हजम?* सच्ची, नानान? जीवन में अब दुबारा कब मिलेंगे, बेटी? कभी मिलेंगे? मन में अचानक इतने गड्ढे जनमने लगे कि लगा गड्ढे ही गड्ढे हैं, मैं नहीं हूँ। तत्काल इन्हें पूरा नहीं तो अपने को फिर पा न सकूँगा! दौड़ता गाओपिंग के पीछे भागा।

फ़ैक्टरी के गेट से निकलते-अंदर होते लोगों के बीच गाओपिंग को रोककर बोला, “तुम काम करोगी, नानान अंदर क्या करेगी? उसे देखने वाला कोई होना चाहिए कि नहीं?”

इतने लोगों के बीच उसे छेंक रहा हूँ, लोग जाने क्या सोच रहे हैं के एहसास से मुझे देखती गाओपिंग असहज होने लगी। मुझसे नज़रें बचाती कड़वाहट से बोली, “अंदर बहुत सारे लोग हैं। क्रैश जानते हो? पालनाघर? फ़ैक्टरी के अंदर लाल तारा

टॉय हाउस है। हम माँ-बेटी का आप चिंता मत करो, जाओ अब सब लोग इधर देख रहे हैं!"

साफ़ दिख रहा था गाओपिंग मेरे आचरण से एकदम ख़ुश नहीं थी। उसके चेहरे की सारी कोमलता जैसे पिछले पाँच मिनट में एकदम पुँछकर चूने से पुते, भावहीन सपाट चेहरे में बदल गई थी। उसी सपाट चेहरे की सपाट मुर्दा आँखों से उड़ती-सी एक नज़र मुझ पर डाल, बिना जवाब दिए गाओपिंग एकदम-से गेट से अंदर की ओर बढ़ गई!

ग़ुस्से में उबलता मैं चीख़ना चाहता था, लेकिन ज़बान तालू से चिपकी रही, हलक़ से कुछ बाहर नहीं आया। गेट पर साइकिल लेकर आ-जा रहे काफ़ी लोग थे, सिक्युरिटी के सिपाही थे, उनके बीच कुछ दूर तक माँ-बेटी दिखती रहीं, फिर ओझल हो गईं।

मैं भी चाह रहा था स्वयं से ओझल हो जाऊँ, नहीं हो पा रहा था। चीन के इतने दिनों में इतना परायापन पहले कभी महसूस नहीं हुआ, फिर आज ही ऐसी नामालूम-सी क्या बात हो गई थी? इतनी तकलीफ़ किस बात की? शायद गाओपिंग के बाल खींचकर उसे थप्पड़ मारना चाहता।। या हवा में उठे हाथ को वहीं निर्जीव छोड़ उसके होंठ चूम लेता?

लेकिन क्यों चूम लेता? थी कौन? भैंस-अक़्ल भुच्च-गँवार औरत!

अरे हटाओ, चाहता तो तभी ठीक कर देता। पहले ठीक नहीं की हैं? बहुत सारी की हैं, फिर गाओपिंग घंटा कौन स्पेशल आइटम थी? जीभ निकाले मेरे आगे 'पें-पें', 'सें-सें' कर रही होती और मैं पैर फटकारता पिंड छुड़ा रहा होता कि अरे, परे हट! दो कौड़ी की गुलाबीजान, ऐसे अरमान, कि हमारे ही आगे फुटानी झाड़ने चली थी? लेकिन सोचकर फिर दिल फट गया। क्या फ़ायदा घिसे-पिटे उन्हीं पुराने खेलों को दुहराने का। बलिया और बोकारो के बेकार गए खेलों को इतनी दूर चीन आकर खेलता दिखूँ इस उम्र में अब यह लड़कपन शोभा देता है? लड़कपन व स्फूर्ति देह की बुनावट में चाहे जितनी बनी रह गई हो (मौसी तुम्हारा व देवकीनंदन जी, आपका आशीष है!), मन के मूल संचारी भाव व गति, वास्तविकता है, अब दार्शनिक गांभीर्य

व बुज़ुर्गियत लिए हैं, नहीं लिए हैं?[37]

वास्तविकता यही है कि स्त्री-संग का अर्थ नहीं है। गाओपिंग का नहीं है। इस जीवन का, आत्मानुसंधान व उसकी भटकन का है। मुझसे दूर होकर तुम सुखी रहना चाहती थीं, तुम रहो सुखी स्त्री! हम सब अपने-अपने होने के अकेलेपन में रहें, लेट ईट बी। फ़ैक्टरी के गेट से आते-जाते धुँधले, बेमतलब चेहरों पर मैंने एक उड़ती-सी, बेमतलब नज़र डाली और शहर के बेगानेपन व ज़िंदगी की स्याह उदासियों में आगे बढ़ गया!

पता नहीं धुआँ मन का था या वायुमंडलीय प्रदूषण की दुआ थी। वजह जो भी हो नाक पर मैंने एक चाची के यहाँ से चुराया रूमाल रख लिया। रूमाल काफ़ी पुराना था और उससे धान के भूसे और फटे दूध की महक आ रही थी। मैंने इस मोह में उड़ाया था कि रूमाल के एक कोने गाओपिंग ने 'दा श्यान' की घटिया कशीदाकारी की थी। मन में ख़याल था कभी हमारे संबंध सरल-तरल हुए तो उसके बेडौल सिर को अपने गोद में रहने देता, तेल चिपुड़े बालों पर अपनी ठोड़ी टिकाकर उसे रूमाल दिखाता, कहता, "इस घटिया दा श्यान की जगह तू बेहतरीन अज़ांग नहीं टाँक सकती थी? फिर देखती तेरे कीचड़ जीवन में कैसा कदली-वन उग आता!"

मगर मैं क्यों एक देहातिन गँवार को इतना भाव दे रहा हूँ। कड़वाहट में ज़ोर लगा, नाक सुड़ककर रूमाल पर जाने कहाँ-कहाँ की गंदगी निकाली, और ग़ुस्से में बसाईन सड़क किनारे कचड़े पर फेंक अपने को मुक्त कर लिया।

***

कचड़े से लगी-लगी कचड़ा लोगों की भरी-पूरी बस्ती थी। गली की दीवार से

---

37. कृपया देखें, **'मेरी अप्रकाशित डायरी'**, पृष्ठ संख्या : 441 "कभी-कभी मेरे दिल में ख़याल आता है। कभी-कभी क्या लगभग रोज़ ही आता है कि यह जो जीवन है, नित्य-प्रति की दैहिक लिप्साएँ हैं, वासनिक कामनाएँ हैं, व्यर्थ की व्यथाएँ हैं.. मनुष्य को कहीं पहुँचाती नहीं, मुझे कहीं नहीं पहुँचा सकीं। एक समोसा, किम्बा एक स्त्री का संग कितनी देर आपके मन बसता है? कहीं नहीं बस पाता (पृष्ठ संख्या : 312 पर गुरुदासपुर में समोसा-खाए प्रसंग की चर्चा मैंने की ही है, जैसे पृष्ठ संख्या : 109 पर भोपाल स्त्री-सत्संग का किया था?) जबकि विचार, अक्षुण्ण अनश्वर वहीं बसा रहता है!"

लगे नल के नीचे लिंताओ नामक एक बेमतलब कचड़ा व्यक्ति कपड़े धोता बेशर्मी से गा रहा था– "ये जो मोहब्बत है... ये उसका है काम..."

मैंने चिढ़कर कहा, "अबे, सुधर जाओ, दुनिया कहाँ से कहाँ पहुँच गई, तुम अभी तक आनंद बच्छी में अटके पड़े हो?" लिंताओ भले बेशर्म रहा हो फ़िलहाल के लिए शरमाकर चुप हो गया। बोलना अब एक छरहरी कन्या ने शुरू किया। तीखे नैन-नक़्श। खिड़की पर जाने किसको याद करती, या सिर्फ़ मुझे जलाती, थाली में रोहू मछली काट रही थी। धीमे-धीमे टीस जगाने वाली आवाज़ में शुभा मुद्गल की नक़ल की कोशिश कर रही थी, *"पिया तोरा कैसा अभिमान..."*

मैं उदास सोचता रहा कि देखो, दुनिया कहाँ से कहाँ पहुँचकर भी कहाँ पहुँचती है, आनंद बक्षी से निकलकर भी गायन रितुपोर्नो आनंद तक ही पहुँच पाया है, किसी मर्मभेदी ठुमरी की मरोड़ तक मुझे छोड़ क्यों नहीं आया?

चिढ़कर आँखें फेर लीं। कन्या उदासीन भाव से रोहू छीलती अपना रितुपर्णो गुनगुनाती रही।

***

दांग वान उर्फ़ एक पांडुलिपि की तलाश में– ग्यारह

झामतला-बेनाडिनी के बीच की कोई पैसेंजर रेल थी, दुलुक-दुलुक की ऐसी चाल चल रही थी मानो कोई मंज़िल हो भी तो उस तक पहुँचने के लिए उसके पास अनंत तक का समय हो। मुझे एक इंडोनेशियाई लोकगीत *(जिसने कीरगीज़ गाँवों की भी कभी भटकी, भूली घुमाई की रही होगी)* गुनगुनाता छोड़, तोमासिनो डिब्बे के मलिन चेहरे और सस्ती छपाई की बांग्ला विज्ञापनों की चिप्पियों में भटकने लगा। दैहिक ताक़त और अंतस की दिव्यदृष्टि पाने के आसान नुस्ख़ों की *'बीटवीन द लाइंस'* का समाजशास्त्र निरखने और परखने।

सूखे बालों वाला एक कभी हँसमुख बच्चा रहा होगा, अब बीमार कैशोर्य का भोपाल गैसपीड़ितों के वृत्तचित्र का स्थिर, अस्वस्थ-चित्र हो रहा था, दरवाज़े की रेलिंग से बाहर की ओर झूलता जाने अनुपस्थित नायिका तक हवाओं में मैसेज पहुँचवा रहा

था कि *'कहीं करती होगी मेरा इंतज़ार'* तो मुझे ढेले भर फ़र्क़ नहीं पड़ता।

घुटने पर दोनों हाथ टिकाए तोमास स्टिल लाइफ़ का कैसा तो मनभावन चित्र हो रहा था, मगर फिर बना नहीं रह सका। पीदमोंते वाली पहाड़ी ज़बान की उत्तेजना में मुझसे गुज़ारिश की, "इससे कहो अंदर चला आए, किसी से टकराकर, कटकर गिर पड़ा तो दांग वान को खोजने की जगह हम इसकी माँ को खोज रहे होंगे, पीछे-पीछे हो सकता है पुलिस हमको खोजती फिरे, बेबात बहुत सारे लोग नर्वस होंगे। *ला रिपुब्लिका* मुझसे एक छोटी स्टोरी फाइल करने की जिद करेगा, मैं और नर्वस महसूस करूँगा, व्हॉट इज द पॉइंट? जस्ट आस्क द किड टू गेट इनसाइड एंड सिट समव्हेयर क्वॉइटली!"

बिना सोचे-समझे मैंने चीख़कर लड़के को बांग्ला में डाँटा, "अबे, तुझे पेप्सी चलती है कि स्प्राइट?"

लड़के ने एक उड़ती नज़र मेरी ताड़ना ली। जेब में पनामा (अनफ़िल्टर्ड) खोजता मैं डिसकरेज़ नहीं हुआ, बोला, "एबार चुनाव में कौन पाल्टी के पीछे छुरा-गँड़सा का इंतजामी का ठेका भेंटाया है, बिष्टु सदन? कामाई-टामाई हबे त? मादार मामतार जोन्ने काज कोरेछिलिस त?"

लड़के ने कुछ कहा नहीं हिकारत और निस्संगता की मिली-जुली नज़र मेरी ओर उछाल टहलता एक सीट के कोने बैठ गया। मेरी नालायक़ी दुरुस्त करने से ज़्यादा अपनी पिंडली की दाद और नाक खोदने में दिलचस्पी लेने लगा। मैं वापस इंडोनेशियन लोकगीत (या कीरगीज़?) की गुनगुन में लौट सकता था, मगर मालूम नहीं क्यों, लड़के से ध्यान हटाकर तोमासिनो पर सुलगने लगा।

शांत स्वस्थ स्टिल लाइफ़ के मनभावन से बाहर खींच उस पर बम-गोला दागने लगा, बोला, "सेई प्रोपरियो पात्ज़ो[38], क्या जरूरत थी खामखा इस क्लैरिनेट-कुसंग में उलझने की, बौद्धिक अँधेरों में उलटते रहने की? अच्छा-खासा अलसाहटों में उल्टा जैज के ट्विस्टेड सपने देख रहा होता, साठ के दशक की किसी पोलिश फिल्म के 'अपनों' को देख रहा होता? वायदा के 'ऐशेज एंड डायमंड्स' का सिबुलिस्की याद

---

38. "एकदम तुम पगलेल हो.."

है? पहली बार जाना था मैंने फोटोक्रॉमेटिक फ्रेम के पीछे चेहरा इतना मार्मिक और म्यूजिकल कैसे हो सकता है, एंड ऑल द सैक्सोफोन दैट वन हियर्स इन द फिल्म!"

तोमास के चेहरे पर तरल मुस्कान देखकर मगर मुझे और चिढ़ आने लगी, हिंदी के बजाय भोजपुरी में बोला, "इट्स ऑल अ मिजरेबल टाइम वेस्ट, तेजोरो। व्हॉट वी आर डुइंग इन दिस गॉड-फॉरसेकेन पैसेंजर ट्रेन? जिसका न पास्ट है, न कोई फ्यूचर, जिसकी अदद एक बत्ती तक सलामत नहीं?"

तोमासिनो ने दुर्गापुर के रास्ते में ख़रीदी होगी तो मैंने देखी नहीं थी, अभी देखा कि वह डिब्बी खोल, उसमें कानी उँगली बोर, नाक में 'नसनी' सूँघ एक बार फिर अस्तित्ववादी रहस्यवाद के हवाले हो गया, फुसफुसाकर मुझसे बोला, 'व्हाई कांट यू सी कि यही इसी में सिबुलिस्की है, डायमंड्स इन ऑल दिस ऐशेज? असल जैज है जिसे हर वक्त तुम अपने दिमाग में बजता सुनते हो? हेडेन का व्योला, डिजी का ट्रंपेट, ड्यूक का पियानो, सब यहीं है, *यू जस्ट हैव टू फील इट!"*

"ओ जस्ट शट् अप, हम दोनों ही जानते हैं ये पैसेंजर रेल कहीं नहीं जा रही, जैसे दांग वान का जीवन कहीं नहीं गया!" मैंने थककर आँखों को दोनों पंजों से ढक लिए जैसे फ़ेबर एंड फ़ेबर की अपनी सिनेमाई निबंधों की किताब *'इमोशन पिक्चर्स'* के कवर पर बाबू **विम वेंडर्स** ढँके हुए हैं।

***

साहित्य क्या है, साथी, शुद्ध पतनशील है, कॉम्रेदे?

"बिहार (कि चू दे) भूगोल ना हव्वै, बिचार हऽ, बुझालाऽ?"

– श्री कामाख्या सेनुर, द किंग ऑफ़ बिरहा

चू देह की ज़र्द ललियाही दीवार से लगा जाने कितने घंटों चलता रहा। मन शुष्क, होंठ ख़ुश्क। रहते-रहते महसूस होता जैसे ज़माने से यूँ ही चला जा रहा हूँ। अपने से निष्कासित मालूम नहीं स्व के कैसे संधान में। पराई ज़मीन पर परदेसी पथिक नहीं, स्वदेश में कोई अपना स्वत्व भूल गया हो ऐसे। बीच-बीच में राह गुज़रते लोगों को देखकर मन में धुआँ-सा उठता, "अरे, सब मुझी-से तो हैं, फिर भी आह री क़िस्मत, देख, इनके बीच मैं कितना पराया हूँ?"

चेहरे पर पागलपने की उलझी मुस्कान होगी, या सन्नता का कोई चोटिल-भाव जभी खूँट-सी दाढ़ी के एक बुज़ुर्गवार मेरी राह में सामने पड़कर बोले, "बच्चे, लगता है तरन्नुम तुम पर ज़्यादा चढ़ गई है, तभी ऐसी उड़ी-उड़ी में उड़ रहे हो! सामने सराय में घड़ी भर सुस्ता लो, मुँह-हाथ धोओ, तब अपनी राह निकल जाना।"

अब बुड्ढे से क्या जिरह करता कैसी राह, किधर निकल जाऊँगा, बाबा?

जीवन में राह पा लेना इतना आसान है? मगर इस बंजर में बूढ़ा क्या मेरी तकलीफ़ समझता? क्या समझता इतिहास व समय-चेतना में जीवित रहना, जीवन जीते जाना स्वयं कैसा दुर्धर्ष संघर्ष है? व्यक्ति स्वयं कितना देख पाता है इतिहास कहाँ है, उस इतिहास में वह किधर खड़ा है? वह स्वयं का इतिहास ही कितना समझ पाता है? समझ लेने पर दुख बड़ाकार दिखने लगते हैं, सामने वाले को सुनाकर वह हल्का नहीं हो जाता। और सामने वाला सुनेगा ही इसकी आज के आत्मलीन, स्वसमुद्र खोए समय में किसे सुविधा है? परदुख सुन लेने के सजीले अभिनय हैं, मन बिंधवा लेने का मानवीय दुःस्साहस, छोड़िए, रहने दीजिए?

फ़रेबी हवा में सहानुभूति व हाय-हाय की मोहिनी, महीन अदाएँ हैं, मानवीय ऊष्मा व सांद्रता नहीं है।[39] बुड्ढे के आगे मैं मज़ाक़ नहीं बनना चाहता था। इसीलिए इसके पहले वह मेरी हँसी करता, मैं हँसता-हँसता उसके पीछे सराय की ओर बढ़ चला, नशे की टुनक में हूँ वैसे बुदबुदाता रहा, "आप भी कमाल करते हो, चाचा! फिर मोह में बाँध रहे हो? तुम्हें लगता है अपन इतने चिरकुटप्रसाद हैं कि चार गिलास दूध, तीन लस्सी का पिलाकर, दो प्राचीन तालचित्र दिखलाकर, स्नेहकाँटा चलाओगे और हम पुनिः पुनिः लपेटे में फँस जाएँगे?"

बुज़ुर्ग मंद-मंद मुस्कुराता, मतलब कुछ सहानुभूति का प्रपंच व कुछ एक सिरफिरे को कितना झेलना पड़ेगा की मानसिक तैयारी-सा बनाता, मेरी कुहनी पर हाथ दिए मुझे सराय तक लिए गया। मैं बार-बार मुँह खोलकर कुछ कहता-कहता अटक जाता, सोचकर कि शायद बुड्ढा अब कुछ बोलेगा, मगर बुज़ुर्गवार किसी तनाव भरे थ्रिलर फ़िल्म के क्लाइमेक्स की तरह चुप थे। उसी चुप्पी के चकमे में लकड़ी के फट्टों व सीमेंट की उस पुराने ख़स्ताहाल इमारत तक मुझे लिए चले आए।

चौंधियाई चुप्पी हमारे आस-पास गिरती रही। कौन है यह बूढ़ा, मुझसे क्या चाहता है? कहीं फुसलाकर किसी अँधेरे खोह में ठेल देने की चाल तो नहीं चल

39. *'टी.वी. देख-देखकर आजिज़ आइए / मौसम से भी बुरी हैं ख़बरें मौसम की/ सुन-सुन करके आजिज़ आइए / जहाँ कहीं हैं बटन दबाकर ऊबिए / बटन दबाकर मिलता जो कुछ / उसको पाकर ऊबिए / हैमबर्गरों से ऊब जाइए / प्राणहीन मुस्कानों से ऊबिए / बिना प्यार के चुंबन लेकर ऊबिए / ऊब मिटाने की ख़ातिर फिर से चुंबन लीजिए.."* 'अमेरिका में कविता' से, **मंगलेश डबराल**, 1991

रहा? दिमाग़ में आड़ी-तिरछी कैसी-कैसी तो तस्वीरें बनती रहीं। स्नेहिल तरलाहटों, आततायी अकुलाहटों की। कभी सारे कवच तोड़ मैं निर्द्वंद्व भाव उनमें डूब जाना चाहता, तो कभी घबराया छिनककर उनसे छूटा भाग जाने को कसमसाता।

अंततः खीझकर मैंने बुड्ढे का कंधा खींचा, "चक्कर क्या है, चचा? किस बात का सस्पेंस बुन रहे हैं? आपकी रगों में बहता होगा रहस्यवाद, मैं अपना साहित्य साफ-सुथरा रखना चाहता हूँ, शुद्ध पतनशील, *कॉम्प्रेदे?"*

चचा ने मेरे बाएँ हाथ की तर्जनी को छूकर कहा, "ऐसा उतावलापन क्यों है, बच्चा, इधर के हो नहीं? उत्तर से आए हो?"

मैं हँसने लगा, "यही तो मजा है चचा, कहीं का नहीं हूँ! आया वैसे सुदूर दक्खिन से हूँ, शायद इसी प्रश्न के सुराग में आया हूँ कि जान जाऊँ कहाँ का हूँ? सब 'ज्ञानोदय' व 'प्रियप्रदेश' वाले नहीं होते कि मालूम हो किस पाले में हैं और सुखी रहें, कुछ अभागे *कहीं नहीं* वाले भी होते हैं। एक वो **'कहीं नहीं'** का भी साहित्य होता है, हर समाज में होता है, मैं वह कहीं नहीं का ही साहित्य हुआ ऐसा समझ लो, समझते हो?"

बग़ल के धूल भरे मैदान में दो बच्चियाँ गोटी-गोटी खेल रही थीं (शायद सराय में काम करने वाली स्त्री की बेटियाँ हों), अपरिचितों का आना देखकर ठिठक गईं। अंदर मालूम नहीं रेडियो पर या किसी अन्य बाजे पर काफ़ी गुज़रे ज़माने का गाना बज रहा था। मेरी ज़ाहिर बेचैनियों को भुलवाने की ग़रज़ से ही चचा ने कहा होगा, "सनयात सेन के ज़माने का ऑपेरा है, अच्छा है ना?"

ग़ौर से कान लगाने पर धीरे-धीरे शब्द साफ़ हुए, *"करेजवा धँसल, बलम हाय, गहीरे कटार..."*

मैंने चिहुँककर कहा, "अरे! अभी तलक सर्कुलेशन में है? ये तो कमाल वाली चीज़ हुई, चचा!" फिर हव्वाते लड़कियों की ओर इशारा किया, "का रे, मुनिया-सुगनिया, तू लोक येही उमिर में बलम अऊ कटार सुनती हो?"

स्वाभाविक था बच्चियाँ मेरी ड्रामेबाज़ी से घबरा गईं। दौड़कर सराय के पीछे की ओर भाग गईं। मैंने एक लंबी साँस खींची, होश में लौटने की कोशिश करता पहली बार ध्यान से अपने आस-पास को देखा। धूल सने नारंगी, लाल आसमान को देखा।

और चकित होकर चीख़ा, "वाह, चचा! देखो, ज़रा, कैसे सेब की फाँक की तरह सूरज पहाड़ों को चूम रहा है? वाह!"

"सेब नहीं, नारंगी, उजबक..." चचा भोलेपने में मुस्कुराकर बोले। उनकी मुस्की देखकर मन का सारा सियाहपना जाने कहीं घुल गया, बेफ़िक्री में खुलकर बच्चों-सी हँसी हँसने लगा।

ओह, कैसी सुर्ख़ ख़ून सनी शाम थी! जीवन में ऐसी आलतामयी, निर्दोष हँसियों वाली कितनी शामें आती हैं? दो, तीन, चार? ऐसी शामों को बचा लेने का कोई उपाय नहीं?

***

चू देह के घंटों आगे, बाबा बुढ़ऊ के आसरे काठ के पुराने सराय के बाहर की ख़ून सनी ज़र्द शाम आख़िर ताइपेइ या शांघाई की शाम नहीं थी। एक प्राचीन सभ्यता, उसके अंतरतम की शाम थी। ज़ाहिर है थोड़ी देर में गुफ़्तगू भी उसी रास्ते मुड़ी। प्राचीनताओं में। ख़ुश्क होंठ जैसमीन की हल्की चाय से अभी क़ायदे से नम भी न हुए थे कि बाहर तेज़ तूफ़ानी हवाएँ चलने लगीं। हड्डियों के पोर तक में पहुँचती सर्द हवाएँ। बाबा मुझे पहचानी नज़रों की मुस्कुराहट में देखते हुए– जैसे याद करा रहे हों कि देखो हमारी पुरनिया अनुभवी बुद्धि पहले ही बाहर खुलेपन के ख़तरों को सूँघकर तुम्हें भीतर सुरक्षित छतरी के नीचे लिए आई– सराय की बैठकी की खिड़कियाँ भेड़ने लगे। बाहर की साँय-साँय बजती तूफ़ानी हवाओं की सिहरनों को सिंफ़नी-सा सुनता मैं कोई महीन, साहित्यिक मणि कैसे रच लूँ की सोच सोचने व लिखने को मचलने लगा। मगर मचलता ही रहा, क्योंकि बाबा ने बात कहीं और मोड़ दी। प्राचीनताओं की परतें खोलने व मुझे उनमें बंद करने लगे। दोनों हाथ की अंजुलि में काली चाय का प्याला थामे मेरे नज़दीक बैठकर बोले, "एक समय था जब यह सारी जगह पुरानी सिल्क सड़क का ज़रूरी बाहरी ठिकाना हुआ करती थी। भारत के बौद्ध-भिक्खुओं व मध्य-पूरब से आए बनिकों, सरकारी मुलाजिमों से यहाँ की गलियाँ भरी रहतीं!"

सर्द संझाओं में तापने को डाली लकड़ियाँ जैसे चिनचिनाती टूट-टूटकर जलती रहती हैं, कुछ वैसे ही रह-रहकर सिहरती देह लिए बाबा की आवाज़ में उनके क़िस्से

सुनना था। कुछ देर मैं उन दो छोटी बच्चियों की बाबत सोचता रहा जो हमारे पहुँचने पर बाहर गोटियाँ खेल रही थीं और अंदर आने के बाद से जिनका कहीं कोई पता नहीं था। हालाँकि ज़्यादा संभव था मेरी जैसमीन और बाबा के हाथ की काली चाय बच्चियों की अम्मा के सेवाभाव का ही पुरस्कार हो। मगर अम्मा नज़र नहीं आईं, न मुझसे ख़ामख़ा डर जाने वाली बच्चियाँ। बस बाबा बोलते रहे। बाहर साँय-साँय व सर्दीली नोकों के तीर छूटते रहे।

बाबा बोले, "मेरी उम्र का तुम्हें अनुमान है? छोड़ो, रहने दो। जब सात-आठ साल का था तभी से मेरे सपने में बुद्ध आते थे। चेयरमैन माओ और बुद्ध। कभी लगता दोनों एक ही व्यक्ति हों। हें हें हें। मज़ाक़ नहीं। यहाँ से कुछेक मील के फ़ासले पर मोगाओ की गुफ़ाएँ हैं। चौथी से दसवीं शताब्दी तक आस-पास की पहाड़ियों व अंदर की गुफ़ाओं में बौद्ध भिक्षु धार्मिक विषयों व कहानियों की तस्वीरें उकेरते रहे। बचपन से अब तक जाने कितनी मर्तबा मैंने उन तस्वीरों को देखा है! एक गुफ़ा में तैंतीस मीटर ऊँची, शाक्यमुनि के शिष्य-अमिताभ की प्रतिमा है। गुफ़ा का अँधेरा उनके चेहरे व ज्ञान की जोत से एकदम सुनहले उजाले में बदल रहा हो जैसे? फिर बुद्ध की बड़ी-बड़ी तस्वीरें भी हैं। उठंगे हुए, चेहरे पर ओजस्वी शांति लिए, अपने अंत का इंतज़ार करते। जबकि तस्वीर में ईशु को देखो! सूली पर टँगे उनके चेहरे पर कितनी तकलीफ़ का भाव है! बुद्ध धर्म मनुष्य को जीवन, मृत्यु के मामूलीपने की सीख देता है, कहता है भौतिक संसार की सीमाओं के पार सत्य पहचानो। जबकि ईसाई लोग जीवन के उत्सव और मौत के भय में ज़िंदगी गुज़ारते हैं, नहीं?"

मैंने अनमनेपन से बाबा को देखा, क्या जवाब दूँ? कहूँ मैं बुद्ध और वृद्धत्व की नहीं सोच रहा, कृपया क्षमा करें? मेरे मन में कुछ अनूठा साहित्य-रत्न गढ़ रहा है, या उसकी अतृप्त कामनाएँ बरस रही हैं?

***

ग़नीमत थी कि कमरे में बुद्ध की एक पुरानी काष्ठ प्रतिमा थी। हाथ में कप थामे बुढ़ऊ को मैंने उसके आगे बिठा दिया कि अपने ज्ञानदान से, बाबा, ज़रा वक़्त के लिए, आप श्री बुद्ध को ही उपकृत करें। मैं ज़रा अपनी महीन, ज़ुएलनुमा लिटररी पीस,

छोटी-सी एक **प्रूस्त**नुमा चीज़ लिख मारूँ। **बोर्हेस** लजा जाएँ ऐसा छोटा एक धमाली गद्य गढ़ डालूँ, समझ रहे हैं?

अपना काम करूँ, कोई समझेगा की उम्मीद करना व्यर्थ है। राजकमल किम्बा वाणी ने ही कितना समझ लिया? अभी तक रचनावली नहीं छापी। रचनावली क्या, संपादित रचनाओं में एक मेरी भी रख लें जैसा भी नहीं छापा! श्री अ व श्री र की रचना पाकर धन्य होने की जगह बिना मेरी रचनाएँ पाए धन्य बने रहते हैं, बिना मेरी रचना देखने की ज़िद पर श्री ह व श्री रा कु अपने उपसंपादकों से पता करवाते हैं पता करो, कौन बला है। अरे, आपने **हा तिन्** व **वेंग ज़ी** के संबंध में पता करवाया, किम्बा **रॉबर्तो बोलान्यो** के ही बाबत, कि कैसी बला हैं? बिना आपके पता कराए दुनिया जान गई बला की साहित्यिक प्रतिभा हैं। तीन हज़ार पाठक समुदाय वाले हिंदी साहित्य का पुरातन रोग है। बला की साहित्यिक प्रतिभा को पहचानने के लिए रचनाकार के मरने की राह तकती बैठी होती है। हालाँकि सभी नहीं ही बैठे रहते, कुछ इस दरमियान हिलगते हुए ढाका व ओस्लो भी टहल आते हैं। कुछ बिलासगढ़ किम्बा नवाबपुर रियासत के पूर्व-नवाब के हाथों ईनाम पाए प्रगतिशील लेखक के ख़िलाफ़ गालियाँ उगलने की मुहिम चलाने लगते हैं। कुछ बहुत देर से बैठी बेगूसराय की अपनी अनियतकालीन पत्रिका का एक और अंक निकाल लेते हैं। अनियतकालीन पत्रिका के उस अनियतकालीन निकल गए अंक तक में मेरी रचना नहीं होती! फ़ोन करके पता करो क्यों नहीं है, भई? तो जवाब वही ढाक के तीन पात कि श्रीमान्, आप कौन बला हैं? सच्चाई है ढाक के तीन पात की हिंदी की साहित्यिक दुनिया बला है। और इसे जानने के लिए उसके मरने तक की राह तकने की भी दरकार नहीं, जिनकी आँख काम कर रही हो उसके बिना मरे भी वे देख सकते हैं कैसी श्लथ, रुग्ण, अस्वस्थ बला है।

दरअसल दुनिया क्या है तीन हज़ार लोग हैं, अख़बारों व प्रकाशनों में छुपे कुछ ढीठ या बीट कवि हैं, विश्वविद्यालय व मंत्रालयों के कुछ विभाग हैं, उनमें सेवारत कर्मचारी, भाषा-अधिकारी हैं, सेवा करवाते रहने की अश्लील ज़िद और बात-बात पर रूठ जाने के अभिमानी अरमान हैं। पचास करोड़ हिंदीभाषियों से इन गिने हज़ारों को

छाँटकर फेंक दिया जाए तो हिंदी साहित्य गुमनाम हो जाए। उसे ढूँढ़ने को शोधार्थी फिर कर्नल रंजीत के उपन्यासों व हिंदी साहित्य सम्मेलन के अभिलेखागारों में जाएँ? ज़्यादा उत्साही शोधार्थी हुआ (ज़्यादा संभावना है शोधार्थिन ही होगी) तो घबराकर खोजता-खोजता मुझ तक चीन पहुँच जाएगा। बाक़ी कहीं हिंदी साहित्य के मिलने का प्रश्न ही नहीं उठता। रेल स्टेशनों के व्हीलर बुक स्टालों तक में श्री ओशो, श्री करमचंद गाँधी, श्री वेदप्रकाश शर्मा मिलते हैं... हिंदी साहित्य कहाँ मिलता है?

***

ओह, बला प्रतिभा का धनी लेखक इस तरह पराएपन की हड्डी जकड़ाती हवाओं में स्वयं को व्यर्थ करता है? वह तो चैन से **यास्नाया पोल्याना** और **शांतिनिकेतन** में बैठकर वैश्विक एजेंडे का कल्पनालोक बुनता है। थक जाता है तो बुलवाकर फ़ुरसत में राष्ट्राध्यक्षों से भेंट-मुलाक़ात करता है! मैं तो जैसमीन की चाय ठिलवाकर अपना स्वागत करनेवाली बच्चियों की अम्मा तक से नहीं मिल पाया हूँ। वह भी नहीं पाई है। जबकि ज़रूरी है। *चाय पिलाकर बाद में लिखने को काग़ज़ न दे, ऐसी स्त्री मेरे लिए अक्षम्य है।*

तो मैं बाबा को बुद्धीय गुफ़्तगू में फँसाए, अंदर की ओर टोता-टाता, *"अजी, सुनती हो?"* की एक मोहिनी मीठी तान बजाता, यहाँ और वहाँ देखता बहकने लगा। मन में बड़े सारे सुंदर विचार उठ रहे थे। कल्पना कहीं भी विचर आने को प्रस्तुत है। पता नहीं क्यों मगर आज मैंने ठाना हुआ था कि चाहे कुछ हो जाए, एक महीन, जुएलनुमा लिटररी पीस लिखे बिना मानूँगा नहीं! ऐसी निर्दोष आकांक्षा व फ़ोकस्ड उद्देश्य साहित्य के लिए हमेशा हितकारी होता है। क्यों होता है मालूम नहीं मगर होता है ऐसा मानने की परंपरा है। मगर देखिए, हरामख़ोर, काग़ज़ हाथ नहीं आ रहा था। जबकि सब जानते हैं काग़ज़ चीन में ही आविष्कृत हुआ है। बच्चियाँ व उनकी अम्मां भी नहीं आ रहीं। हाथ में या व्हेयरएवर।

अपने लिख सकने की संभावना को लेकर मैं थोड़ा संशयग्रस्त होने लगा। वैसे ही जैसे बीच-बीच में भूतपूर्व नक्सलवादी देश के भविष्य को लेकर होने लगते हैं। मगर तभी गंदे पाजामे और घिसे हुए एक पीले, पुराने टीशर्ट में *वह* दिखा। नौजवान

तांग आनमेइ। उपस्थिति में बला का फीकापन और भावों में बला की बेचैनी। दीवार पर हाथ का बना चीन का एक पुराना नक़्शा टँगा हुआ। पुराने बाजे पर मुँह से गाया माओ की प्रशस्ति में एक पुराना गाना बजता– *'हज़ार तारे होंगे, हर सकारे होंगे, सब तुम्हारे होंगे, गाओ गाओ, माओ माओ...'*

सुनते ही मेरा मन गिर गया। आगे बढ़कर मैंने बाजा बंद कर दिया और सन्न नौजवान को डपटकर कहा, "अबे, यहाँ देंग को मरे अढ़ाई दशक होने को आए और तुम चिरकुट पत्रकार, अभी तक माओ गाओ गुन रहे हो?"

चिरकुट पुकारे जाने पर दुखी होने की जगह शायद पत्रकार सुनने का असर होगा, तांग फूलने लगा। उसी फुलाई में बोलीस, "आपने कैसे जाना पत्रकार हूँ? किसी बड़े अख़बार या पत्रिका में अभी तक छपा नहीं! वैसे संभव है 'काशगर कुसुम' के ताज़ा अंक में शायद मेरी कविता छपे!"

मैंने हाथ के इशारे से तांग को चुप कराते उससे सवाल किया कुछ पढ़ाई-उढ़ाई करता है या नहीं, क्या करता है, तो भाई साहब के इस सर्दी में पसीना छूटने लगा। काँख-काँखकर जवाब दिए, "स्कूल छोड़ने के बाद पार्टी कांग्रेस की रिपोर्ट और पार्टी लिटरेचर से अलग कल्पनाशील साहित्य का सेवन करने का अवकाश कहाँ से लहाते; लिखने का किसी तरह बनाए, पढ़ने का पासिबल नहीं हुआ।"

मैंने मेज़ पर रखा पुराना बसाईन तंबाकू निकालकर मसूड़े के नीचे दाबा और सर्द साँस लेकर यास्नाया पोल्याना वाले अंदाज़ में फैलने लगा, "तुम्हारे माथे पर पार्टी का झंडा था हाथ में गंडा, हाथ आई पार्टी कांग्रेस रिपोर्ट पढ़ रहे थे और मन में तुम्हारे कहीं उजाला नहीं था या सिरहाने, मैले चादर तले दबी रिपोर्ट तुम्हारी आत्मा के बंजर, कंगलेपने की जासूसी कर रही थी; पार्टी ने कितना तुममें स्वयं को समझ-साथ लिया या तुम ही इस उदास जीवन में क्या पार्टी-खेला देख लिए, पा लिए उखाड़ लिए, हो कौन तुम और मैं ही कौन ठहरा कहाँ का ठहरा कितना पानी में ठहरा यह सब इम्मैटेरियल है, यू गेट मी, स्तुपिदिस्सिमो आनमेइ? असल बात है मैं भले चीन पहुँच गया होऊँ, जीवन में कहीं पहुँच सका हूँ? जबकि तुम देखो, साथ के मेरे सब संगी कहाँ से कहाँ पहुँच गए हैं, ख़ुद तुम्हारी (या जिस किसी की भी) पार्टी कहाँ की

कहाँ पहुँच गई है, ऐसी उठानों पर निकल गई है कि बाज़ मर्तबा अमेरिका सन्न ख़ुद को देखने की जगह चीन की ओर देखने लगता है, यू गेटिंग मी, ऑकवर्ड आनमेइ, बैकवर्ड?"

स्वाभाविक है तांग कहाँ से मुझे गेटियाता, बच्चे की बोलती बंद हो गई और बंद ही रही। जबकि मेरी चालू रही, *'अल जज़ीरा'* का रैडिकल पत्रकार भी अंततः फ़ॉक्स सी.एन.एन. की नौकरी ही करना चाहता है! एवरीवन इज़ आफ़्टर फिरंगी कार एंड फिरंगी यार। फ़ेसबुक तक में सब फिरंगी औरतें खोज रहे हैं। औरतें भी वही खोज रही हैं। समवन शुड आस्क देम व्हॉई दे आर डुइंग इट? बेटा, किसी को कोई क्ल्यू है कि फ़ेसबुक किस तेज़ी से हमारी आत्मा के फ्रॉड के क़िस्से बुन रहा है?"

तांग ने कहा, "शायद इसीलिए फ़ेसबुक हमारे चीना में बेन्ड है। 'बेन्ड' नहीं, 'बैन्ड' है। अपने इधर तो अभी तक इंटरनेट भी आया नहीं, मतलब बैन ही समझो।"

मैं बोला, "शट-अप यू स्तुपिदिस्सिमो! पिछले वर्ष चीनी सरकार ने भी अपने नागरिकों को फिरंगी लड़कियाँ सेट करने, उनसे ब्याह करने को लीगल कर दिया है। यू डोंट नो नथिंग। बट तुम चिरकुट रहो मैं कल्पनाशील, इससे भी घंटा क्या फ़र्क़ पड़ता है! फ़र्क़ पड़ाने वाली बात है कि यह देश खुल रहा है, बदल रहा है! जबकि तुम यहाँ बैठे बासी सब्जियों की तरह सड़ते हुए इधर एक लेख और वहाँ एक कविता छपवाकर, अबे, साबित क्या करना चाहते हो? बाहर निकलो, अपने को विस्तार दो! गेट इंटू थिक एंड थिन ऑफ़ सेन्ज़ेन, मत बोलना कि स्पेशल इकोनॉमिक ज़ोंस के बारे में अब तक नहीं सुने हो? अबे, कहाँ के पत्रकार, पत्रकार बने गणेश शंकर विद्यार्थी की औलाद, अब तक घेंवड़ा छील रहे हो? सब साले मेरी तरह नैचुरली टैलेंटेड होते हैं? ज़िंदगी निकल जाएगी तब अक़्ल पाओगे, घेंवड़ प्रसाद?"

तांग आनमेइ हकलाता भागा मेरी ओर आया। शायद मेरे पैर छूना चाहता था। या *मुझ पर हमला करने को उद्धत हो रहा था?*

हमला किया न मेरे पैर छुए। लपककर मेरे हाथ थाम लिए, रिरियाने लगा, "मुझे बचा लीजिए, कामरेड! मेरे जीवन को दिशा दे दीजिए!"

दीवार के कोने जनसभाओं व जनहितकारी दस्तावेज़ों, पोथों का अंबार गँजा

हुआ था। देखते ही थकान होती थी। मेरे मन में अब भी अपनी निष्कलुष रचना का विचार तैर रहा था (किसी भी सूरत में जिसे आज लिखा ही जाना था, मगर जो अब तक पकड़ाई में आ नहीं रही थी), फलस्वरूप पोथों को देखकर थकने की जगह मैं दीवार पर टँगे पुराने नक़्शे का मुआयना करने लगा। ज़ाहिरन इस नक़्शे में तांग के पुरखों के गाँव की उपस्थिति न होगी। *ओह, व्हॉट प्लेसेस पीपल कम फ्रॉम। एंड दे स्टिल वांट सम प्लेस इन द बिग मीनिंगलेस मैड वर्ल्ड! के स्तुपिदाजिनी के न्नोया?*[40] आनमेइ को छेड़ने की ग़रज़ से, छेड़ने से ज़्यादा बेइज़्ज़त करने के लिए नक़्शे की तरफ तर्जनी उठाकर सवाल किया, "इसमें तुम्हारा गाँव कहाँ है, नहीं है न?"

लड़का पोथों के ज़ख़ीरे में कुछ ढूँढ रहा था, ढूँढ़ता हुए ही इनकार में सिर हिलाकर मुझे सूचना दी, नहीं है। फिर चहकता मेरी ओर मुड़ा। हाथ में पीले पड़ रहे काग़ज़ों का एक बेमतलब-सा बंडल झूल रहा था।

तांग ने कहा, "आप इस पर अपनी राय दीजिए, कामरेड, प्लीज़, सिर्फ़ इतना कह दीजिए मुझमें 'वो' है या नहीं?"

अबे, हू डू यू टेक मी फॉर? इतने हज़ार मील दूर यहाँ इसलिए आया हूँ कि तुम्हारी चिरकुट तीन कौड़िया तेलाइल मुरचा-खाइल रचना पढ़ूँ? मन खिन्न हो गया।

हाथ की रचना को मुदित-प्रफुल्लित मेरे हाथों में ठेलते आनमेइ हँसते हुए बोला, "एक छोटी कहानी है, सर, थोड़ा-सा रूमानी हो जाए की तर्ज़ पर, देख लीजिए, प्लीज़!"

पीले काग़ज़ों पर मैंने उड़ती-सी नज़र डाली। ऊपर से नीचे तक लड़का-लड़की संवाद शैली में काग़ज़ रँगे गए थे। पता नहीं किन-किन संपादकों के पास से लौटकर मेरे हाथों में जगह पा रही थी (हृदय में तो नहीं ही पाती। आज तक कोई पा सका था?)। क्या करूँ इस मूर्ख-अपूर्वा संवाद का, मैंने सोचा, फिर यह सोचकर कि शायद बुरा आइडिया नहीं कि रचना का मूलभाव चेंपकर, उस पर अपनी उन्नत प्रवहमान लेखनी की सजावट के सुनहले गोट टाँककर किसी 'लोकभाव ऑनलाइन', 'भारतहित जेनुवाईन' को भेज दूँ, और वो छाप भी दें? सो चेहरे से उदासी का भाव बिना हटाए,

---

40. क्या बेवक़ूफ़ी, कैसी झुँझलाहटें।

ग़ौर से कहानी से गुज़रने लगा। ऐसी बुरी थी भी नहीं।

***

कुछ देर उस पर नज़रें गड़ाए लड़की असमंजस में यहाँ-वहाँ होती रही। पूरा कमरा किताबों और काग़ज़-पत्तर से गँजा था, चार क़दम टहल लेने तक की गुंजाइश नहीं थी। इकलौती ख़ाली जगह चटाई पर लड़के के पैरों के पास उतनी भर ही थी जहाँ काग़ज़ फैलाए वह अपने विचार व्यवस्थित कर रहा था। लड़की अंततः अपना बैठना टाल गई, क्योंकि उतनी ख़ाली-सी जगह में भी उसे व्यवस्था नहीं, मात्र विचारों की धूल दिख रही थी। आख़िरकार लड़के ने घबराए नज़र उठाकर मिन्नत की, "बैठ जाओ न... इस तरह खड़ी-खड़ी मुझे नर्वस क्यों कर रही हो?"

लड़की ने कहा, "और तुमने इतना ये कंजास जो फैला रखा है? ये किताबें बेच क्यों नहीं डालते? किसी को ब्याह कर लाओगे, कहाँ रखोगे?"

शर्म से लड़के का चेहरा लाल पड़ गया। शर्म से ज़्यादा अपने जिए जीवन की ग्लानि थी। सिर झुकाकर धीमे जवाब दिया, "इसीलिए तो लाया नहीं... किसी की ज़िंदगी मुश्किल में क्यों डालूँ!"

लड़की ग़ुस्से में काँपती धम्म से बैठ गई, जहाँ लड़का कुछ जगह बनाने की कोशिश कर रहा था। बेचारे के सारे विचार गड्ड-मड्ड हुए, छितरा गए। लड़की बोली, "तुम्हें मालूम है कि तुम कितने बेवक़ूफ़ हो? उल्लू हो एकदम!"

लड़का चुप रहा। मानो मालूम था उसे। और यह भी मालूम था कि उल्लू उल्लू ही रहता है, उल्लूत्वोपरांत अरस्तू नहीं हो जाता। यही वज़ह होगी कि काँपते स्वर में उसने जवाब दिया, "तुम जानती हो ये किताबें मुझे कितनी प्यारी हैं... और वे सारी जगहें जहाँ की मुझे यात्राएँ करनी हैं... वो सारा काम जो मैंने नहीं किया!"

लड़की ने कहा, "व्हॉट इज़ नॉट कैरीड आउट डज़ नॉट एक्जिस्ट, इडियट... मैं नहीं तुम्हारा बोर्हेस कहता है *(द नथिंगनेस ऑव पर्सनैलिटी, 1922)!*

लड़का एकदम शर्म में नहा गया, सिर झुकाए बोला, "मैं कैसे ब्याह कर सकता हूँ, जब बोर्हेस तक को आत्मसात् नहीं कर सका?"

लड़की चिढ़कर खड़ी हो गई। चाहती थी घुमाकर लड़के के एक अच्छा

झन्नाटेदार तमाचा जड़ दे। मगर अपने ग़ुस्से पर मुस्कान का कवर चढ़ाकर उसने बाजा चालू कर दिया। बाजे पर माओ गाओ की व्यर्थ सामाजिक व्युत्पत्तियों के बजाय तीव्र ऐंद्रिक सांद्रता सजने लगी। आशा भोंसले की आवाज़ में बजता गाना यह प्रकट करने से स्वयं को बख़ूबी बचाए लिए जा रहा था कि उसके सुरीले सुरों में आशा की उद्‌घोषणा है या निराशाओं की...

आप भी गाना सुनें, न सुन पावें तो कमअज़कम मुखड़ा ही पढ़ लें– *'चैन से हमको कभी आपने जीने ना दिया, ज़हर भी चाहा अगर पीना तो पीने ना दिया, जीने कहाँ दिया... एटसेट्रा-एटसेट्रा...'*

***

मैंने दाँतों तले दबाकर रखा तंबाकू निकालकर बाहर मेज़ पर रख दिया। मुँह बनाकर ऐसे बोलने लगा जैसे किसी उजाड़ में नहीं, कमानी सभागार में बोल रहा हूँ, और फिर स्वाभाविक था अँग्रेज़ी में ही बोलता रहा, "तांग, ये सब ठीक है, प्यारे, बट दिस इज़ नॉट द स्टफ़ गुड लिट इज़ मेड ऑफ़, यू नो? ब्वॉय मीट्स गर्ल, गर्ल मीट्स ब्वॉय, इस तरह के सस्ते सेंशेंसंस के लिए लोग सिनेमा-टिनेमा देखने जाते हैं, मैंने पढ़ लिया, साहित्यबाज़ नहीं पढ़ते! और जो ऐसा साहित्य पढ़ते हैं, वो साहित्य में भी सस्ता सिनेमावाद ही पढ़ा रहे होते, चला रहे होते हैं! व्हॉट आई मीन टू कन्वे इज़ दैट तुमने बुरा नहीं लिखा है, बट यू कैन डू बेटर! फ़ार-फ़ार बेटर। एंड इफ़ यू कांट दैन आई एम सर्टेनली नॉट एन अथॉरिटी ऑन ब्वॉय मीट्स गर्ल नैरेटिव! ऑनेस्टली, दिस इज़ नॉट माई कप ऑफ़ टी। नॉट इवन माई कप! देयर इज़ ए डिफ़रेंस बिटवीन साहित्य एंड सुरेंद्र वर्माज़। वी हैव हैड एनफ़ ऑफ़ मुझे चाँद चाहिए एंड सितारेज़! व्हेन यू कांट एड्रेस द बेसिक्स, यू स्टार्ट थ्रोइंग एट योर रीडर्स चाँद्स एंड सितारेज़। इज़ इट मोरली, पॉलिटिकली करेक्ट? फ़ेस योर रीडर्स, मैन। टेल देम व्हॉट इज़ व्हॉट। राइट समथिंग बिग, समथिंग एम्बिशस। राइट मुझे चीन चाहिए!"

तांग के चेहरे पर सफ़ेदी उतर आई। क्या बोलता? जवाब था क्या उसके पास? अकबकाया-सा इधर-उधर तकता रहा, फिर खोया-खोया-सा ढलान के उस तरफ़ दस-बारह घरों के गाँव को तकने लगा। चेहरे पर भाव वही थे जो ऐसे मार्मिक

बेमतलब के भूगोलों में बसने वालों में ऐसे मार्मिक क्षणों में स्वाभाविक रूप से बन जाते हैं– ये गँवार-तलछट के कीड़े... मेरे पाठक हैं? कौन मेरा पाठक है? लिविंग सो रेचेडली, मैनेजिंग समहाऊ ए मीगर, मिज़रेबल लाइफ़, हाऊ कैन आई राइट **मुझे चीन चाहिए?** हू एम आई टू थ्रो सच ह्यूज डेज़ायर एंड होरिफाइंग स्लोगन इन एयर, इन स्काई? आई कैन नॉट एवर पुट सच ह्यूज ड्रीम ऑन द कवर ऑफ़ माई बुक, कैन आई? इवन **लू शुन** तक ने *'मेरा पुराना घर'* कहानी लिखी, 'मुझे चीन चाहिए' उपन्यास नहीं लिखा! फिर मैं तो आह् क्यू भी नहीं, तांग आनमेइ हूँ। नो बडी, नो वन!

गहरे अवसाद में रँगे आसमान में चाँद की वैसी ही रोशनी थी जैसी ऐसे रहस्यात्मक, मार्मिक, ऐतिहासिक क्षणों में हो जानी चाहिए। हालाँकि आनमेइ और दुनिया के सारे मेइआन इतिहास और ऐसे ऐतिहासिक क्षणों से बाहर ही रहते आए हैं। मैं बोर्हेस-सा कोई टाइनी, लिटिल जुएल लिखने-से हारकर चहारदीवारियों से बाहर दूर निकल आया था। पीछे-पीछे पूँछ की तरह खिंचा तांग आनमेइ। उसके असमंजस और निरुत्साह ज़र्द चेहरे से अलबत्ता अब मुझे कुछ-कुछ चिढ़ होने लगी थी। उसी चिढ़े हुए स्वर में मैंने सवाल किया, "एक बात बोल, तांग, तू साहित्य सजाना चाहता है कि नाम कमाना?"

थोड़ी देर चुप रहने के बाद तांग ने फुसफुसाकर कहा, "मालूम नहीं, श्रीमान्... अकल काम नहीं करती, कोई बताता नहीं... इतनी कविताएँ लिख रखी हैं... कहानियाँ... सब प्रेमाश्रित रचनाएँ हैं! साहित्य नहीं हैं? क्या करूँ, सबको फेंक दूँ?"

मैंने कहा, "यू कांट अनडू ऑल द राइटिंग यू हैव डन टिल नाऊ, आई नो... बट देयर मस्ट बी अ वे आउट ऑफ इट... जहाँ चाह वहाँ राह, तुमने सुना नहीं है?"

तांग बोला, "आप साफ-साफ बोलिए, सर, मुझे बड़ा कुंठित-कुंठित-सा लग रहा है!"

मैंने कहा, "जानता हूँ तुम अपनी कहानियाँ नहीं बदल सकते, कितना प्रेम बाहर करोगे? ज़्यादा बाहर करोगे तो कहानी बचेगी ही नहीं! मगर इस मुश्किल का उपाय है।"

"है?" तांग ने काँपती आवाज़ में पूछा।

मैने सहमति में मुंडी हिलाई, फिर बोला, "कहानी नहीं बदल सकते मगर शीर्षक तो बदल सकते हो। सबके शीर्षक बदल दो! *'वो रजत रातें'* को *'दस रातें जब गाँव हिल उठा!'* कर दो। *'क्या यही प्यार है?'* को *'क्या यही मनुष्यता है?'* और *'सब तुम्हारा'* को *'चीन, तुम्हें सब समर्पित!'* कर दो, इट विल ऑल मेक ए बिग डिफरेंस!'

सहमा, टेरराइज्ड तांग ने पूछा, "मैं ऐसा कर सकता हूँ?"

चहकता मैं बोला, "ऑफ कोर्स, यू कैन, किड! पीपल इन जर्मनी एंड नॉर्वे विल स्टार्ट नोटिसिंग। यू विल बिकम द ह्यूमन वॉयस ऑफ कंटेपररी चायना!"

***

दांग वान उर्फ़ एक पांडुलिपि की तलाश में– बारह

नयनमोहन घोषाल रात ढिबरी की रौशनी में जाने कौन-से काग़ज़ात उलटते-पुलटते हैं। लाल कपड़े में बँधी पोटली। चशमे के मोटे शीशे पर धुएँ की कालिख जमती है। मोती हाराना से लौटी सुखोमोनी बाप के लिए काँसे के गिलास में दूध रख लौटती दरवाज़े के ओट से पल भर छुपकर देखती है।

प्रिंसेप साहब ने दिन में दफ़्तर बुलाया था। सुंदरबन से लौटे थे। उसके पहले बोलपुर, राढ़, संथाल परगना। फिर उसके बाद हुगली के किनारे तंबुओं में। लाल पोटली पकड़ाई थी।

घोसाल टुम पढ़ने को सकटा है?

ब्राह्मी नहीं कोई और लिपि थी। हो या मुंडा? नेतराम तंबाकू होंठ में दबाए नशे की पिनक में डोलता फिरा। पूरा बदन आगे-पीछे एक लय में। पंजों पर टिके पूरे शरीर को जाने किस ताक़त से समेटे फिर भी किसी आलम में बिखेरे।

इस वक़्त नेतराम से बात करना बेकार। नयनमोहन घोषाल पलटते हैं। रात तारों से पटी है। ठंडी हवा बह रही है। दूर बहुत दूर कोई पीली रौशनी टिमटिमा रही है। कहीं दूर से पानी की आवाज़ आती है। नदी की आवाज़ की संगत में नयनमोहन घोषाल सिहरते हैं। सन् 1735 का समय रहा होगा। कोई पुरखा ननीगोपाल या फणिगोपाल? या फिर रासबेहारी जाने क्या नाम था। नयनमोहन हमेशा गड़बड़ा जाते

हैं। जीर्ण पड़ी किताब जिसका एक-एक पन्ना अलग हुआ है। कालीकताह... काली माँ का मंदिर... *हे माँ रोक्खा करो, माँ।* बिप्रदास पिपलाई सन् चौदह सौ पंचानबे के मनसा मँगला में जाने कौन पुरातन मंदिर का ज़िक्र लिख गए। सुबोर्नो रायचौधुरी की जागीरदारी के दिनों की बात होगी सन् सोलह सौ कुछ में, लक्ष्मीकांता मोजूमदार और सेठ बाईसाक के साथ जॉब चॉर्नक और आयर का नाम भी लिखा है।

जब शहर बस रहा था, उसी समय स्पेन और पुर्तगाल नई दुनिया की खोज में जुटे थे, दुनिया भर में समुद्री मार्ग खुल रहे थे, इस्पहानी और पुर्तगाली उपनिवेश बन रहे थे, अमेरिका एशिया से प्रशांत महासागर के समुद्री मार्ग से जुड़ गया था। ये वही समय था जब योरप में प्रोटेस्टेंट धर्म सुधारकों ने पोप के पद और रोमन कैथोलिक चर्च के अधिकारों को एक बड़ा झटका दिया था। मध्य-पूर्व में तुर्क साम्राज्य का विस्तार हो रहा था और सुल्तान ने ख़लीफ़ा का पदनाम ले लिया था।

चीन ने तटीय क्षेत्रों को जापानी समुद्री डकैती की वजह से ख़ाली करा लिया था और मुग़ल सम्राट अकबर महान ने प्रमुख धर्मों में सामंजस्य करने के लिए एक नए धर्म 'दीन-ए-इलाही' की स्थापना की थी।

ऐसे दुर्निवार समय में बोलपुर के पच्छिम किसी संथाली गाँव में चीनी बजनिया बीमारी में धुत्त बेसुध पड़ा था। फणिगोपाल या ननीगोपाल या कौन जाने रासबेहारी घोसाल की मगधी प्रकृत भाषा में बजनिया का तो नहीं, लेकिन उस स्त्री का ज़िक्र है ज़रूर। सिद्धाचार्य के चर्वा गीतों में उस बाजे का भी संकेत है। कवि कानन मुकुंदराम चक्रवर्ती के चंडीमंगल में मंगल गान का एक नया समूहगान किसी और वाद्य यंत्र में चिन्हित है। *मगर यह भी सत्य कि पांडुलिपि का कहीं किधर भी ज़िक्र नहीं।*

***

तोमासिनो उनींदे पूछता है, माइकल मधुसूदन दत्त पढ़ा है तुमने? मैं सिगरेट फूँकता कहता हूँ अभी प्रिंसेप साहब खोज रहा हूँ। इस सस्ते होटल की पीली बीमार रौशनी में, पतली चारपाई जैसे बिस्तर पर सफ़ेद चादर मटमैली दिख रही है। ऐसी आवारागर्दी अब पेट को रास नहीं आती। सरसों के झाल वाली रुई मछली और उबला उसिना चावल। मैं सूखा भात हरी मिर्च और प्याज के साथ खाता पेट

मरोड़वाता दुखी बैठा था। तोमासिनों काँटों से जूझता बच्चे की तरह उत्फुल्ल होता रहा था। अब रात के भोजन के बाद कमरे की गुम दीवारों के बीच मेरा मन बीमार होता है, मैं दिल की गहराइयों की उत्कंठाओं, तड़पों में यहाँ के बजाय कहीं और होना चाहता हूँ। तोमासिनो, ओ संगी प्रिय, हैरत से भरा हूँ, यहीं-यहीं होना चाहता है। चित्त लेटे, चिपटे धब्बेदार तकिए पर सिर धरे, थके पाँव पसारे, छत की कुंडियों को देखते, तोमासिनो माउथ ऑर्गन बजाता तृप्त है। मैं सिगरेट थूँकता। छिनकता, अदृश्य मच्छरों को मारता, खोजता हूँ, पिकु तुम्हें ही खोजता हूँ, कि बता सकूँ दिन भर की चोट खाई घुमाई से कितना क्लांत लौटा हूँ। चाहता हूँ कोई मुझे पैम्पर करे इंडल्ज करे, मनुहार करे। चिटखते दर्द भरे तलुओं को दबा जाए, दबाता रहे, आह!

अँधेरी रात के झींगुर संगीत में कब आँख लगती है। औरत के पैर में मोटे कड़े हैं और बाँह पर गुदने। उसकी भाषा मुझे कुछ समझ नहीं आती। बाँस के सूप में जाने क्या सामान फैलाए हँसती है। मुझ पर नहीं, मुझसे नहीं, मेरे पीछे कोई है, जिसके साथ हँसती है। मुड़कर देखता हूँ। केसरिया चोगे में सिर मुँडाए, पैरों में काष्ठ खड़ाऊँ धारे, तिरछी आँखों की निश्छल हँसी सजाते... मैं चीख़ता हूँ, अरे, आप यहाँ हैं, महाशय? अभी ले चलता हूँ आपको, अभी। महाशय, धम्मपद का पद बुदबुदाते मुस्कुराते कहते हैं ये जॉब चार्नक का कालिकता है, वत्स!

हम बैंडेल में बासिलिका चर्च के प्रांगण में बैठे हैं। गर्मी है, चिलचिलाती धूप। गोमेज़ दी सोतो ने सोलह सौ साठ में ये चर्च बनाया। तोमासिनो बिना थके एक तरफ़ के साइनपोस्ट पर लिखी जानकारी मुझे बता रहा है। मैं बोतल से गर्म गुनगुना पानी पीता और प्यासा और बेचैन हो रहा हूँ। घाट चलें? मुझे स्टीमर छूट जाने की चिंता है। नैहाटी से चिनसुरा निकलने के लिए नाव पकड़नी है। फिर वहाँ से जंगीपाड़ा, अकबर के समय में बना मस्जिद, मुख़्लिश कुली खान के द्वारा। तोमासिनो लगता है पूरे चर्च और उसके पीछे कुछ दूर बने सिमेट्री की सब पड़ताल आज अभी कर लेना चाहता है।

संबलपुरिया बूढ़ी ने कटकिया ज़बान में चर्च फिर किसी मस्जिद का नाम लिया था। और उस स्त्री का भी। हम क्लैरिनेट खोजते स्त्री को खोजने प्रिंसेप की

डायरी खोजने ख़ुद को खोजने पांडुलिपि फरियाने की आवारा घुमक्कड़ी से क्लांत हताश हैं। ना हम कहना मुश्किल है, मैं हताश हूँ। तोमासिनो उत्साहित है। उसका उत्साह उसे थकने नहीं देता। मेरा सिनिसिज़्म मुझे उत्साहित नहीं होने देता।

नयनमोहन घोषाल की उँगलियाँ पोटली में रखे तीन पन्नों की जीर्ण पांडुलिपि पर फिरती हैं। उनके बीच रखे सफ़ेद धातु के कड़े पर फिरती हैं जिस पर किसी अनजानी लिपि में कुछ खुदा है। ऊपरी सतह पर पटुआ चित्रकारी की बेल है और अंदर की तरफ़ गहरे कुछ लिखा खुदा है। इसके अलावा एक लिपटे हुए काग़ज़ का मुट्ठा है। खोलने पर गीत हैं और सिंगा और मडोक के चित्र हैं। नयनमोहन घोषाल का ध्यान लेकिन कड़े पर अटका है। गिलास उठाने आई सुखोमोनी ललचाई नज़रों से कड़े को निहारती है।

***

कल्पना का सुनसान, और यथार्थ का...

"लेखक जनता के सुनसान में रहता है। अगर यथार्थ का एक यथार्थ है तो दूसरा यथार्थ कल्पना का भी है।"

***– विनोद कुमार शुक्ल,** विरल बतकहियों से*

अब जब कुछ दिन गुज़र गए हैं, सब कितनी पुरानी, रोमानी बातें लग रही हैं– जैसमीन की चाय पीते हुए जर्जर काठ के पहाड़ी सराय की ठिठुरन, कहीं न जा रहे जीवन वाले तांग आनमेइ के साथ बेसिर-पैर की बहसें... और मेरी स्वयं की हास्यास्पद साहित्यिक कामनाएँ कि बोर्हेस की तरह साहित्य-मणियाँ खड़ी कर लूँगा! ओह, स्वयं कभी ठीक से खड़ा हो सकने में असमर्थ कैसे कुछ खड़ा करने के सरल सपने देखता रहता है? जीवन क्या इस तरह बार-बार स्वयं को बाल-सुलभ कौतुक में लीन किए, करवाए रहने व थोड़ा अनंतर हतप्रभावस्था में आगे ठिलाए, सताए जाने का निष्ठुर, ठिठुरनपूर्ण कारोबार है? क्या इन्हीं व्यर्थ जीवनानुभवों के लिए मैं सतपुड़ा के जंगलों व महानदी और सुंदरवन के रहस्यलोकों में भटकता रहा था?

आईने में वह कौन, कैसा नराधम व्यंग्य था जिसकी छवि मैं बार-बार देख रहा था और हतप्रभ तक न हो पा रहा था?

अच्छा हुआ पहाड़ी सराय के रोमानी संसार से बहुत दूर आकर मैं इन प्रतीतियों

का साक्षात् कर रहा हूँ। वरना भोली बच्चियाँ व बुज़ुर्ग बाबा की उपस्थिति में ऐसी निर्मम निष्ठुरता का मैं किस तरह सामना करता। ओह, जीवन का कारोबार इतना उलझन भरा, इतना पेचीदा क्यों है। क्या सब कुछ थोड़ा आसान व निश्छल नहीं हो सकता? थोड़ा? कि आदमी जाड़े की धूप को जाड़े की धूप और सड़क पार करते कुत्ते को सड़क पार करते कुत्ते की ही तरह देख सके? सहजभाव किसी अंतरंग की पीठ पर हँसकर धौल जमाते हुए निश्छलता से एक दिन का गुज़रना, देख सके? गुज़ार सके? फिर मैं तो उत्तर-आधुनिकता क्या अभी कोपरनिकस, गैलीलियो गैलेलेई, आईज़क न्यूटन की ग्रैविटी और अल्बर्ट आइंस्टाइन की थियरी ऑफ रिलेटिविटी के बेसिक्स के झमेले तक में नहीं फँसा हूँ। विराट यूनिवर्स में अपनी नगण्यता की जाने दें, सौरमंडल की सापेक्षिकता में पृथ्वी व अपनी स्थिति के पचड़े तक में उलझकर अभी अपनी अहमन्यता की ऐसी की तैसी नहीं करवाई है! फिर यह लाचारी, यह बेचारापन कहाँ से क्योंकर मुझमें घर करके किंकर्तव्यविमूढ़ावस्था में छोड़ और तोड़-तोड़ जाता है? इसलिए कि वह बेवक़ूफ़, दो कौड़ी की, मेरे हृदय को क्षत-विक्षत किए रहने वाली गाओपिंग मुझसे दूर है? इसलिए कि गाओपिंग के स्नेह के सान्निध्य में हरा-भरा वृक्ष होकर वसंत की लहराहटों में झूमता मैं दिगंतोन्मुख नहीं?

ओह, मगर गाओपिंग हर ऐरे-ग़ैरे यानी मुझसे की क़िस्मत में होगी ही ऐसा किस किताब में लिखा है? और होगी तो क़िस्मत में सहजता का सुख होगा ऐसा तो किसी किताब में नहीं ही लिखा। और अगर लिखा है तो फिर शर्तिया ग़लत भी लिखा है। ओह, ऐसी छलनाओं, प्रवंचनाओं से मैं कभी मुक्त, भ्रांतच्युत नहीं हो पाऊँगा? हतप्रभावस्था से परे अपनी चेतना की चौंध में चमकता स्वायत्त, स्वतंत्र-दिगंतोन्मुख, खड़ा? कभी?

तांग आनमेइ की भावुकता से इतनी दूर आकर भी मैं कितनी दूर आ सका हूँ? क्या है जिसकी प्राप्ति-बोध से अपनी चौथियाई चेतना का स्वयं को समर्थ कैलेंडर कहलवा सकूँ? कोई चीज़? कुछ भी? नहीं। न..ह..ी..! रोमान से निकलकर क्या किया है इन विगत दिनों? पहाड़ी सूनेपन से बाहर आकर शहर के गजर-मजर की वहशतों में ख़ुद को झोंक दिया है। सब कुछ भूल जाने का थॉटलेसनेस प्राप्त कर लूँ

इसके लिए व्यस्तताओं की व्यर्थ छतरी तान ली है। दो कौड़ी का धंधा जैनरेट करने वाले स्टेशनों के आगे कंघियाँ और पाइरेटेड सीडी बेची हैं, बिना पिए हें-हें, ठें-ठें करता मिलावटी दारू के ठेके पर नौकरी की है। नियम से रात में पौने एक बजे सोकर सुबह पौने छह बजे उठकर ठंडे पानी से नहा लेता रहा हूँ। इतने तल में उतरकर मगर क्या मैंने आत्मबोध की कोई चौंधियाहट, विरल ज्ञानधन प्राप्त किया? क्या किया हासिल, अज़ांग, फ़ॉर गाड्स सेक? एनीथिंग?

ओह, एक कामगार का थर्ड हैंड घिसा यूनिफ़ॉर्म और ढिबरी-सी रोशनीवाले एक पिटे लैंप के नीचे डेढ़ सौ युआन में एक बसाते कंबल में लिपटी नींद की थकावटों से अलग मैं जीवन को कहाँ ला पाया हूँ?

***

दारू के ठेके पर आज कुछ ज़्यादा ही चिल्ल-पों है। मेरे जड़ चेहरे पर व्यर्थताबोध के भावों की भी। कि इतने में लू ह्वाई मेरे हाथ एक लिफ़ाफ़ा रख जाता है, कहता है, "तू उस धंधेवाली के रगड़े में फँसा था कल जभी डाक से आई। देख, शायद कुछ दाने-पानी की ख़बर हो?"

अन्यमनस्क भाव और कँपकँपाती उम्मीदों से मैं लिफ़ाफ़े में चीरा लगाता हूँ। अंदर दो-तीन काग़ज़ की पर्चियाँ पड़ी हैं। सबसे ऊपर सँभाल-सँभालकर लिखी बच्चों-सी लिखावट में और कौन लिखता, गाओपिंग ने ही लिखा था। *ओह, गाओपिंग, तुम? कहाँ हो कैसी हो? मेरी याद आई तुम्हें, सचमुच? क्या लिखा है तुमने?*

कभी-कभी लगता है मैं जीवन से भर पाया। यहाँ-वहाँ, कहाँ-कहाँ इसीलिए पहुँचता रहा हूँ कि वहाँ पहुँचकर सस्ते काग़ज़ पर बच्चों-सी लिखावट वाली किसी गाओपिंग का पत्र पाकर चिहुँकूँ? कोई तुक है? मगर जीवन क्या इसी तरह के क्षुद्र आश्चर्यों व कौतुकों का बंधन मात्र नहीं? जो कहते हैं ग़लत कहते हैं कि जीवन तारे ज़मीन पर लाने जैसी कोई परिघटना है। तारे आसमान में जैसी घटना भी अब कितना वक़्त गुज़र जाता है, कहाँ घटती है? कितना समय हुआ चीन आया आवारा भटक रहा हूँ, कितने मौक़ों पर मैंने तारे देखे, या देखने के नाम पर आसमान ही देख लिया? हद है जो हमने (ख़ासतौर पर मैंने) जीवन का कर लिया है। मगर बेशर्म लिखवैया हैं

कि अब भी यायावरी पर निबंध लिखने से बाज़ नहीं आते। आसमान में तारे देखना न बचा तो ज़मीन पर यायावर क्या ख़ाक बचेगा। चिढ़कर मैंने मुँह बनाया। लेकिन मुँह बनाने मात्र से सच्चाई आँखों के आगे से हट नहीं गई। सस्ते काग़ज़ पर बच्चों-सी लिखावट वाली चिट्ठी। उससे रूबरू हुए बिना क्या चारा था? और जब नहीं था तो मैं क्यों पठनीय को परे ठेले था? मैंने लंबी साँस खींची और जेब में क़रीने से तहाए सस्ते काग़ज़ बाहर किए।

सस्ते काग़ज़ पर बच्चों-सी लिखावट में सस्ती औरत का लिखा मज़मून :

***

दांग वान उर्फ़ एक पांडुलिपि की तलाश में– तेरह

मृत्यु शैया पर पड़ी सुखोमोनी ने, ज़्यादा नहीं सिर्फ़ बाईस साल बाद, जब उसने उस समय के हिसाब से अपनी पूरी उम्र जी ली थी और पाँच जीवित बच्चों को एक के बाद एक जन्म दिया था और तीन मृत को, एक नक़्क़ाशीदार गहने की पेटी अपनी पुत्रवधु के हाथों में धरा था। उस पेटी में लाल कपड़े में लिपटा सफ़ेद धातु का एक कड़ा भी था जिसका जोड़ीदार किसी सर्द पहाड़ी तलहटी के गाँव के किसी अँधेरे नीची छत वाले कमरे के एक सुनसान कोने में, याक की खाल से बने संदूक़चे में ऐसे ही किसी औरत के पास जाने कितने पुरखों से होता उस तक पहुँचा था। बू सान नहीं जानती थी कि इस विचित्र सफ़ेद कड़े को अपने शरीर के किस अंग पर सजाए। या यह कि उसके ऊपरी सतह पर जो छोटी आकृतियाँ थीं वो दुनिया के किस कोने के किन कैसे बाशिंदों की थीं। किस समय की थीं। भीतरी सतह पर बहुत अटक-अटककर पढ़े जाने का किसी सौ दो सौ साल पहले किसी ज्ञानी बुज़ुर्ग की बानी, पुरखों द्वारा ज़बानी दोहराई गई थी, जिसका अर्थ था– *'प्यारी प्यारी लीला मा के लिए अपने समस्त हृदय के प्रेम के साथ नतमस्तक उसका परम प्रिय हृदय पल्लवित सओना के संगीतमय स्वर लहरी...'* उसके आगे सामूहिक स्मृति लोप में नष्ट हुआ था, बाक़ी का मार्मिक प्रेम निवेदन। लेकिन बू सान के लिए इतना यही काफ़ी रहा कि संसार में ऐसा, इतना प्रेम था।

***

बच्चा घर से नहीं, हमरे दिल से निकलकर चला जाता है![41]

"हवा इतनी गर्म हो गई कि लगता है, अगर छोटी सी चिंगारी डाल दें तो हवा आग पकड़ लेगी।"

– अमृतलाल वेगड़, सौंदर्य की नदी नर्मदा से

आँख खुलती है, मुँदती है। मुँदी का अँधेरा खुली के में डोलता चला आया है। पपोटे खींचे आँखें फाड़कर अँधेरे में देखता हूँ। गाढ़े अँधेरे में और गाढ़ी छाया दिखती है। बेडौल आकारों की काली परछाइयाँ। क्या जगह है यह? कैसे है? कमरे में सूखे मांस, खट्टे पनीर, याक की चर्बी और जई के शराब की तीखी महक है। मेरे मुँह में जाने किस खट्टे, बासीपन की। मुँह सूखा है। जीभ मोटी रुखड़ी। सूखे हलक़ में लगता है धीरे-धीरे कोई तेज़ छुरी छुआ रहा है। अँधेरे में अपना चेहरा छूता हूँ। चेहरा मेरा नहीं है। हाथ भी नहीं। कोई और लेटा है इस अँधेरे में।

कोई और है जो अँधेरे में फुसफुसाकर बोलने की कोशिश करता है *खेल ख़तम हुआ, अज़ांग?* मुँह से बोली नहीं निकलती। अँधेरे झुटपुटे में एक आदिवासी

---

41. अनसुने घरेलू क्षणों में मौसी का रुदन-प्रमाद। बलिया या बनिहार के बजाय शिकागो और टेनेसी की होतीं तो अब तक बैलेड और ब्लूज़ की बड़हन लेखिका मान ली गईं होतीं। हद है।

चेहरा दिखता है, गुम हो जाता है। *कौन, हैम्ब्रम तुम हो?* रिसती आँखों का पानी पोंछता हूँ। बदन अचानक तेज़ कँपकँपी में सिहरता है। एकदम से उठकर खड़ा हो जाना चाहता हूँ। होता है एकदम से गिरा जाता हूँ।

दुबारा आँख खुलती है तो बहुत घंटे बीते की अनुभूति होती है। या दिन? गर्म गुदड़ी में शरीर ठंडा है। हल्का और कमज़ोर और शीतल। जैसे शरीर की सब हवा निकल गई हो। जैसे ठोस से वायवीय हो गया हो। मैं बच्चे की तरह चुप पड़ा हूँ। नीची छत और हल्की रौशनी के इस कमरे में। किसी जानवर की चर्बी में डूबी बत्ती की लौ और उसकी चिरायंध गंध है। बाहर कहीं दिन है शायद। मैं लेटा हूँ– शांत-शांत। नीम बेहोशी में आभास होता है सहारा देकर कोई मुँह में कुछ डाल रहा है। बहुत गर्म, बहुत तीखा तेज़। इनकार में सिर हिलाता हूँ। मुँह में आग है, कंठ में है। प्रतिवाद करता हूँ, नहीं, और नहीं। कुछ आवाज़ें तैरती आती हैं। मेरे चेहरे पर नम कपड़ा है। अच्छा लगता है, सुकूनदायक। गर्दन, कंधे, छाती की नोक पर नम कपड़ा कभी चुभता, कभी गुदगुदी लगती है। मुस्कुराकर काँख सिकोड़ता हूँ। किसी की हँसी सुन पड़ती है।

कहना चाहता हूँ, बस इसके आगे नहीं। आगे ख़ुद कर लूँगा।

इस हाल में शरम कौन काम की, कोई कहता है, चुप्पे पटाए रहो।

मुर्दा हाथ अजाने हाथों से हठ में लड़ाई लड़ता हूँ, नहीं, रहने दीजिए।

ओह, कैसी व्यर्थ लड़ाई लड़ता हूँ। अजाना हाथ मेरे हाथ को हटाकर एक बाज़ू रख देता है, कहता है, लेटे-लेटे अब कैसी ताक़त फूट रही है!

घुँघराले बाल। हाथ में लोहे की पट्टी वाली पुरानी तरह की एचएमटी घड़ी। पीले परिवेश में काले चेहरे और सफ़ेद दाँतों का विरल अकेलापन। व्हॉट एल्स?

नमी में सिहरकर देह फिर निश्चेष्ट पड़ जाती है।

***

दांग वान उर्फ़ एक पांडुलिपि की तलाश में– चौदह

"इतनी दूर यहाँ आकर रहने का मतलब? क्यों आए?" मैं स्टुपिड सवाल करता हूँ।

"लोक गुलो आसाम जाता है..." आँखों से पहले उसके सफ़ेद दाँत दिखते हैं, "अमेरिका, उजबेकिस्तान जाता है, जेरुसालेम जाता है, हाम इधर आया!" सहजभाव वह गाने लगता है– "पिला बेले देखूथिली नक्सा कतऽ गुड़ी-मुड़ी ऐबे हेऊछी नक्सा निजे दुनिया बुली-बुली..."[42]

टीन के मेज़ पर एक सस्ता टेराकोटा की बुद्ध प्रतिमा है, माथे का एक हिस्सा टूटा हुआ। कमलहस्त मुद्रा में गोद में हाथ धरे ध्यानरत परमहंस का कैलेंडर। दीवार से लगाकर खड़े किए फ़ोल्डिंग बेड पर सूखती संबलपुरिया लुंगी। पुराने घिसे हॉटप्लेट के बाज़ू अख़बारी टुकड़े पर धरा लाल मिर्च और हल्दी की बुकनी। कमरे की तंग हवा में जले माँड़ की महक। कुछ भी विश्वसनीय नहीं। सब अविश्वसनीयता के तादात्म्य में रँगा। रँगाई के अधबीच फिर कहीं छूटा पड़ा रह गया हो जैसे।

"कोई तुमको तुम्हारे अस्ल नाम तक से नहीं जानता?" मैं पूछता हूँ, "अजीब नहीं लगता?"

"तुमारे को पहचानता है, तोमारे असल नाम से?" हँसी में फिर वही सफ़ेद दंतपंक्ति। फिर गाना– "नाऽ रे की धरा अछी मू गली बाटे-बाटे, मोर नाऽ घरे सुस्तऽ सुवा पड़ी अछी..."[43]

***

"लुहापड़ा की तुम्हें याद नहीं आती?" फिर मूर्ख सवाल करता हूँ, "मिशनरी स्कूल की अँग्रेजी बिसराकर चीनी-तिब्बतन की गर्द में भटक रहे हो? हॉटप्लेट पर चावल राँध रहे हो? यहाँ एक लड़की ही ब्याह ली होती?"

"बिबाह किए था..." कान पर क़रीने से मफ़लर और उसके ऊपर कनटोप चढ़ाता वह कहता है, "लेकिन हम भात राँधने को बोलता, वो जुआर का रूटी तियारी करती। हम उत्तर का तरफ कोरगाज और उधर से फिर कजाकिस्तान निकल गया, वो अपना बप्पा का पास लौट गई।"

हँसते हुए वह आगे जोड़ता है, "उधर कजाकिस्तान में भी एक औरत किया, पखाल रंधा करो बोलने से वो गाली देती। हाथड़ी लिए हमको मारने को आई।"

---

42. बच्चा था तब देखता था नक़्शे कई मिले-जुले/ भटकता हूँ दुनिया अब ख़ुद नक़्शे के रंगों में मिले..

43. नाम में क्या धरा है/ मैं निकल आया अजाने रस्ते/ मेरा नाम पीछे छूटा सुस्ताया पड़ा..

दीवार पर ध्यानरत परमहंस के कैलेंडर के बग़ल मिथुन चक्रवर्ती का एक छोटा कटआउट चिपका हुआ है, पहले उस पर नज़र नहीं गई थी, उसे तकता हैरत से कहता हूँ, "तुम्हारी घरवाली ने पखाल राँधकर नहीं दिया इसलिए कजाकिस्तान चले गए?"

"इधर का पुलिस हमको परेशान करता था। सोचता हम इधर चर्च बनाने बास्ते आया। हम बोला कुबला खाँ का नाक का नीचे पच्छिम का भिक्खु राजधानी में पहिला कैथलिक चर्च तियारी किया[44], तभी किया, खाँ कुछ नेंही किया, तुम, या मैं इधर रेगिस्तान में क्या करेगा? करने सकेगा? इधर का उजाड़ नॉर्थ में 60 परसेंट भूमि में मात्र 6 परसेंट पब्लिक बास करता। क्या बोलता है, क्या खाता, कैसे खाता है, उधर बीजिंग में किसी को परवा नेंही, जैसे हमरा लुहापड़ा का दिल्ली को नेंही है, लेकिन बाहेर का मानुस-मात्र दिखने से पुलिस को चिंता खाने लगा!"

"अब पुलिस नहीं आती?"

"आएगा तभी मैं फिर किधर चले जाएगा। आदिबासी को छिपके रहने का आदत है। सिबिलिजेशन का आर्स में जभी आगी लगता तभी उसको आदिबासी दिखता। तालिकोट्टी का लड़ाई[45] का काहिनी कौन सुनता, सुनके क्या सीखता?"

"सीखने की कोशिश करते हैं। कुछ लोग करते हैं। इसीलिए शायद कहानियाँ इतिहास में कहीं से कहीं की यात्रा करती हैं। शायद इसीलिए मयूरभंज के लुहापड़ा से चलकर तुम इतनी दूर यहाँ तक चले आते हो। तुम्हारे पीछे मैं चला आता हूँ।"

***

---

44. "Shortly after Marco Polo's departure, a Western monk, Fra Giovanni di Montecorvino, succeeded in building the first Catholic church at Cambaluc (Peking), so close to the Khan's palace that he could not fail to hear its bells." Fernand Braudel, A History of Civilizations, 1987

45. "1565 की इस मशहूर लड़ाई में, बावजूद अपने दसियों लाख फ़ौज के, दक्खिन का पराक्रमी विजयनगर साम्राज्य आक्रांता मुग़लों की घुड़सवार सेना, और ख़ासतौर पर उनके बारूदी हमले के आगे एकदम ढेर हो गया। युद्ध में हार के बाद समृद्ध व सौंदर्यधनी विजयनगर विजयी फ़ौज के हाथों तबाही और ख़ून की नदी में नहीं बदला, राजधानी की ज़िबहमारी का वह काम पड़ोस में बसे ब्रिंजरी, लंबादी और कुरुम्बा के उन क़बीलाई लोगों ने किया, जिनके अस्तित्व की, अदरवाइस, राजधानी परवाह तक न करती थी।" सीता लंबादी, द एब्सेंट *पीपुल एंड देयर अनरिटेन हिस्ट्री, वैज़ाग, 1983*

दांग वान उर्फ़ एक पांडुलिपि की तलाश में

"तुमें फैज के देखा, दिलीप बाबू आमिर खान कू देखिऽछ, मुक्तिबोध नेराला पढ़ीऽछ, दिलीप हैम्ब्रम हारमेसा तुमारा आँखी सामने रहा, ओ तुमको कब्बी देक्खा होगा नाईं, दैट इस हाउ इट इस, माई फ्रेंड..."

*– **योसेफ गोतियें** की कहानी 'हैम्ब्रम एंड अदर घोस्ट्स इन द डार्कनेस' से*

जिस कमरे टिकाया गया हूँ वहाँ से जिया ओज़ी की चोटियाँ दिखती हैं। कुन मिंग से जब चला था ख़बर नहीं थी पहाड़ी रास्तों की हाड़ख़ोर ऊँचाई मेरी ऐसी दुर्गत करेगी, कर देगी। साँसों पर कोई नियंत्रण नहीं रहा था। चार-चार क़दम पर ठहरकर सुस्ताने की ज़रूरत पड़ती।

हुअक्सी नदी के किनारे अज़ेलियस के फूल कितनी बहुतायत में थे। एक पूरा दिन उन्हें देखते गुज़ारा जा सकता था। मैं ठहरकर सारे बिंब मन में दर्ज कर लेना चाहता था, लेकिन उखड़ी साँसों ने मिज़ाज के रंग गड़बड़ा दिए थे।

दो दिन पहले जिन तान ने मुझे ख़बरदार किया था, "एक बार लुक्वान पहुँच जाओ फिर पहाड़ी रास्ता छोड़ देना, समझे? याद रहेगा तो? लुक्वान से आगे पहाड़ों की तरफ निकलने के बजाय तियान ची झील की तरफ निकलना, बिना सवारी

अकेले उतना ही तुम्हारे बस का है, वरना बुरे फँस जाओगे, समझ रहे हो न? पुर्ची पर लिखकर साथ करूँ, कि रहेगा याद?"

नहीं नहीं, सब याद रहेगा। तब सिर हिलाता रहा था, जबकि कुछ नहीं समझा था। सीफांग जिंग की तरफ़ आगे दूर निकल आने के बाद फिर होश आया, मगर तब तक तो ग़लती हो चुकी थी। छोटे-छोटे पट्टों पर के खेत और गाहे-बगाहे दिखनेवाली रिहाइशों की दुनिया पूरी तरह ग़ायब हुई तब जाकर अक़्ल में बात गई कि बाबू, झमेले में घुसे हैं। आगे घुप्प अँधेरा है। और आप अकेले हैं।

शुरू में कुछ समय तक अच्छा भी लगता रहा कि अच्छा हुआ सहूलियत के पहचाने भूगोल से बाहर सफ़र कर रहा हूँ। शहरों की भीड़, गुआंग डौंग और सिचुआन की गजर-मजर गलियों से दूर। ख़ुद से भी तीन हाथ की दूरी पर चल रहा हूँ। मगर फिर हौले-हौले ऊँचाई बढ़ने लगी। कितने ऊपर निकल आया था का अंदाज़ होना बंद हुआ। किस जगह पहुँचा था की जानकारी न थी।

चट पहाड़ी तलहटी थी। पेड़ न पौधे। परिंदे, दरिंदे सब छुपे हुए। मैं भूख और थकान से बेहाल। जिन तान का बताया रास्ता अब एक भूली कहानी हो चुकी थी। पीले काग़ज़ पर उसका बनाया नक़्शा इतनी बार देखा जा चुका था कि उसके मोड़ जर-जर हो गए थे। उसका उत्तर दक्खिन पूरब सब बेमतलब हो गया था। नक़्शे के साथ मैं ख़ुद बेमतलब बना खड़ा था। झोले में खाने की जो चीज़ें थीं, आहिस्ता-आहिस्ता वे चुकती गईं। पानी की मशक बड़ी थी, वह अभी एक रात चलती, मगर उसके बाद?

***

"क्या है तुम्हारी कहानी?"

क्यों मैं चुप नहीं रहता, क्यों बेवक़ूफ़ी के सवाल करता हूँ?

"द लाइफ एंड टाइम ऑफ दिलीप हैम्ब्रम? कोई बीजिंग से, ब्रसैल्स से, राँची से तुम पर डॉक्यूमेंट्री फ़िल्म बनाने आएगा, कैसे कहेगा तुम्हारी कहानी? कितना, कैसे समझेगा, समझेगा?"

दिलीप मेरी बात का जवाब नहीं देता। नीबू की काली चाय एक ओर रखकर पुराने बक्से से काठ की एक छोटी पेटी बाहर करता है। क़रीने से सहेजकर धरा

सूती साड़ी के टुकड़े में लिपटी बाँसुरी है, उसे निकालकर बजाने लगता है। ठंडी, चढ़ती साँझ की उदासी में बाँसुरी का सुर ऐंठता, उमगता, अपनी तरह का एक और ही लैंडस्कैप बुनता है। मैं सोचकर चकित होता रहता हूँ कि क्या बात है जो मेरी पकड़ नहीं आ रही। जैसे बाँसुरी बज रही है, लेकिन वह सिर्फ़ बाँसुरी ही नहीं है, कभी बाँसुरी से होती क्लैरिनेट में कभी चीनी स्ओना के सुरों में गुज़र रही है। मानो गोबी के सुनसान में चैट बेकर ट्रंपेट बजा रहा हो, या चाईबासा के जंगल में नीना सीमोन अपना उद्दाम विरहगान गा रही हो?

आँखें मूँदे बाँसुरी पर उँगलियाँ चलाते दिलीप के घुँघराले बाल और अझुराए दिखते हैं, चिकनी काली त्वचा और भौंह के बाल पसीने में चुहचुहाए। एकदम से रुककर आँख खोलकर मुझे देखता है, हँसने लगता है, "जितना जीबन समझने को सकेगा, उतना हमरा काहिनी भी समझेगा। ओर जानिबार मूँ कण ठेका नेईछी, ना।"[46]

एक घूँट में नीबू की चाय हलक़ से नीचे उतारता वह आगे जोड़ता है, "आकुतागावा का रशोमन पढ़ा किए हो त? रियैल्टी क्या लीनियर, वन डाइमेंशनल सिंगुलर एंटिटी हुआ? हम संथाल आदिबासी, उड़िया स्पीकिंग, मिशन स्कूल एजुकेटेड, नॉन इंटिग्रेटेड, अपना होम स्टेट का भीतर, बाहर, देस का भीतर सब कहीं आउटकास्ट हुआ, किंतु वोई उतना ही क्या हमरा काहिनी?"[47]

मैं थककर एक ओर दीवार की टेक लगाकर खड़ा होता हूँ। मेरी जगह तोमासिनो होता तो वह दिलीप से किस तरह का संवाद करता? दिलीप मुझसे नाराज़ क्यों है, या ख़ुद से? और ऐसी नाराज़गी में भी इतनी मीठी बाँसुरी बजाता है, कैसे बजाता है? आज तक ठीक से बात करना तक मैं नहीं सीख सका।

---

46. *"सबके जानने, जनवाने का मैंने ठेका लिया है?"*

47. *"हमारी कहानी हमारे साथ-साथ उस परिवेश और समय के द्वंद्वों की भी अंतर्गुंथी कथा नहीं जिसमें हम बड़े हुए? मतलब पेल्लेग्रिनी वंश के लोम्बार्दी इटैलियन, या एक उत्तरी यूरोपियन के रूप में मेरा परिचय उतना ही हास्यास्पद है जैसे तुम्हारा कि तुम बंबई में बसे एक बिहारी भर हुए। किसी भूगोल के नहीं, हम सब अपने समय की पैदाइश हैं, और उस समय के भविष्य की भी हैं। अलबत्ता उतने पर भी, वह एक सीमित पहचान ही होगी, क्योंकि हमारा कुछ होगा जो उस वक़्त भी, सब पहचानों से बाहर टहल रहा होगा.." तोमासिनो के एक पुराने ई-मेल से।*

अभी भी कहाँ कर पा रहा हूँ, दिलीप से अचक्के में सवाल पूछता हूँ, “दिलीप, तुम बताओ, वो पांडुलिपि कहाँ है?”

दिलीप के चेहरे पर एक लंबा सुनसान है। आँखें थिर। मैं अस्थिर बुदबुदाता हूँ, “ओके, ऐज यू विश, गो ऑन, तुम जो कह रहे थे?”

***

रात के अँधेरे में पहाड़ियाँ मुझसे लुका-छिपी का खेल कर रही थीं। मानो कहती हों तुम ज़रा देर को मुँह उधर फेरो, हम रंग बदल लेंगी। हमें गाढ़े नीले में देखना चाहते हो कि सिल्की सलेटी? मैं मुँह दूसरी ओर करता तो ढलान पर पत्थरों के पीछे किसी भालू को उतरता देखता। दिमाग़ में भालू की जो पूर्वकल्पना है उससे कहीं चार गुना बड़ा। फिर लगता भालू नहीं चाँद उतर रहा है। ढलान पर चाँद की परछाईं को मैं ख़ामख़ाह जानवर से गड्ड-मड्ड कर रहा हूँ। मगर फिर, सलेटी पहाड़ियाँ चमकती चाँदी में नहाकर गुम जातीं, चाँद माथे डोलता रहता, लेकिन बदमाश नीचे न उतरता। बात समझ न आती कि उतर क्यों नहीं रहा। उतर जाए तो उसका तकिया बनाकर चार घड़ी की नींद ले लूँ। फुसफुसाकर पूछ लूँ दिलीप हैम्ब्रम के ठिकाने तक वह मुझे छोड़ क्यों नहीं आता?

मैं नशे में था। नशा करने वाले इसी तरह उनींदे के बिंब बुनते होंगे। मैं भूख और थकान के नशे के बुन रहा था। चाँद बेतरह डरा हुआ था। रंग बदलने के खेल में बझी पहाड़ियाँ भी। जबकि मैं अँधेरे में लड़खड़ाता, डोलता हँस रहा था। तभी दूर हेडलाइट्स दिखे थे। पहले लगा शायद वह भी ख़यालों का खेल है। नज़दीक आने पर ख़स्ताहाल जीप दिखी, पीछे आठ-दस भेड़ों को लादे सामने वाली सीट पर दो नौजवान। उन्हें लगा मैं पुलिस से भागा हुआ हूँ। मैंने बताया तेन् हे गाँव पहुँचना था, रास्ता भटक गया हूँ। भागा नहीं हूँ, काले चेहरे वाले एक बाँसुरी बजैये को खोज रहा हूँ। आपस में कनखियों से देख नौजवान हँसने लगे। एक का चचेरा भाई पुलिस में था, काले आदमी की कभी जमकर तोड़ाई की थी, दूसरे की मँगनी के प्रीति-भोज में बाँसुरी बजैये ने बाँसुरी बजाई थी, दोनों जानते थे कहाँ मिलेगा काले चेहरे वाला बाँसुरी बजैया, दिलीप हैम्ब्रम।

***

दिलीप के बजाय फिर मैं ही कहने लगता हूँ, "संथाल आदिवासी, उड़िया स्पीकिंग, मिशन स्कूल एजुकेटेड, नॉन इंटिग्रेटेड, उड़ीसा और देश के दूसरे हिस्सों में आउटकास्ट महसूस करने वाला व्यक्ति फिर एक दिन उस पहचान से बाहर, दूर, बहुत दूर, लाओ बाओ शिंग[48] की दुनिया के और उत्तर, कोरला की निचाट सूखी पहाड़ियों के पार, तेन् हे तक चला आता है, अपनी किस पहचान के पीछे आता है, दिलीप? यहाँ कितने लोगों से तुमने कहा तुम कौन हो, दांग वान कौन थे?"

दिलीप चुप रहता है। बिना मेरी ओर देखे कहता है, "मेरा को मालूम नेंही मैं कौन करके। दांग वान भी सच्ची का था किम्बा कपाले-कल्पना, कौन जानता है! मैं नेंही जानता।"

मैं कहता हूँ, "तुम्हारी माँ की परदादी थीं, बारह बच्चों में तीन बचे थे उनमें तीसरीं, क्रिस्तान हो गई थीं, लीलामाला। फकीरमोहन सेनापति के एक आध्यात्मिक मित्र हुआ करते थे, जीबनदास परिड़ा, उनके उत्साह और अथक श्रम से परिवार-कथा व गाँव व अतीत की पुराकथाओं की लीलामाला ने एक किताब तैयार की थी, 1788 में बालासोर में उड़िया की छपी वह पहली किताब थी– 'गोटिये जीबन गुमनाम : एकटी लघु बुद्धकथा'[49]। बालासोर की ही तरह लोगों ने लीलामाला और उस किताब को भुला दिया। दांग वान और तुम्हारे परिवार और पुरखों से उनके संबंध को, लेकिन मैं जानता हूँ उसकी एक हस्तलिखित नक़ल तुम्हारे पास है, हमेशा रही है, मैं वही देखने आया हूँ, दिलीप, उस किताब की तुमसे एक नक़ल लेने।"

दिलीप हँसने लगता है। चुप होकर फिर अजीब आँखों से मुझे देखता है। मानो अविश्वास में हो कि उससे कितना ज़्यादा मैं पागल हूँ, कहता है, "ऐसा कोई बही था तो मेरा को नेंही मालूम। मेरा पास कभी नहीं था। और तुम जाओ इधर से। इधर रात नहीं बिता सकते। पुलिस मेरा संगे-संगे तुमको भी धरेगा! यू जस्ट लीव।"

"मैं उस किताब को देखे बिना नहीं जाऊँगा, उसकी नक़ल लिए बिना..." मुस्कुराकर कहता हूँ, "इतनी दूर आया हूँ। तुम्हारे पीछे उस किताब के पीछे भी आया हूँ।"

***

48. सौ पुराने नाम, बोलचाल की भाषा में चीन के आम लोगों के लिए प्रयुक्त संज्ञा।

49. देखें पृष्ठ संख्या : 22

"उसके बाद कंधे पर क्या गिरा, कहाँ चोट लगी, कैसे बेहोश हुआ कुछ भी याद नहीं..." नंगे देह सड़े प्याज़ की महक आ रही है। लेकिन काठ के कठवत गर्म पानी में अधडूबे रहना अच्छा लग रहा है, "आपके यहाँ कौन छोड़ गया, क्यों छोड़ गया, सब रहस्य है मेरे लिए।" रस्सी पर टँगा महीन कपड़ा एक ओर खींच अजाना हाथ पीठ पर गर्म पानी उलीचता है। मैं सुख की सिसकारी भरता हूँ, "आप ही बता दो मुझे यहाँ तक कौन लेकर आया था?"

चेहरा मोड़ता नहीं, लेकिन जान रहा हूँ अजाने हाथों की मलकिनी बू सान त्वांग अनार के दानों की तरह के अपने छोटे दाँत दिखाए हँस रही है। "मेरे को क्या मालूम तुमको कौन लेके आया, भिनसारे कोठार के पास गिरे थे जैसे चोट खाया कुत्ता गिरा रहता है। बाँह और कंधे पर खून के चकत्ते थे, मगर मुझे खून देखने की आदत है।" फिर हँसी। *इधर के लोग इतना हँसते क्यों हैं? क्योंकि जीवन में इतना रोना भरा है?*

हँसी तो बू सान त्वांग के जीवन में नहीं ही भरी। पति मेकान ज़रूरत के वक़्त सामाजिक क्रिया-कलापों में अगुवाई करता, स्थानीय पुलिस व पड़ोस से लगे क़स्बे के पार्टी यूनिट की आँख की किरकिरी था। ऊपर से दिलीवान[50] से यारी थी, उससे बाँसुरी बजाना सीखता, कभी झड़प में हाथ छोड़ दिया, जवाब में पुलिस ने गोली चला दी। तीन दिन कोलरा के अस्पताल में जीवन से जूझते रहने के बाद मौत हुई। अलबत्ता पुलिस का ग़ुस्सा नहीं शांत हुआ। दो छोटे बच्चे थे, माँ का चाल-चलन आश्वस्तकारी नहीं कि आरोप में बू सान के हाथ से बच्चे हटाकर उसकी माँ के हवाले कर दिए। पुलिस चाहती थी बू सान तंग आकर इलाक़ा छोड़ दे। बू सान आजिज़ आकर भी यहीं तमाल में बनी हुई है। बेहयाई से हँसती रहती है।

देह के ज़रूरी उघारेपन को हाथ से ढाँपे की बेहया कोशिश करते मैंने कहा, "ऐसा है बू सान त्वांग, आप हमारे साथ दिलीवान के गाँव बलासोर चली चलो, वहाँ भी लोग एक बार ढंग से देख लें खराब चाल-चलन वाली औरत का नेक, सुंदर मुख कैसा होता है?"

मेरे लाज को बेमतलब बनाती अपने शौर्य व बाहुबल से बू सान मेरा सिर और

---

50. दिलीप वान।

कंधा दबाकर पानी के भीतर लिए गई। और फिर वहीं लिए रही, हँसती बोली, "नहीं, मैं चाहती हूँ लोग यहीं आकर खराब चाल-चलन वाली का खराब चाल-चलन देख जाएँ!"

झबरीला कुत्ता भागा भीतर चला आया था और बू सान की हिंसा पर भौंक रहा था, मगर बदतमीज़ औरत बिना डरे हँसे जा रही थी। मैं भी कमज़ोर जान अपने को छुड़ा नहीं पा रहा था। हिचकियों के बीच मैंने साँस खींचते कहा, "इसीलिए पुलिस ने मेरी जान नहीं ली, क्योंकि जानती थी तुम तो लोगी ही!"

बाद में तौलिये से बाल, कंधा और मेरी पीठ पोंछती बू सान मुझे ऐसे आगे-पीछे घुमा रही थी मानो मैं आठ साल का बच्चा हूँ। हालाँकि उस थोड़ी देर को मुझे भी यही लग रहा था, मानो आठ साल का बच्चा हूँ। आठ साल के बच्चे की ही तरह ज़िद करके कहा था मैंने, "बू सान, किसी तरह दिलीवान से फिर मुलाक़ात नहीं हो सकती? उससे मिलना बहुत ज़रूरी है। उससे बिना किताब लिए मैं वापस नहीं लौट सकता, समझती हो?"

मेरे पैरों पर रूखा तौलिया चलाती औरत ऐसे सुन रही थी जैसे सुन नहीं रही, मुझे डाँटकर बोली, "अपनी हालत देख रहे हो? ऐसे में वापस जाने की बात करते हो? अभी छोड़ दूँगी यहीं गिर जाओगे!"

***

गिर ही गया था। फिर शायद तीन दिन बाद आँख खुली थी, या तेरह दिन बाद, मालूम नहीं। बाहर मालूम नहीं दिन था रात थी। बू सान का कहीं कोई पता नहीं था। पीली रौशनी की आँखें अभ्यस्त हुईं तो दिखा तकिए के बग़ल प्लास्टिक की तश्तरी में खाने को कुछ धरा पड़ा है। लिफ़ाफ़े में एक चिट्ठी थी– मेरे नाम से। एक बार उलटकर मैंने फिर लिफ़ाफ़ा फाड़ा, पत्र बाहर किया।

सस्ते काग़ज़ पर बच्चों–सी लिखावट में लिखा मज़मून गाओपिंग के नाम से था...

बेतरह ग़ुस्सा आने लगा। मगर किस पर आ रहा था? अच्छा हो ख़ुद से ही नाराज़ रहूँ।

तब तक एक दूसरे बंडल पर नज़र गई। संबलपुरिया गमछे में लिपटा पुराने, पीले काग़ज़ों का पुलिंदा था– सुतली से बँधा। कोशिश करके पढ़ने पर ओड़िया में लिखा 'लीलामाला' और 'जीबनदास परिड़ा' पढ़ना हुआ। देह में झुरझुरी दौड़ गई, एक के बाद एक अपठित पन्नों पर निगाह दौड़ाने लगा, भीतर क्या छुपा है, कितना छुपा है! यहाँ कैसे आया, किसके हाथों आया? और आया तो ठीक इस वक़्त तोमास्सो मेरे साथ क्यों नहीं? तभी बाहर से चिंचियाती लड़की की आवाज़ आई, हाथ में कॉर्डलेस फ़ोन लिए बबीता थी, "तुमरे संगी टोम्मासो दद्दा के फोन है, भैया!"

कॉर्डलेस के साथ-साथ दूसरे हाथ से मैंने बबीता की चोटी खींची, नज़दीक किया, उसके गाल का चुम्मा, भरल मन उमगती आवाज़ में बोला, "का रे, चीना जाएगी?"

***

छटंकी प्रिंस के सिरजनहार आंत्वां सॉं एक्ज़ुपेरी की बहक
व दिल-लुटाइयों के सादर स्मरण में

व प्रसन्न कुमार चौधरी के लिए

रत्नदीप, सुषमा, बेजी, अतुल, राहुल के बेहया नेह

और प्रत्यक्षा के अनटूट भरोसे को, बावजूद
इतने लंबे पड़ाव के, जिसे यह सफ़र ज़रूरी लगता रहा..